쿠튀르 니트
대바늘 손뜨개 패턴집
Knitting Patterns
260

시다 히토미 지음 | 남궁가윤 옮김

한스미디어

이 책을 펴내며

첫 패턴집 《쿠튀르 니트 패턴 250》을 2005년에 출간하고 어느새 10년이 지났습니다. 2009년부터는 《쿠튀르 니트 봄여름》도 출간하기 시작하여 그동안 작품집이 17권 탄생했고, 지금까지 낸 작품집을 모아 두 번째 패턴 모음집으로 내게 되었습니다.

이번 패턴집에는 스캘럽 무늬나 둥근 요크 등을 추가했고 에징 수도 늘렸습니다. 어느 무늬나 그 무늬를 만들 때의 기억이 떠올라서 무늬를 고르기가 쉽지 않았답니다. 정성껏 모아서 정리한 두 번째 패턴 모음집이 독자 여러분의 작품을 만들 때 작은 힌트가 된다면 무척 기쁘겠습니다.

저는 뜨개 패턴을 생각할 때 한 가지 무늬를 지긋이 들여다봅니다. 그 무늬를 여러 부분으로 나누거나 새로이 조합하여 떠보기도 합니다. 그러면 뜨개질을 하는 과정에서 처음에 생각한 무늬가 점점 바뀌고, 어떤 무늬가 될지 빨리 보고 싶어서 손을 멈출 수 없어집니다. 잘되는 경우도 있지만 결과가 마음에 들지 않아 한숨지을 때가 더 많지요. 하지만 그 과정 자체가 제게는 무척 소중하며 앞으로도 이런 기분을 계속 느끼고 싶습니다.

이제껏 여러분이 성원해주신 덕분에 이 길을 걸어올 수 있었습니다. 뜨개 작업을 계속 할 수 있는 행복에 감사하며 앞으로도 한 걸음씩 걸어갈 생각입니다.

패턴집을 내는 과정에서 도와주신 모든 분께 진심으로 감사드립니다.

시다 히토미

Contents

비침무늬 ·· 4

바탕무늬 & 교차무늬 ································ 38

패널무늬 ·· 58

무늬뜨기 변형하기 ··································· 74

분산증감코무늬(둥근 요크) ···················· 90

에징 ·· 98

뜨개 기호와 뜨는 방법 ·························· 131

비침무늬

비침무늬는 걸기코와 2코 모아뜨기, 3코 모아뜨기 등을 조합하여 디자인하며, 여기에 구슬뜨기를 넣거나 스모킹을 추가하여 더욱 풍부한 느낌을 주는 다양한 무늬를 표현할 수 있습니다.

프릴 미니 머플러
무늬뜨기 … No.24(p.14)
에징 프릴 … No.255 응용(p.110)
뜨는 방법 … p.126

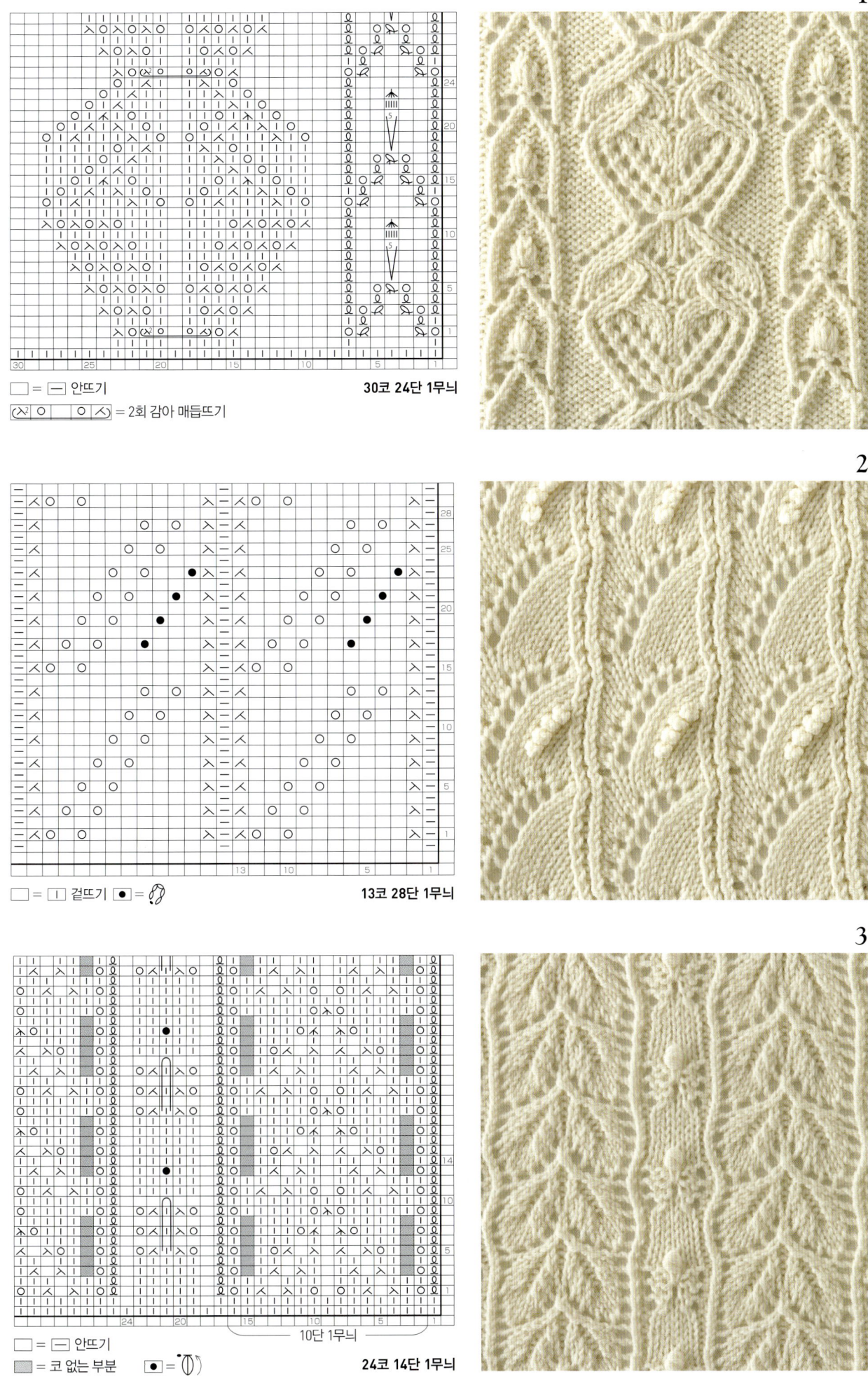

1

□ = ─ 안뜨기
⟨人○ ○人⟩ = 2회 감아 매듭뜨기
30코 24단 1무늬

2

□ = I 겉뜨기 ● = 🍥
13코 28단 1무늬

3

□ = ─ 안뜨기
▨ = 코 없는 부분 ● = 🍥
10단 1무늬
24코 14단 1무늬

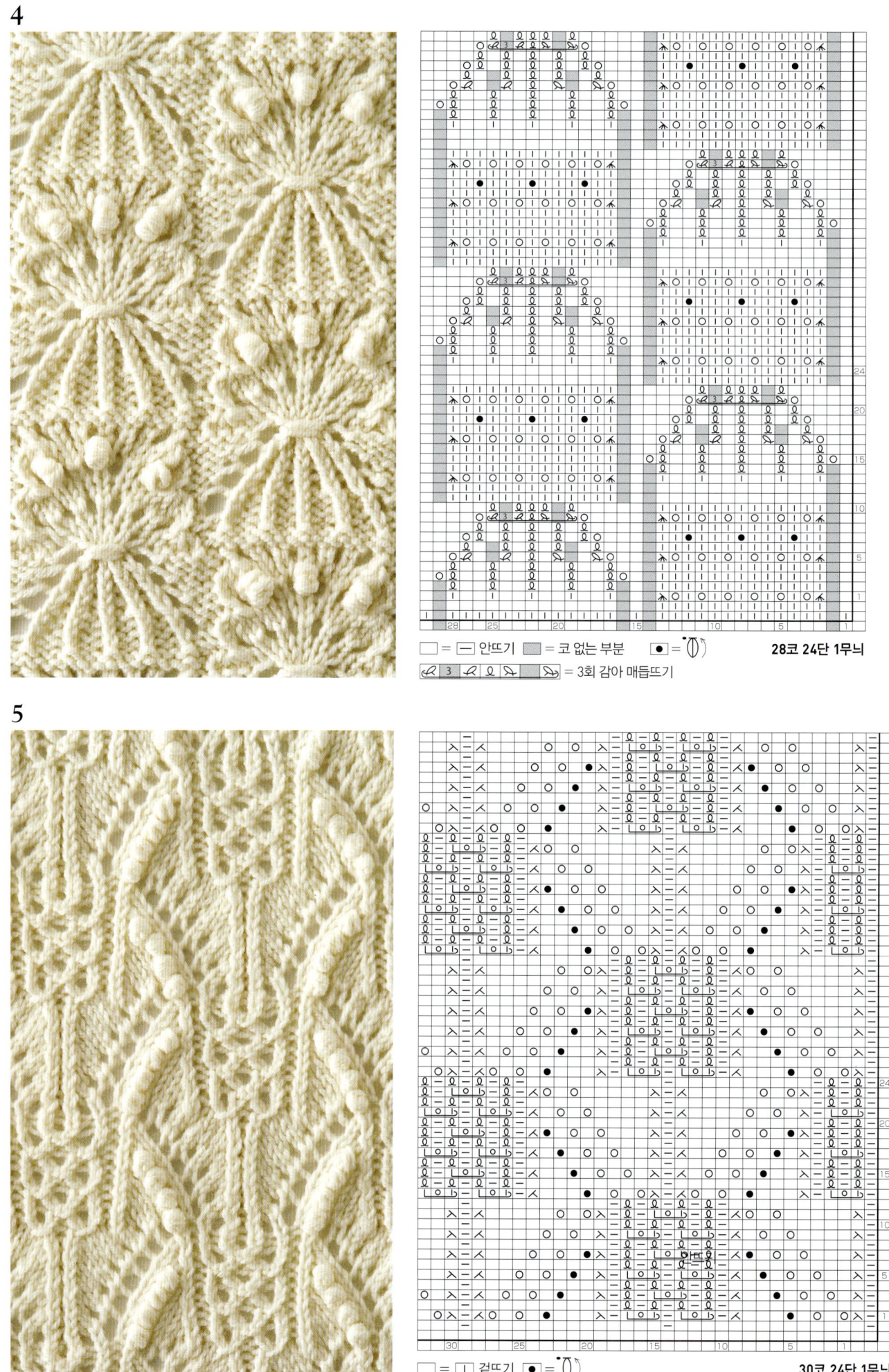

6

□ = ─ = 안뜨기 |c̲1̲5̲___b| = 5회 감아 매듭뜨기

18코 34단 1무늬

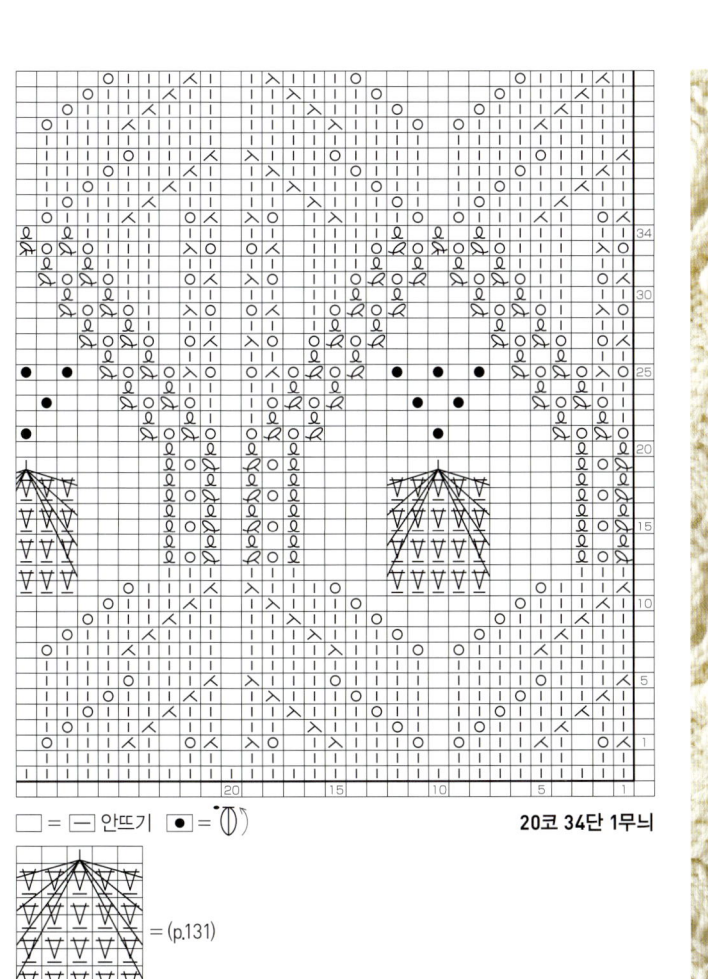

7

□ = ─ = 안뜨기 ● = 🌢

20코 34단 1무늬

비침무늬 / 구슬뜨기 넣기

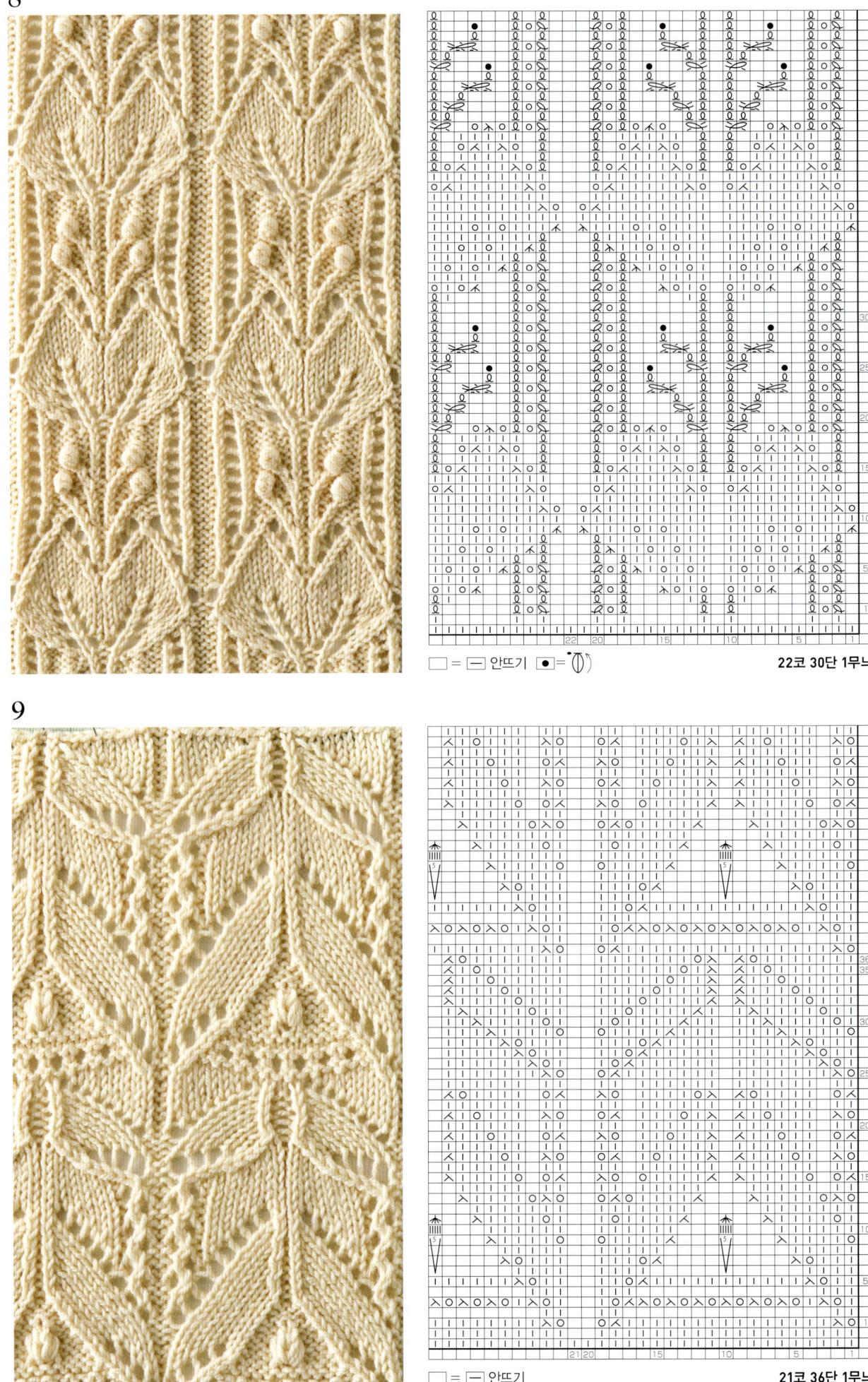

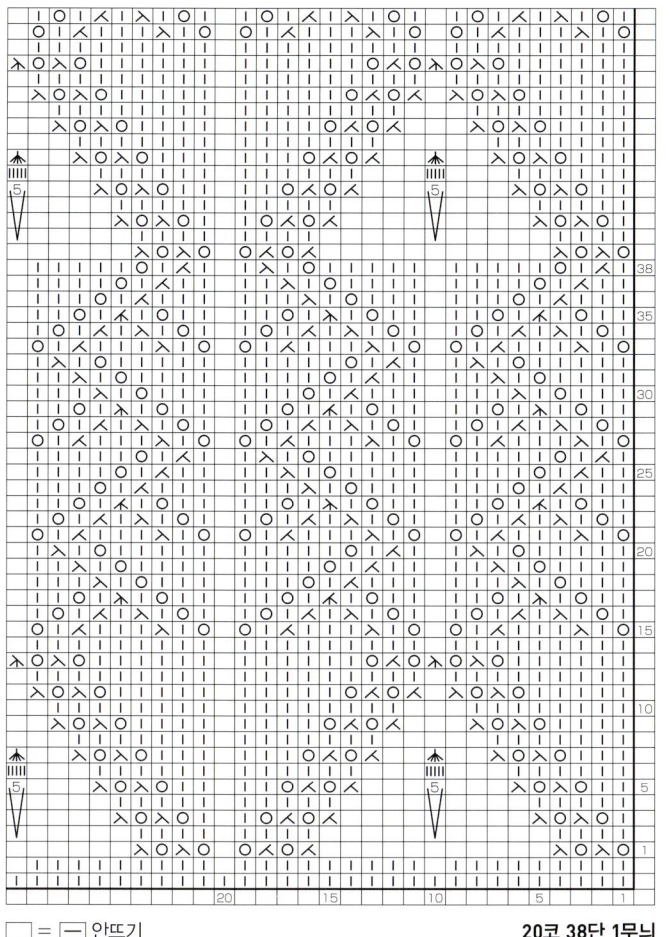

□ = ─ 안뜨기 20코 38단 1무늬

10

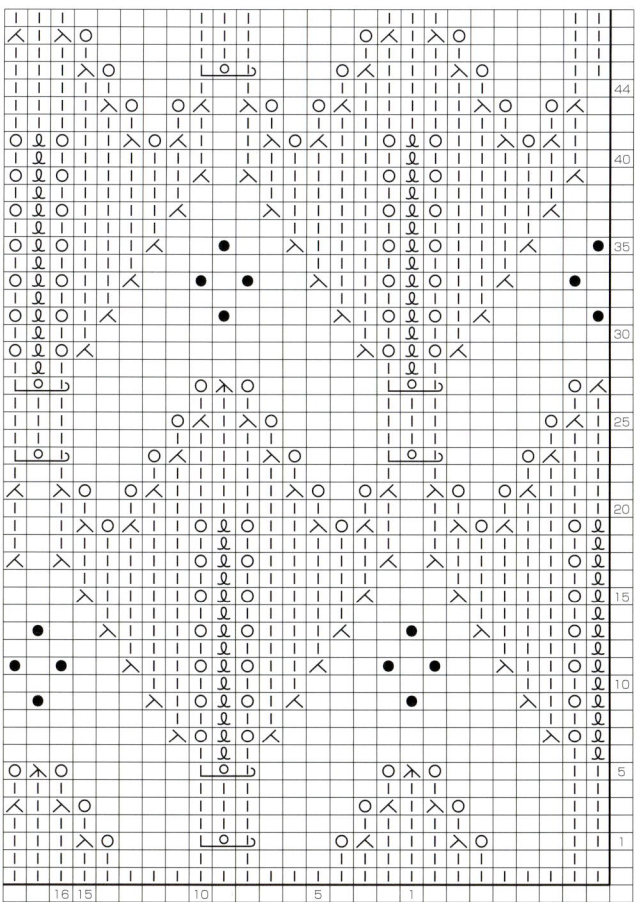

□ = ─ 안뜨기 ● = 🫘 16코 44단 1무늬

11

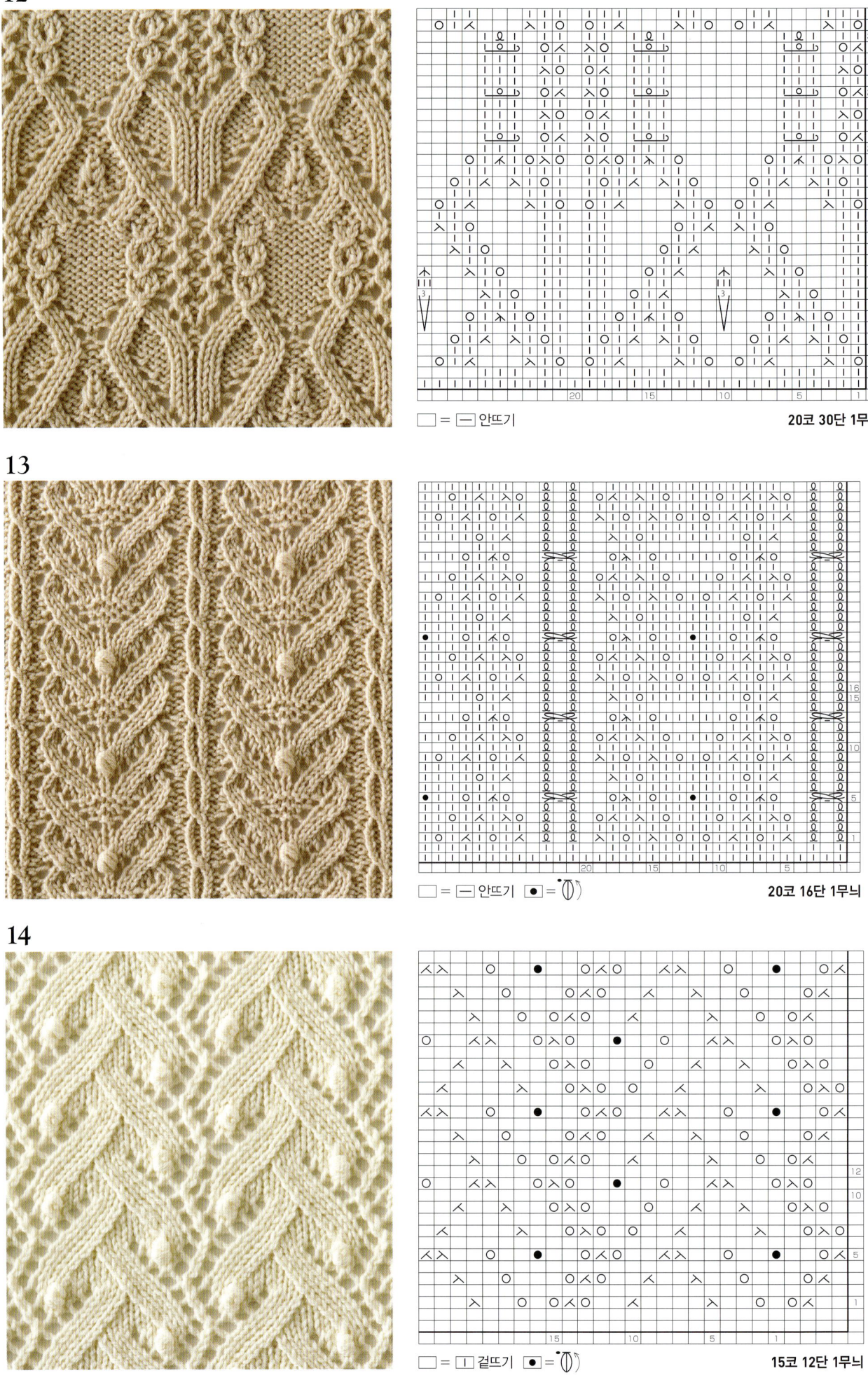

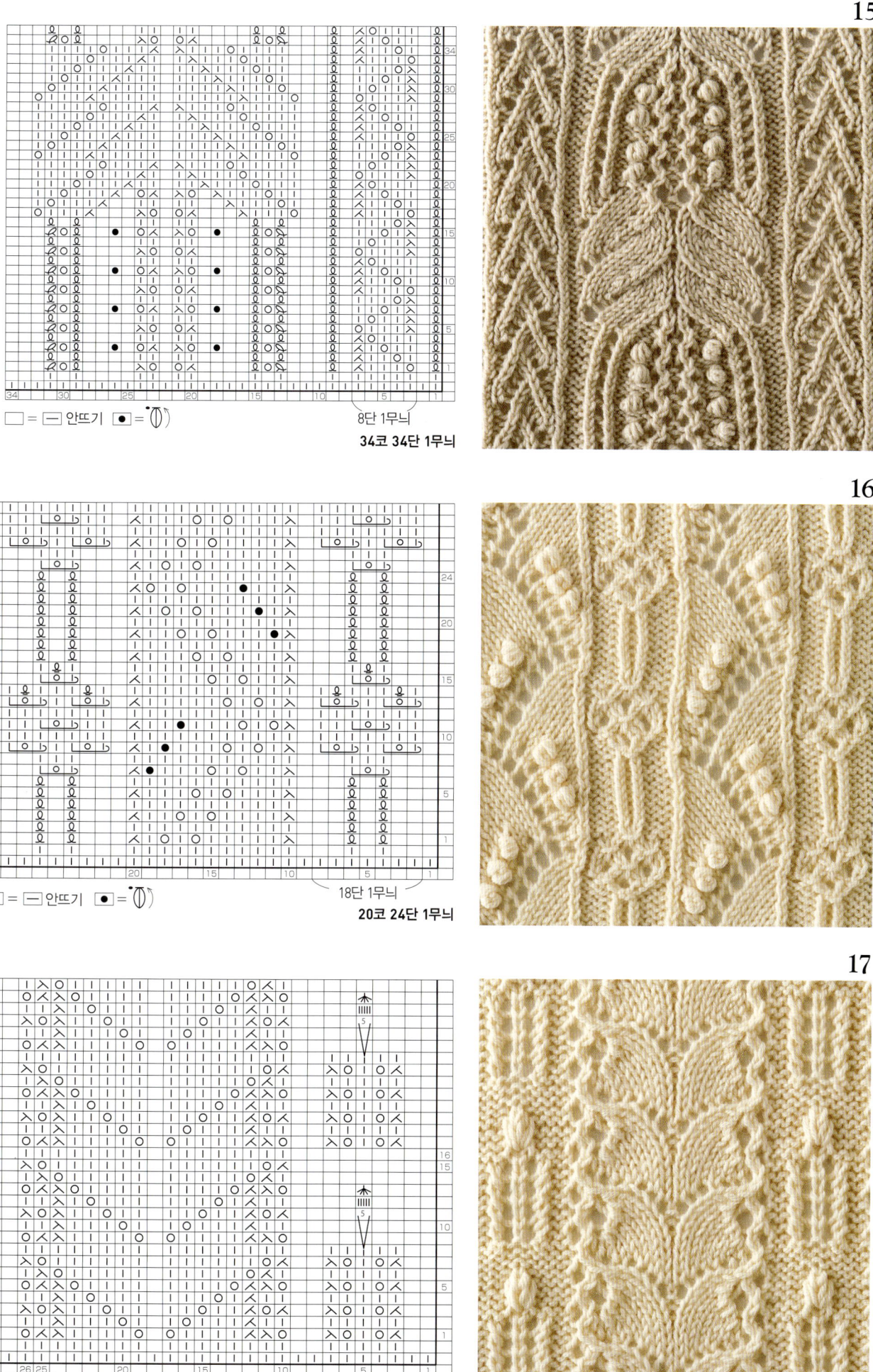

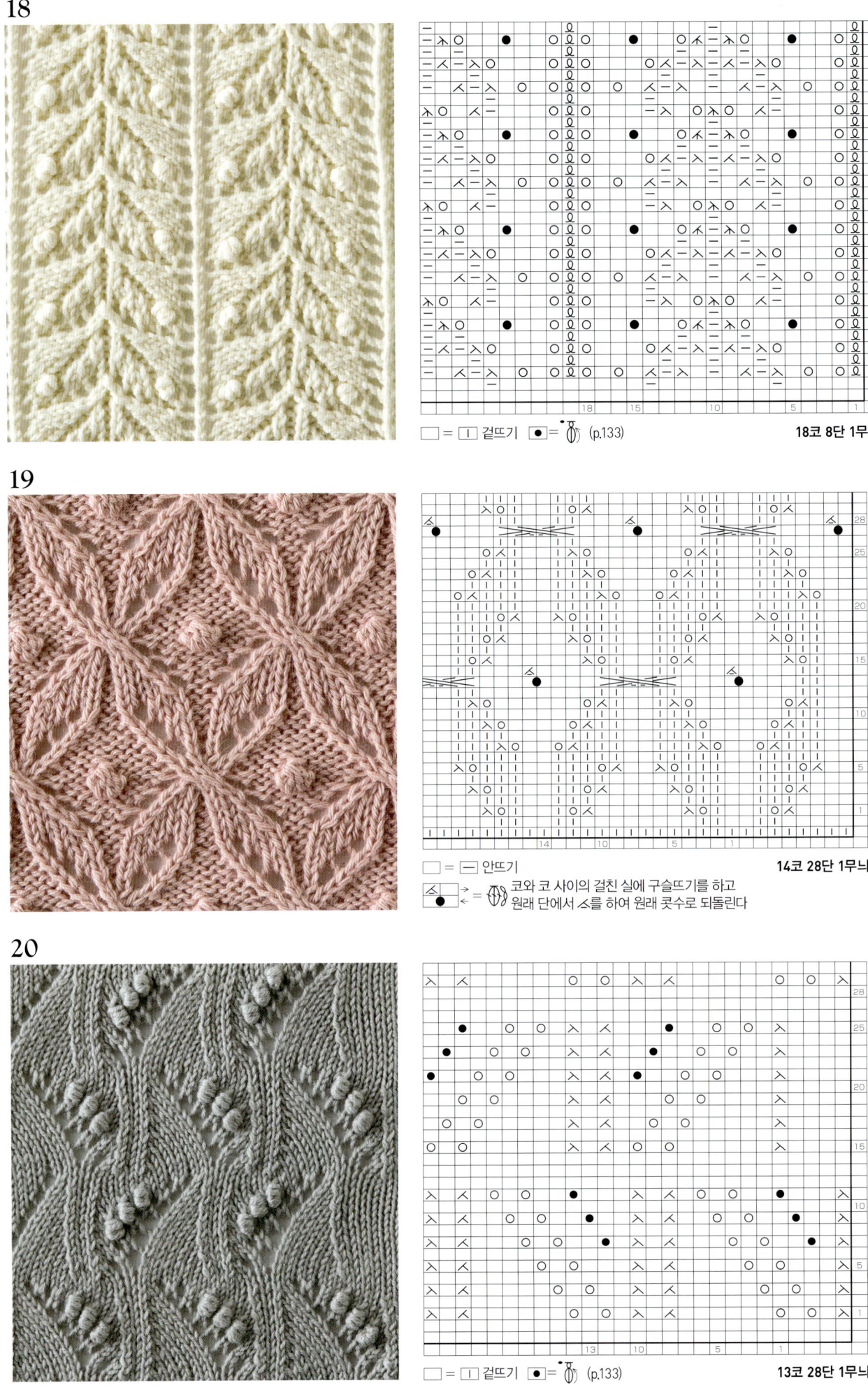

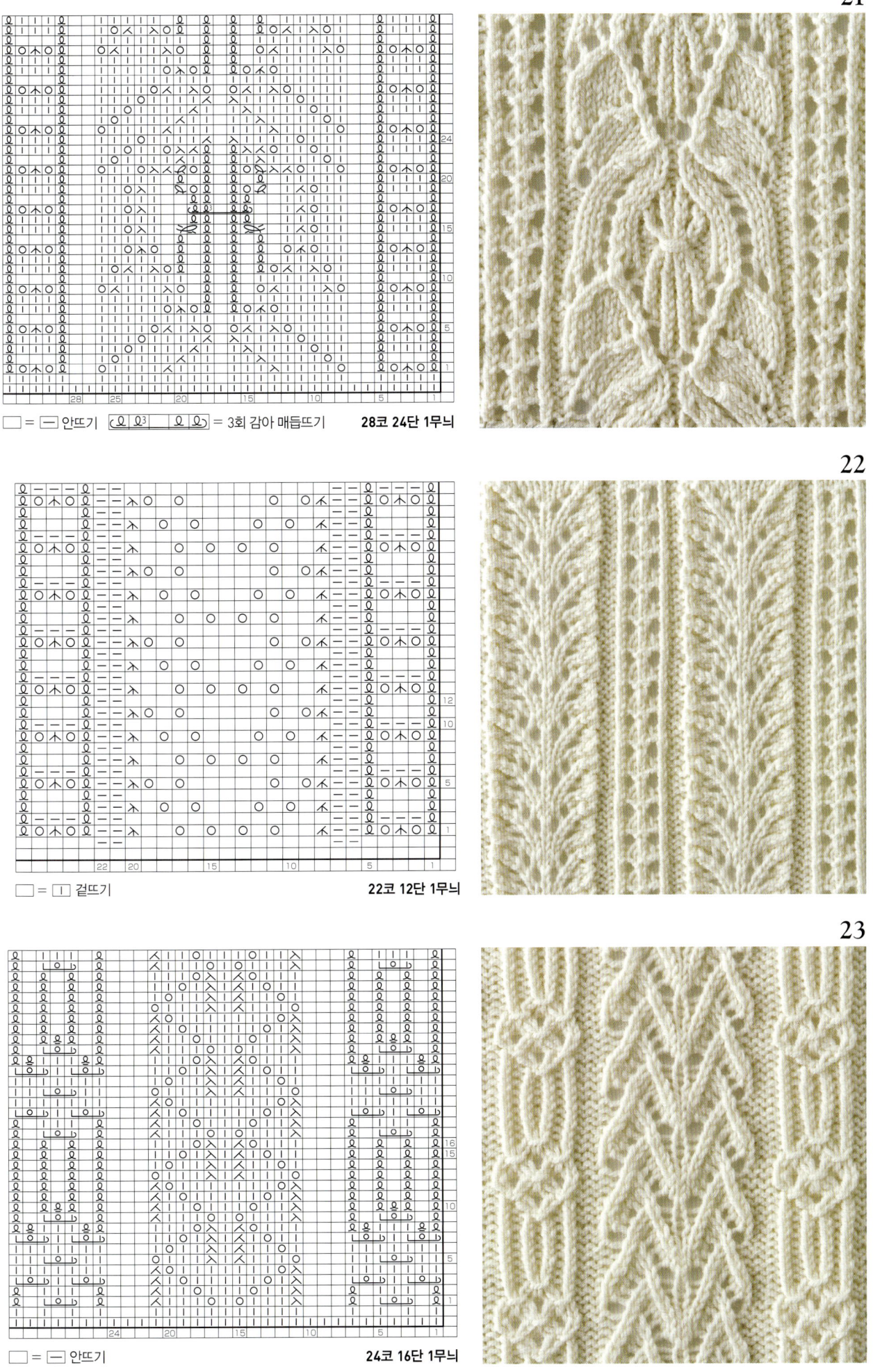

24

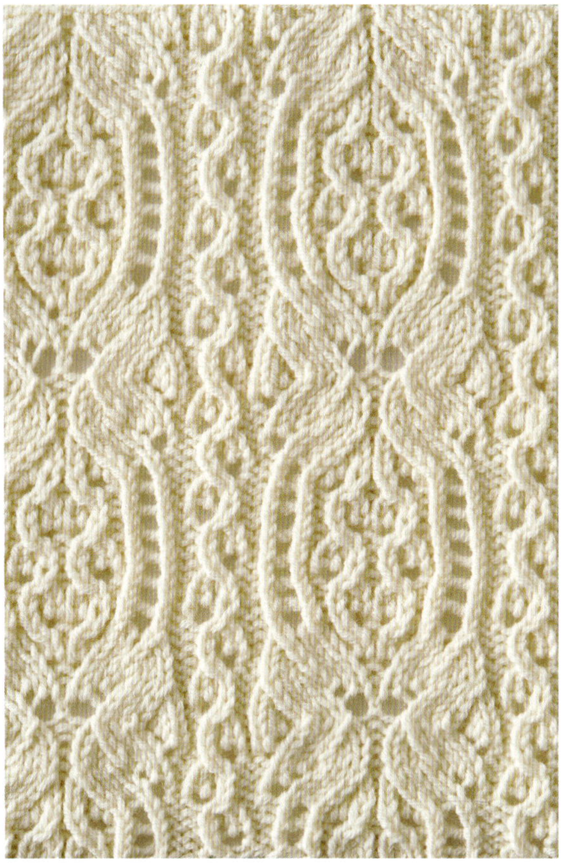

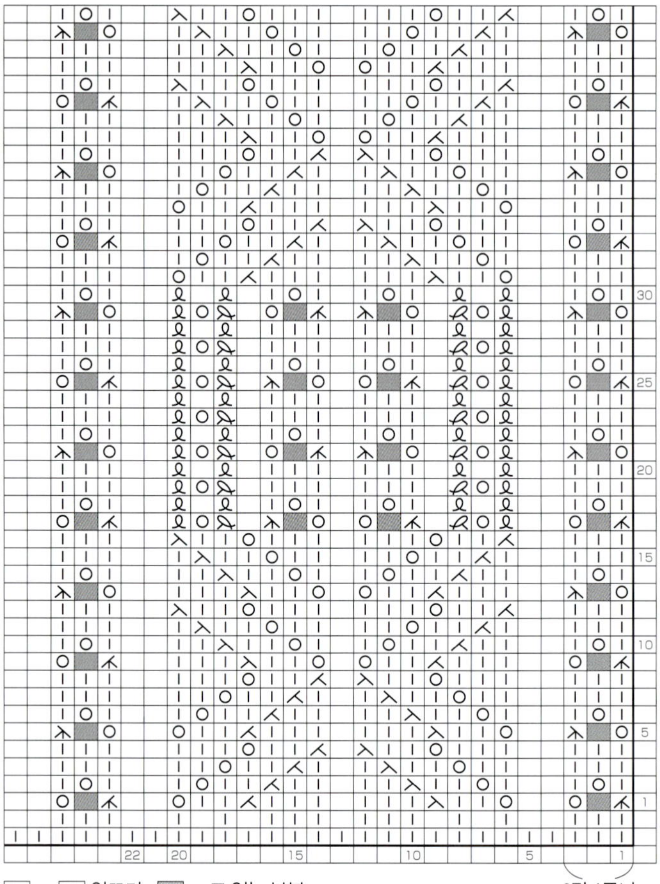

25

□ = ─ 안뜨기   ■ = 코 없는 부분

8단 1무늬
22코 30단 1무늬

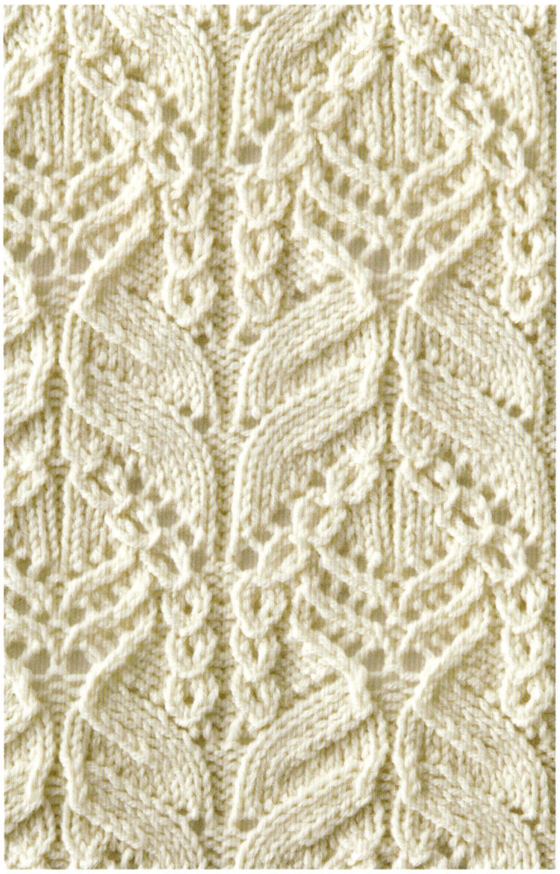

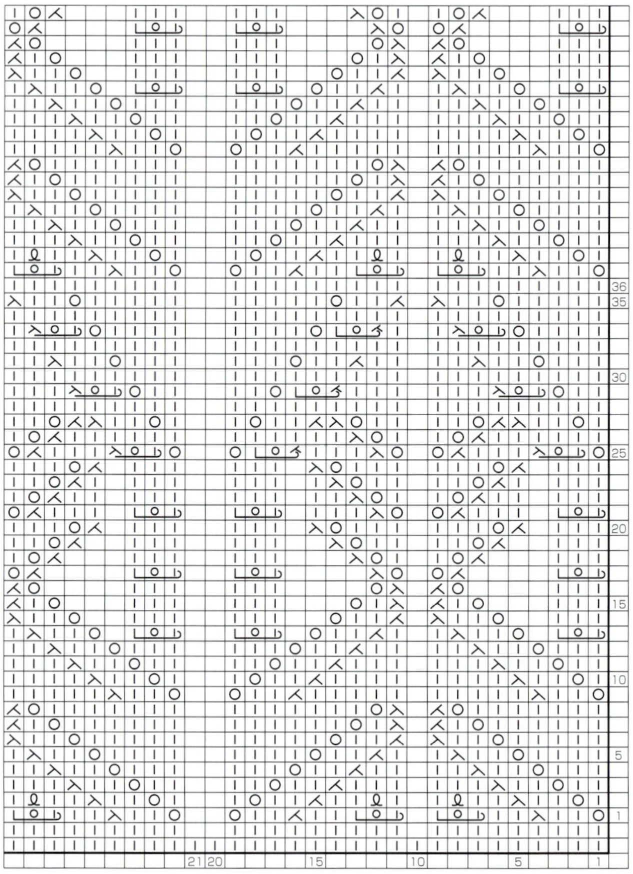

□ = ─ 안뜨기

21코 36단 1무늬

人○□ · □○𝒾 = (p.135)

26

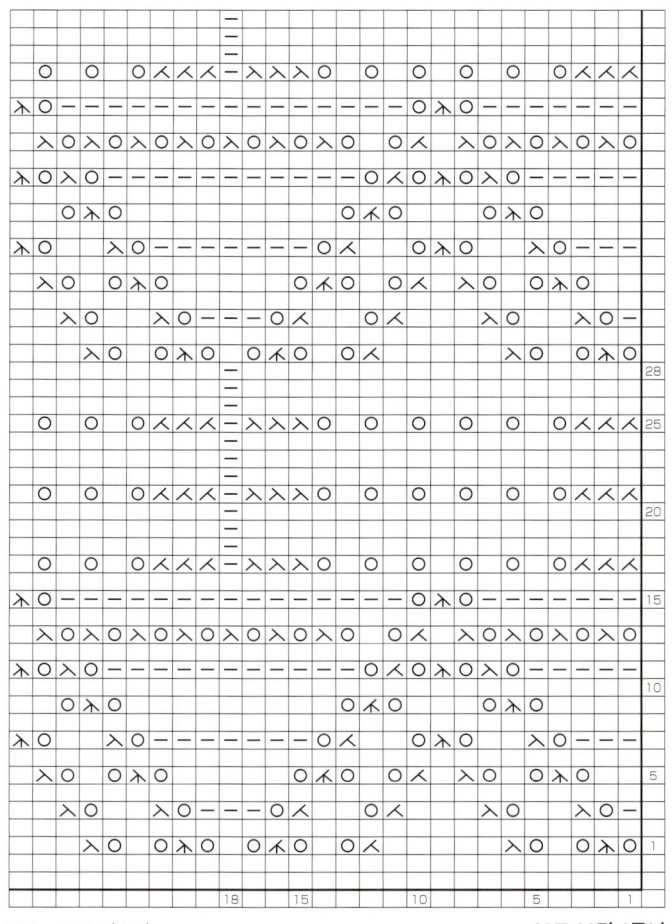

☐ = ① 겉뜨기   18코 28단 1무늬

27

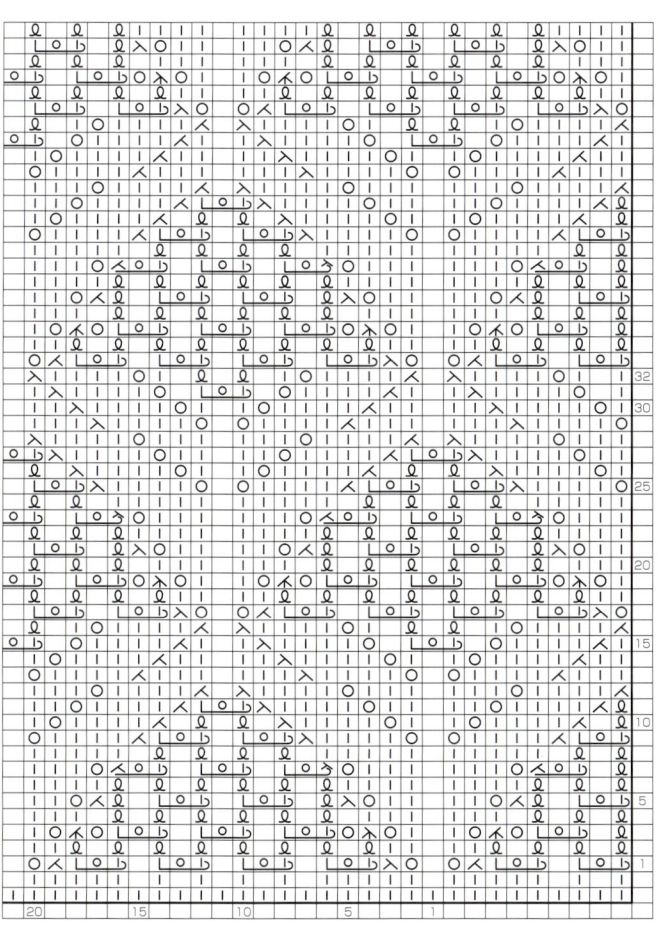

☐ = ― 안뜨기   20코 32단 1무늬

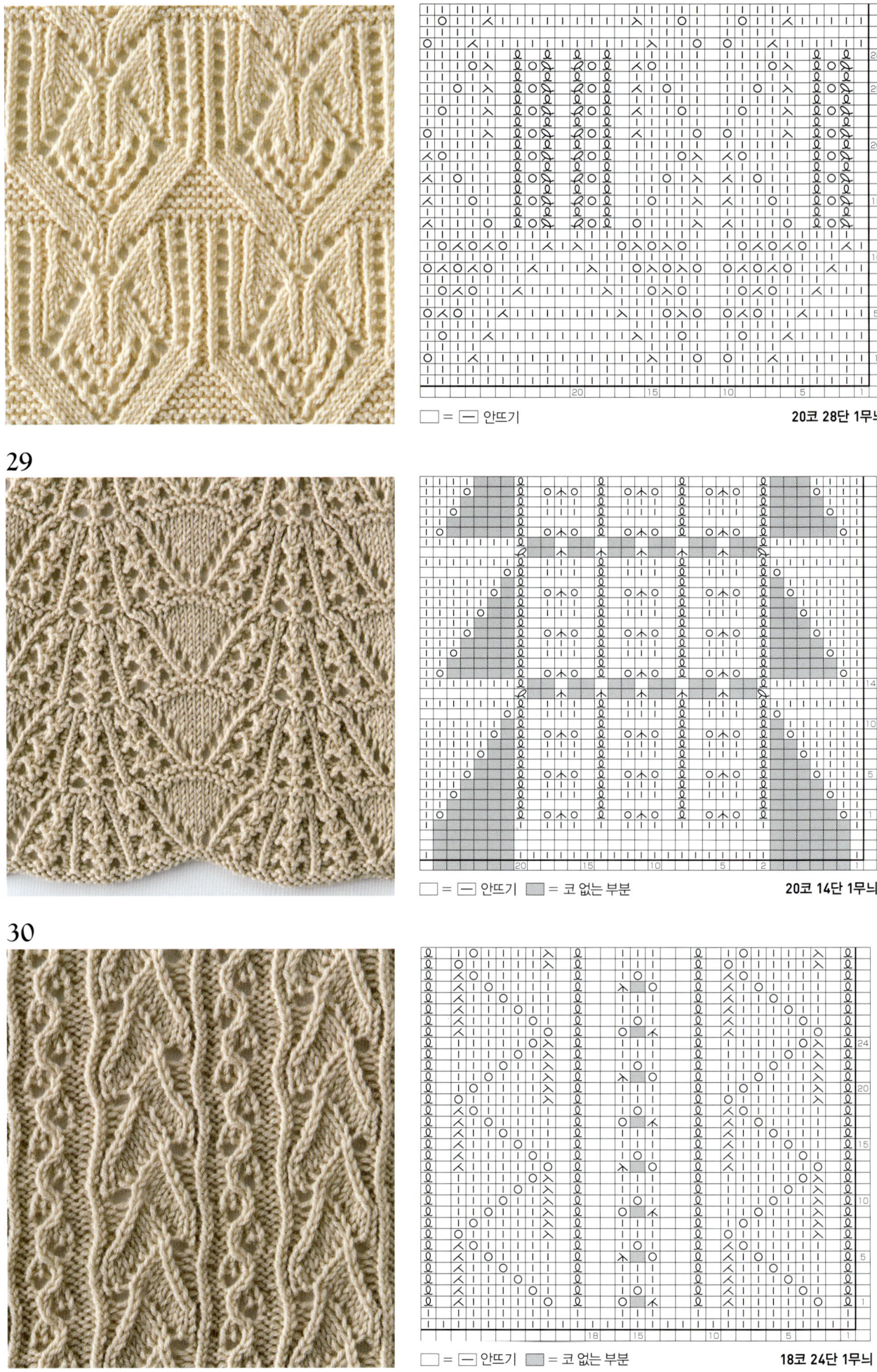

31

□ = ① 겉뜨기　　18코 18단 1무늬

32

□ = ① 겉뜨기　　17코 24단 1무늬

33

□ = ① 겉뜨기　　12코 24단 1무늬

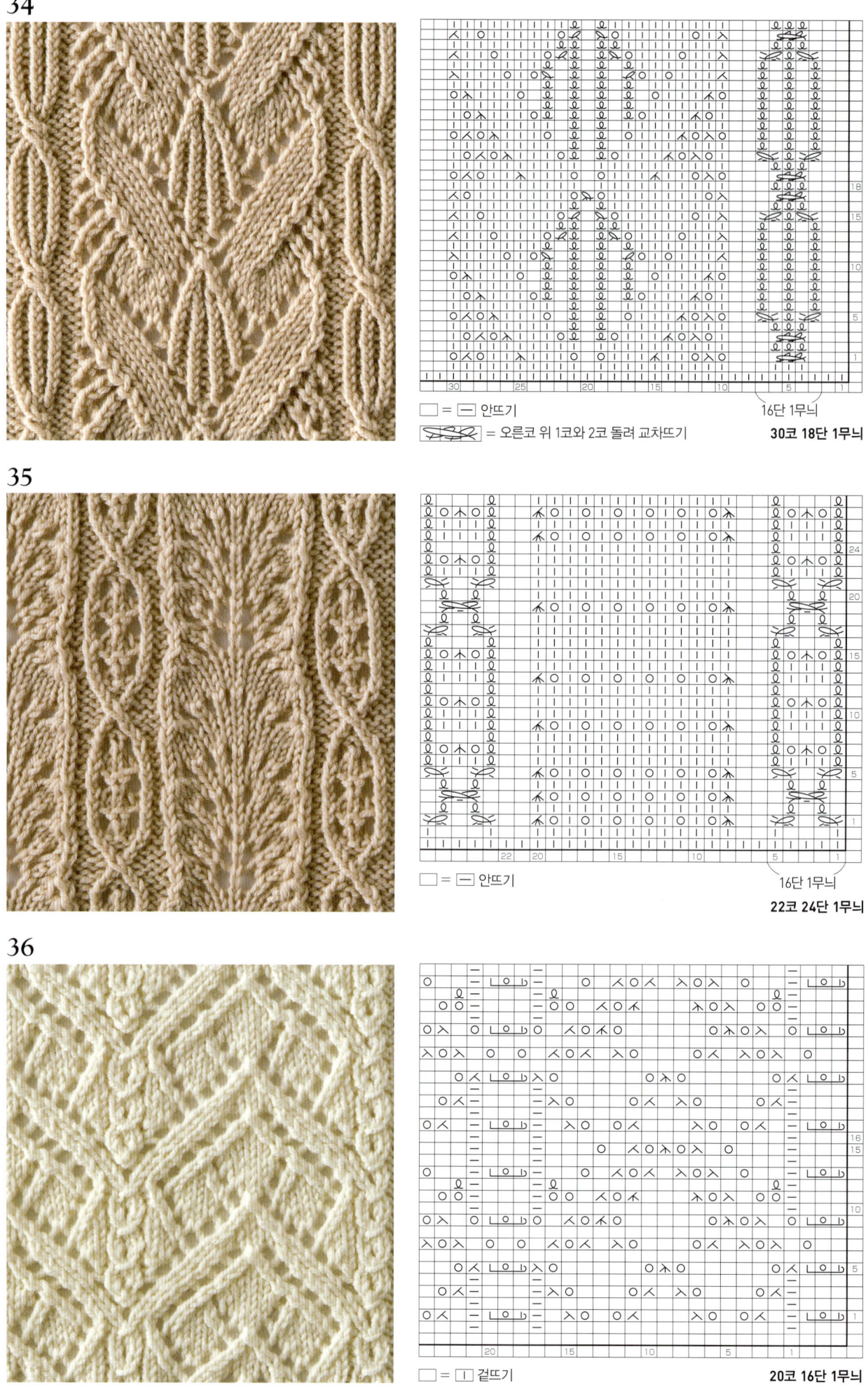

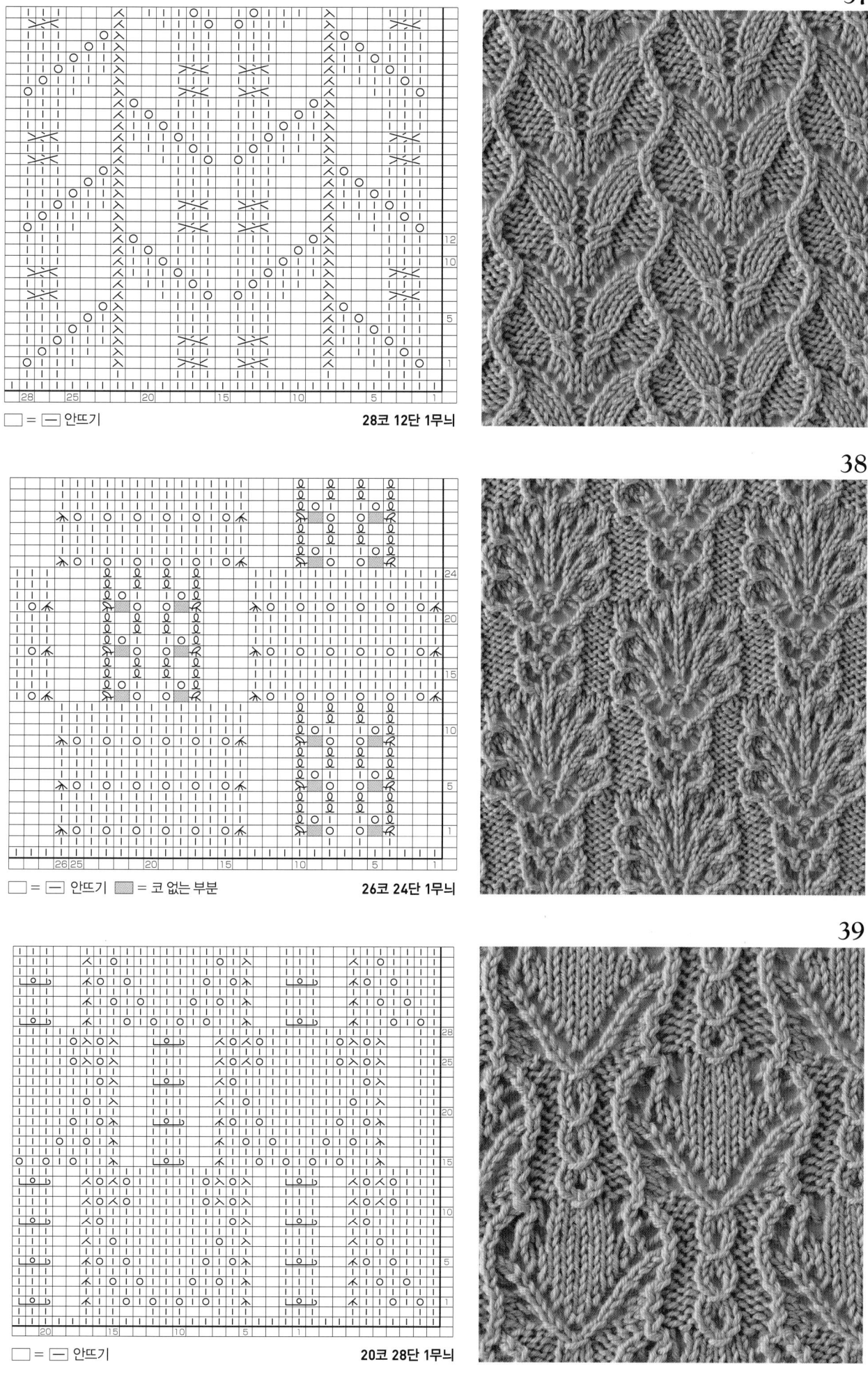

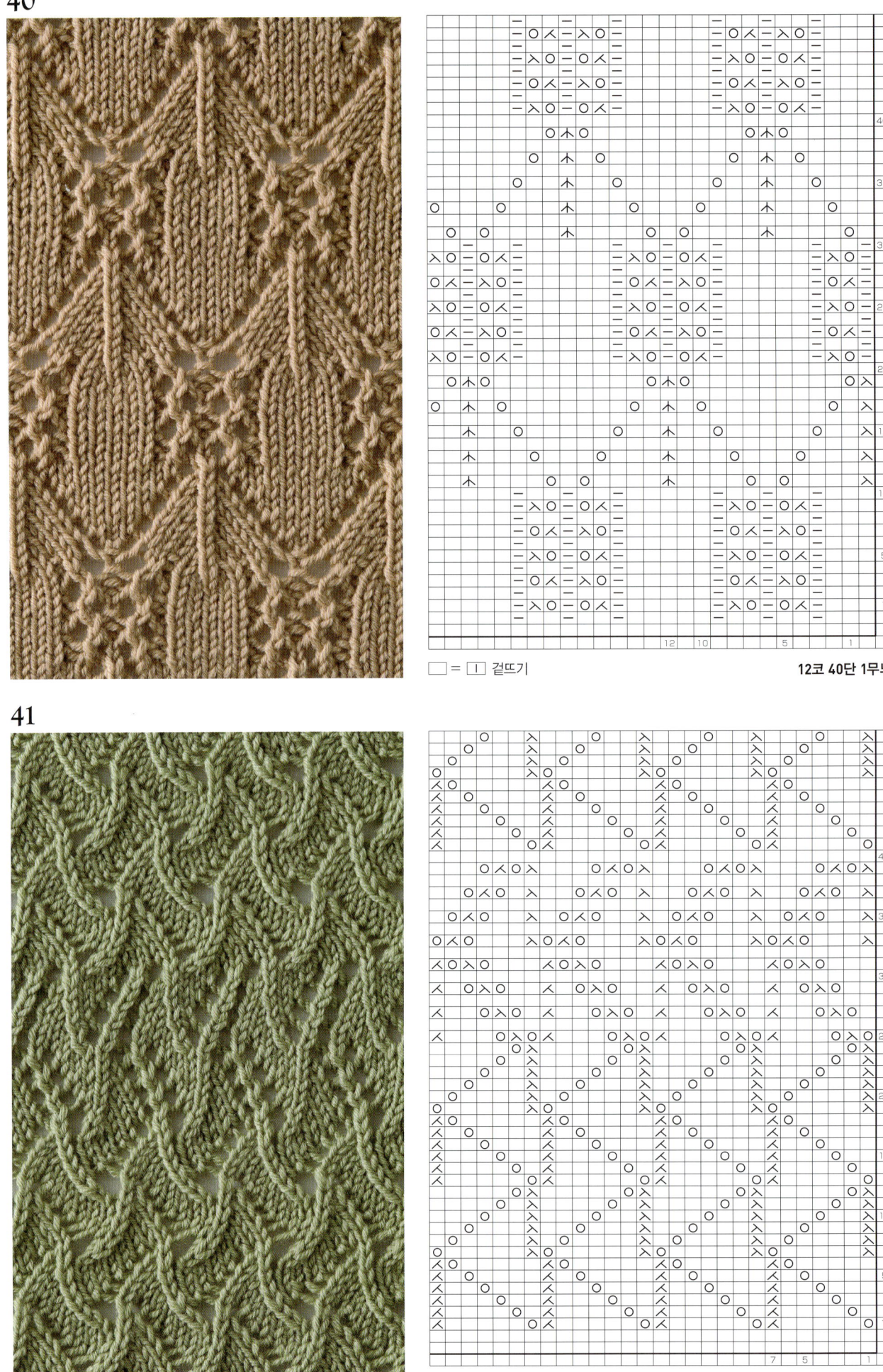

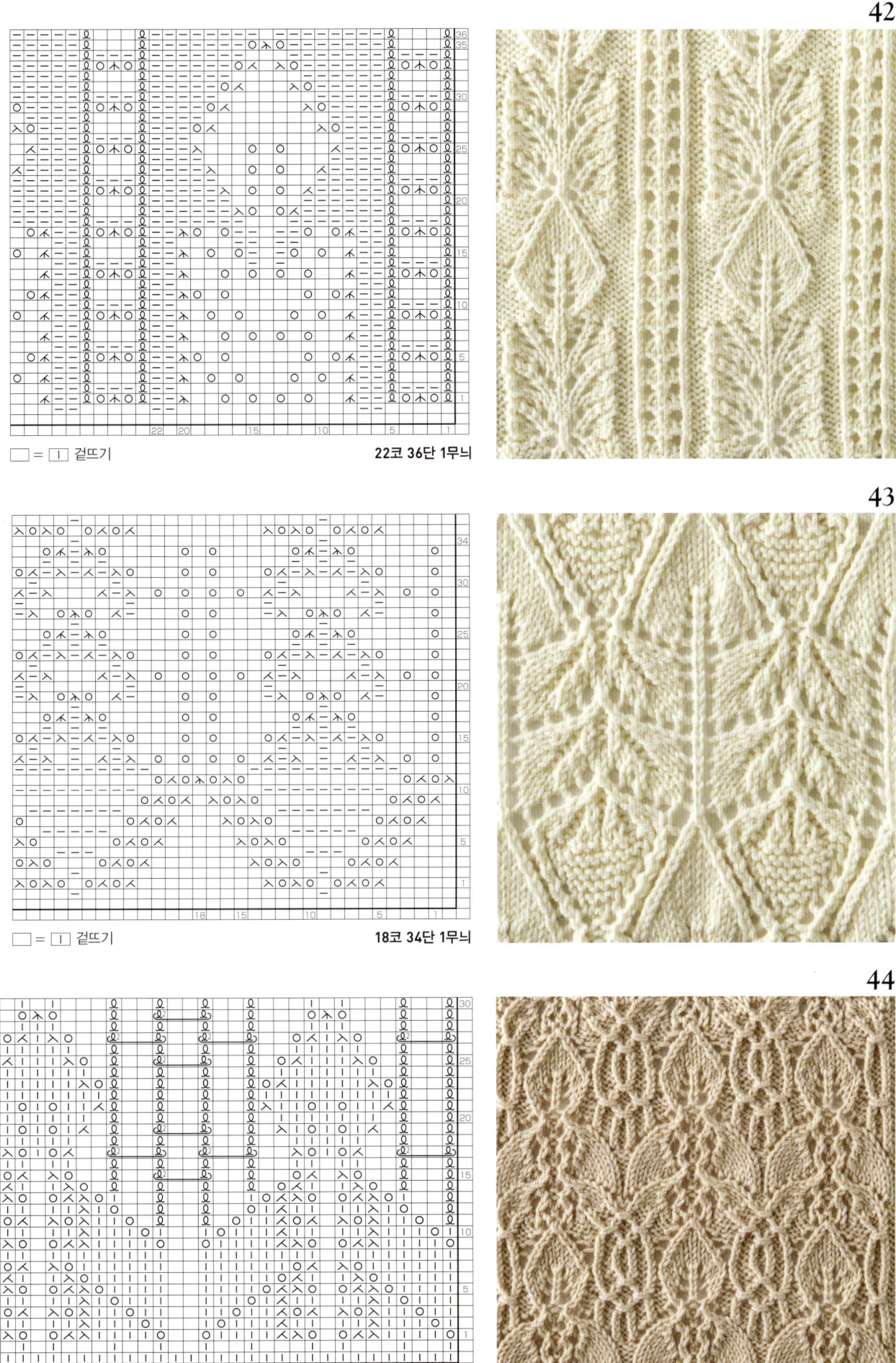

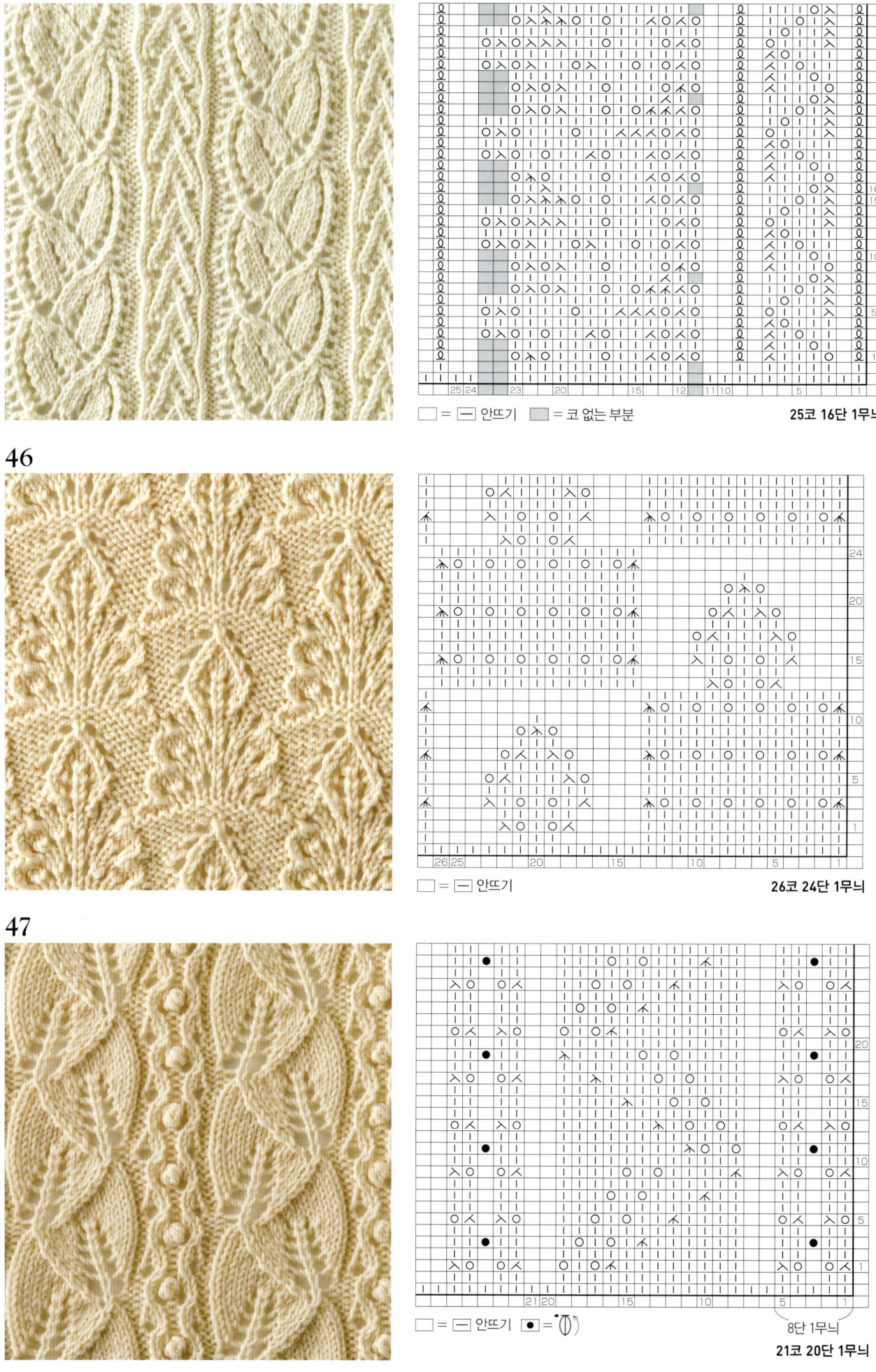

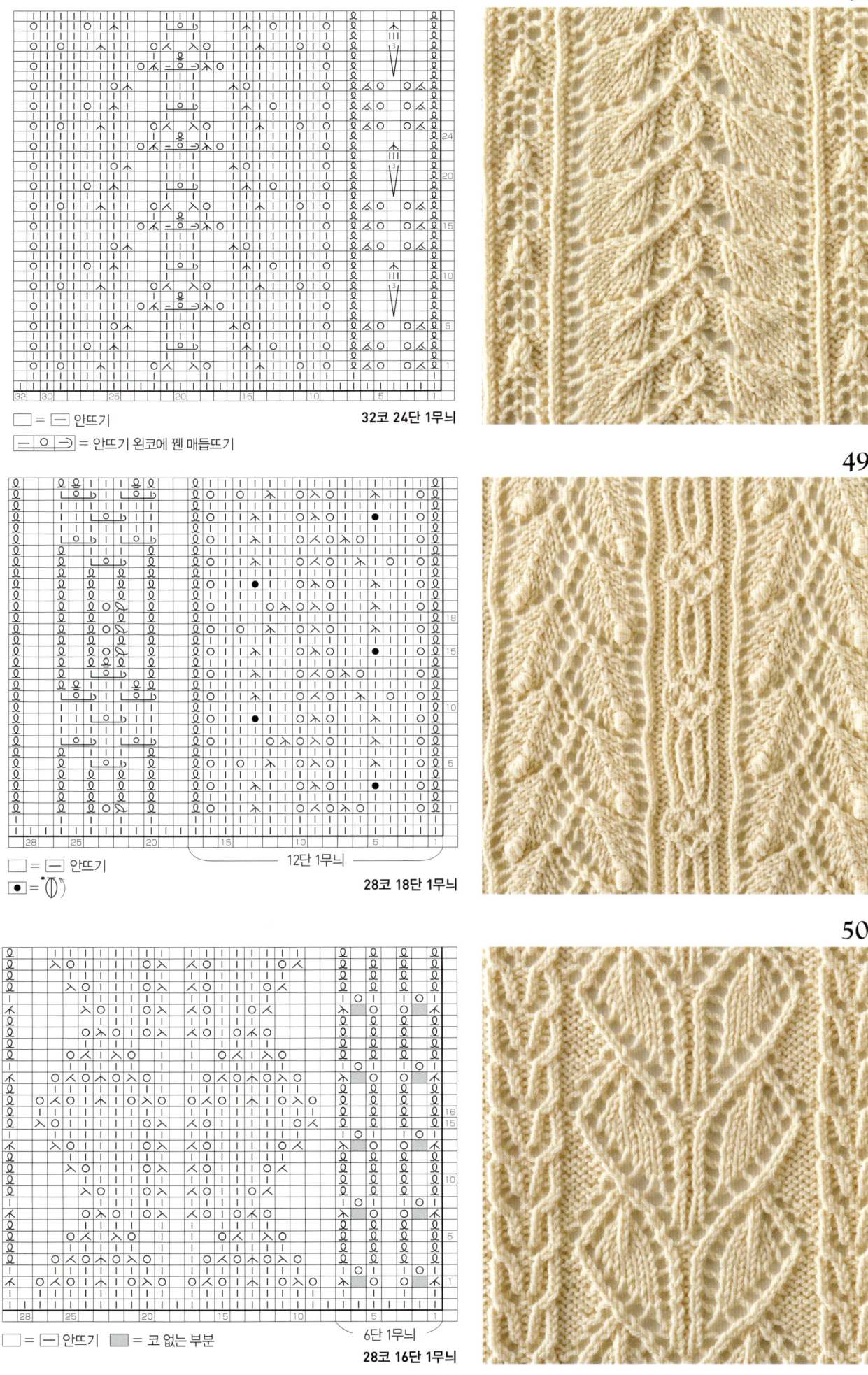

48

□ = — 안뜨기
= 안뜨기 왼코에 꿴 매듭뜨기

32코 24단 1무늬

49

□ = — 안뜨기
● =

28코 18단 1무늬

50

□ = — 안뜨기   = 코 없는 부분

28코 16단 1무늬

51

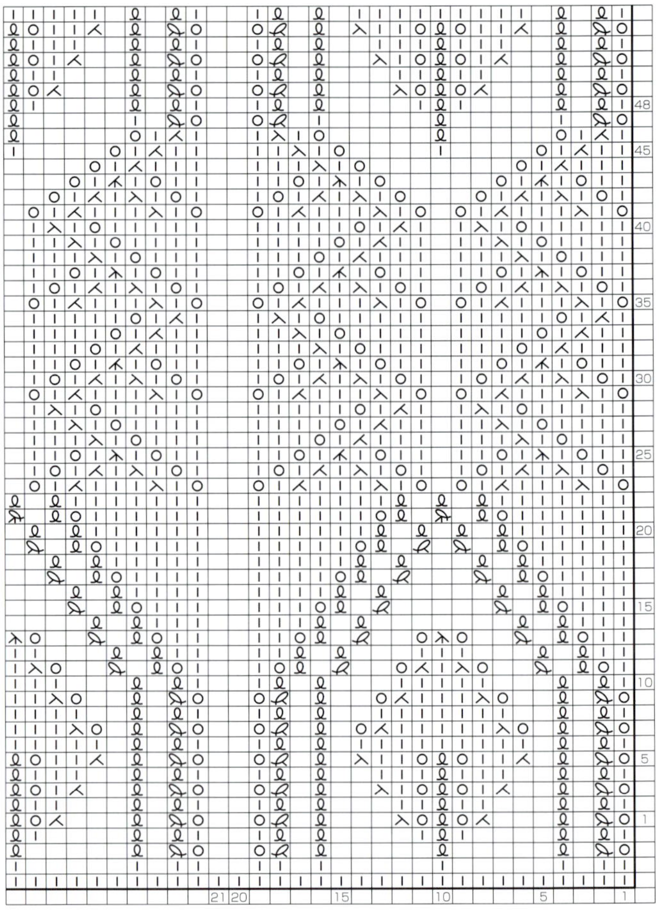

□ = — 안뜨기　　21코 48단 1무늬

52

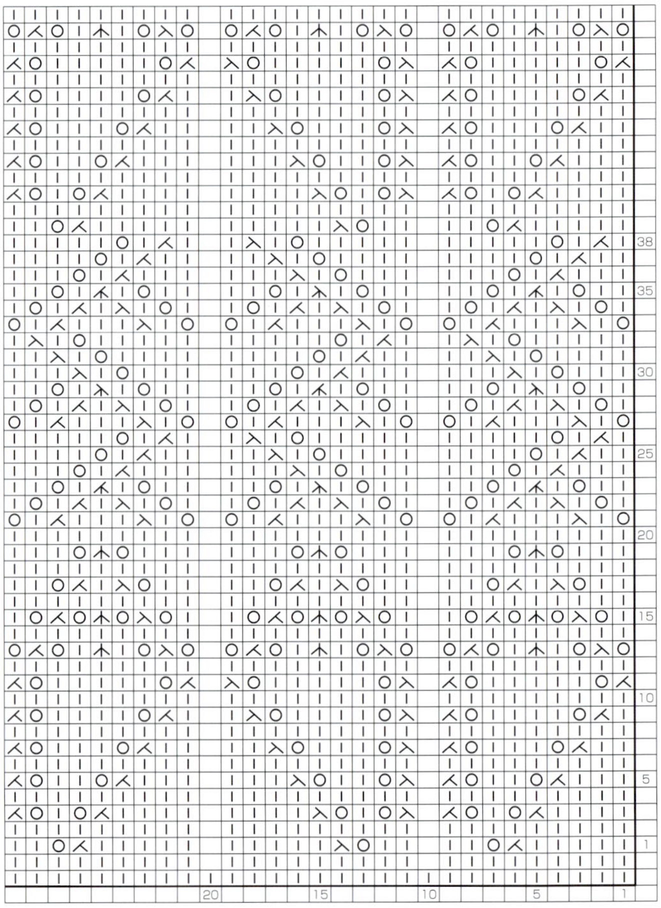

□ = — 안뜨기　　20코 38단 1무늬

53

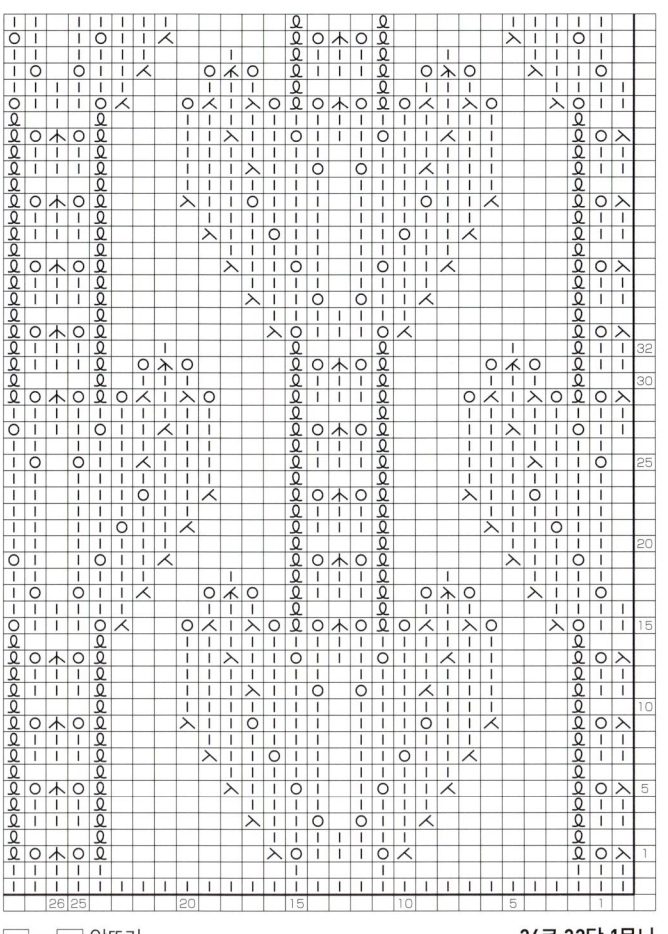

□ = — 안뜨기   26코 32단 1무늬

54

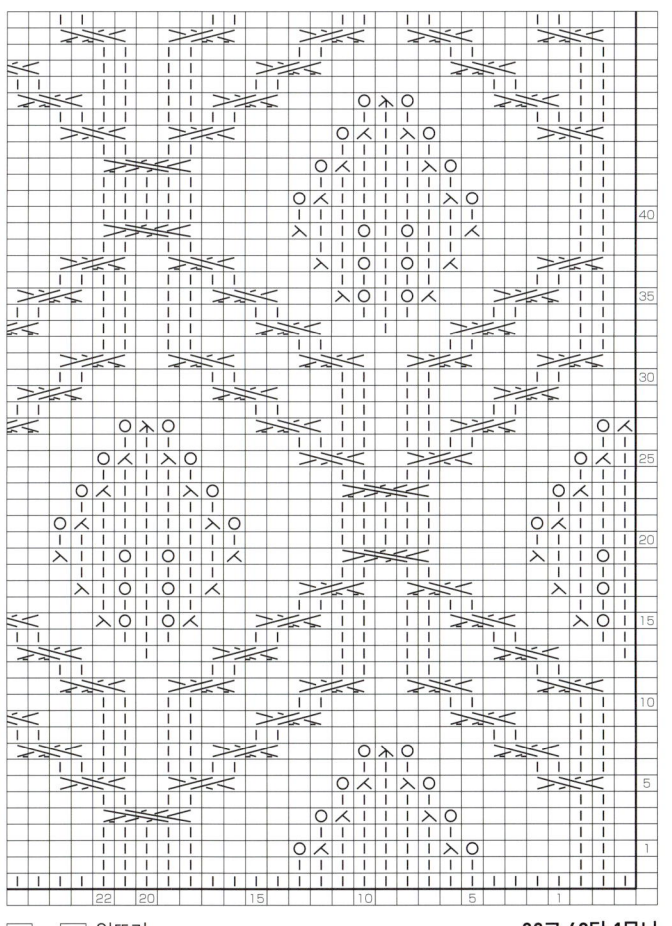

□ = — 안뜨기   22코 40단 1무늬

58

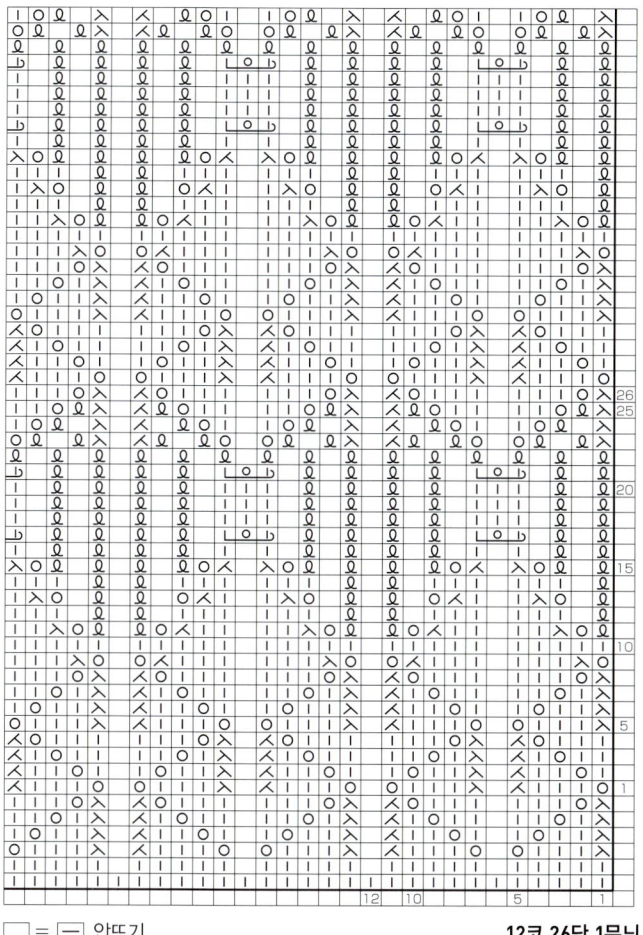

☐ = ⊟ 안뜨기   **12코 26단 1무늬**

59

☐ = ⊟ 겉뜨기   **16코 30단 1무늬**
별도사슬 고무뜨기 기초코

⊟ = 3회 감아 매듭뜨기

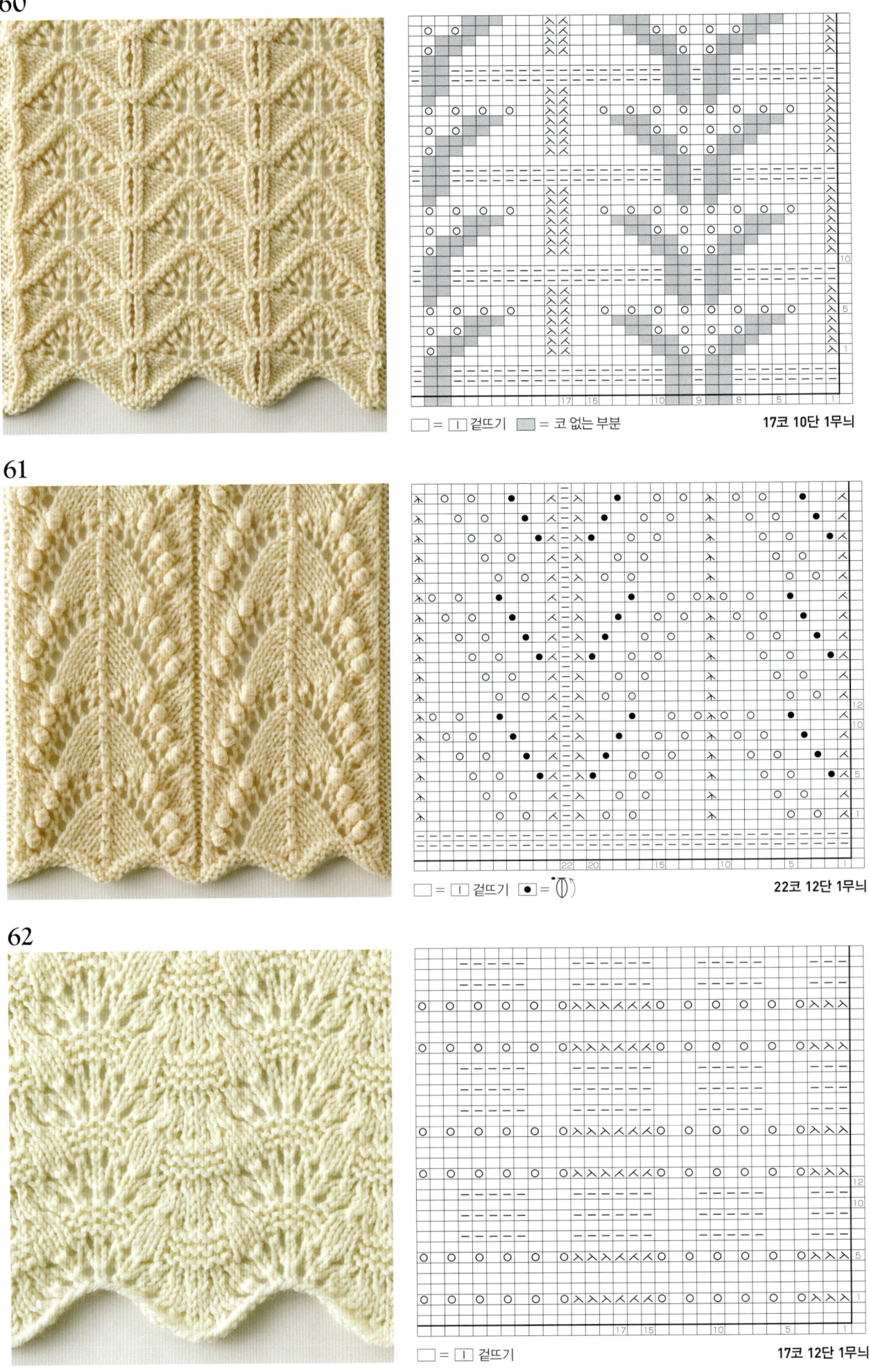

63

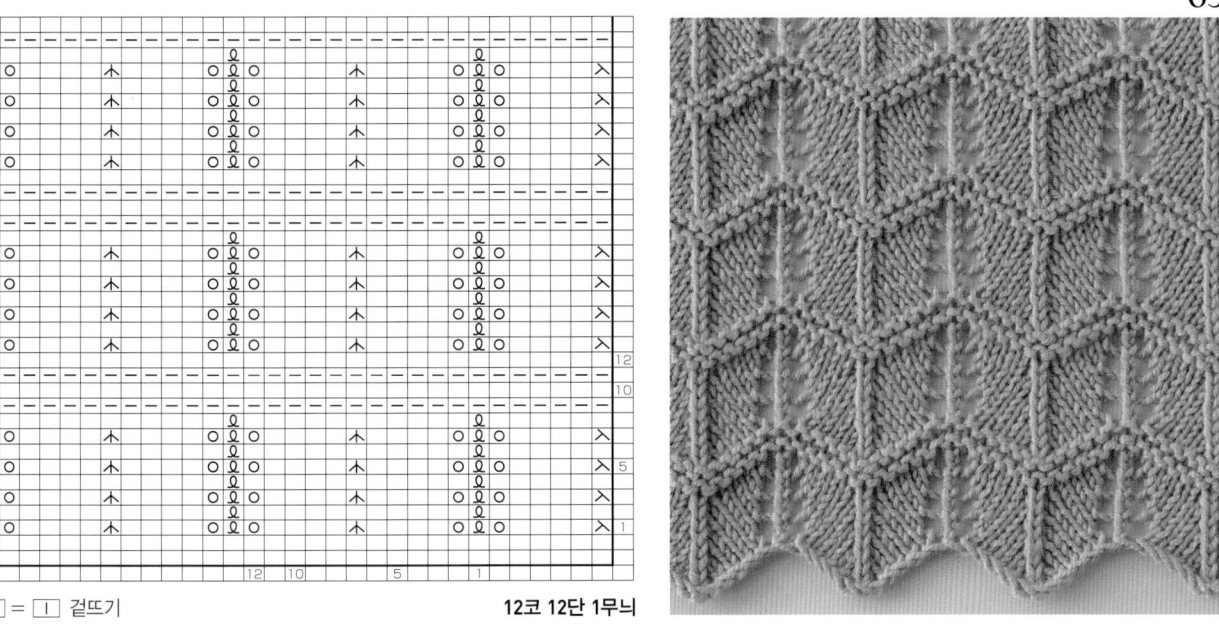

□ = ① 겉뜨기　　12코 12단 1무늬

64

□ = ⊡ 안뜨기　6단 1무늬　　22코 26단 1무늬

65

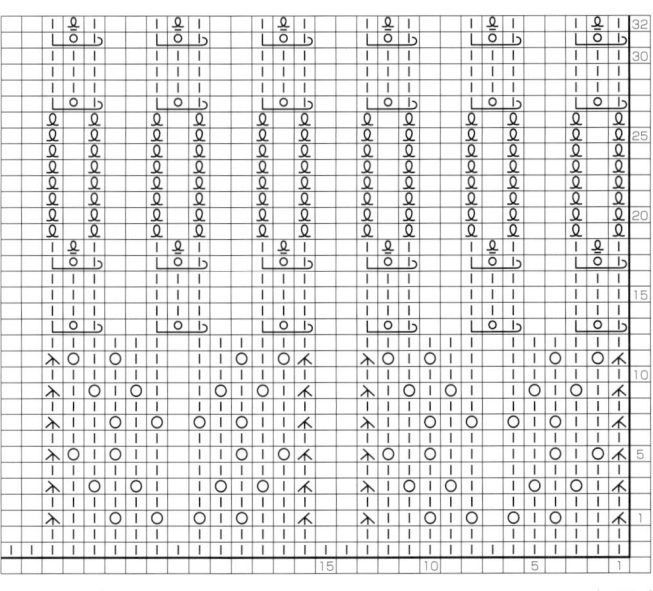
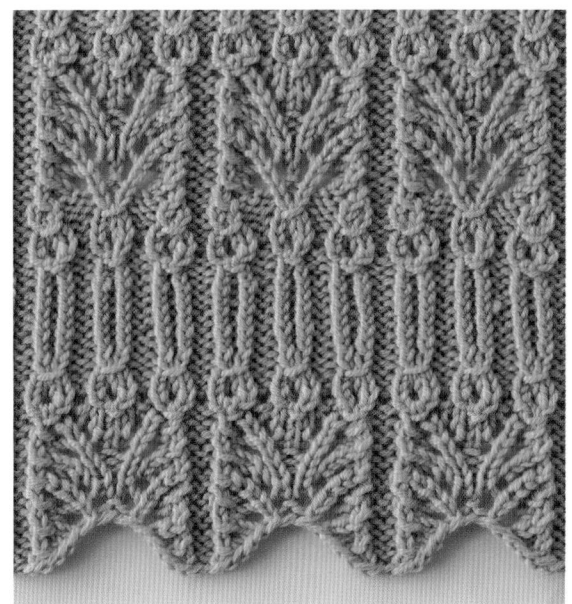

□ = ⊡ 안뜨기　　15코 32단 1무늬

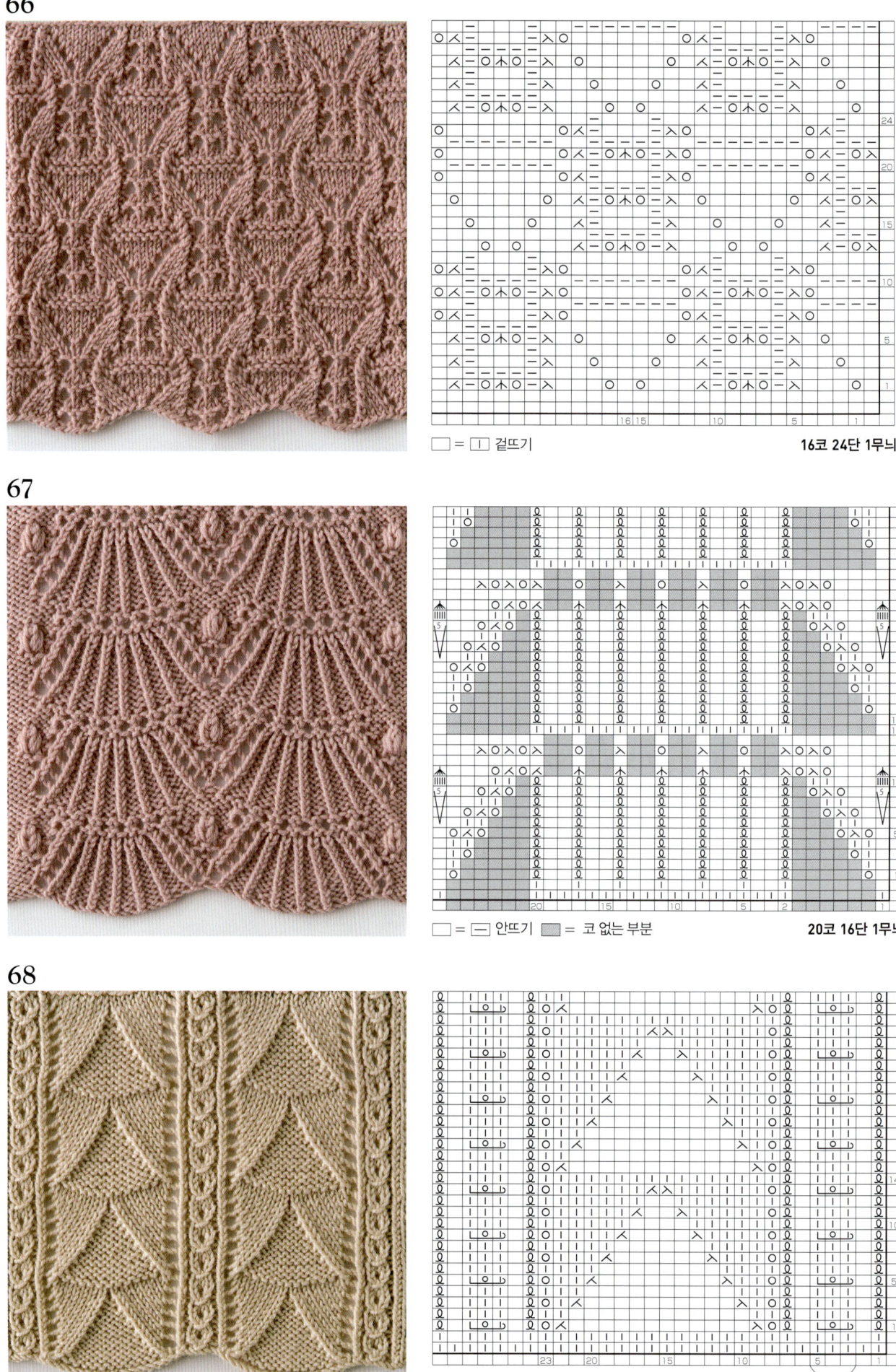

69

☐ = ☐ 겉뜨기   12코 22단 1무늬

70

☐ = ☐ 안뜨기 ● = ˙() 12코 28단 1무늬

71

☐ = ☐ 겉뜨기   16코 28단 1무늬

72

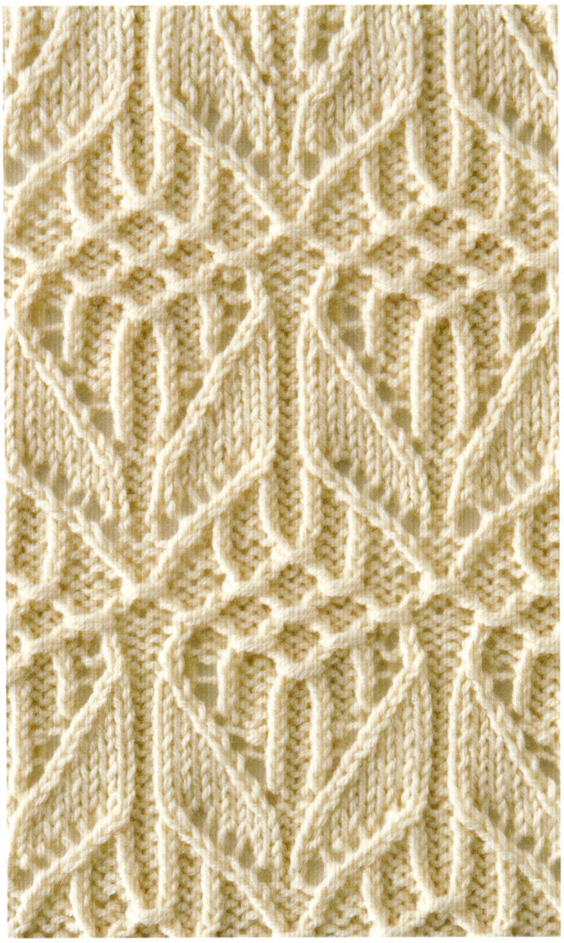

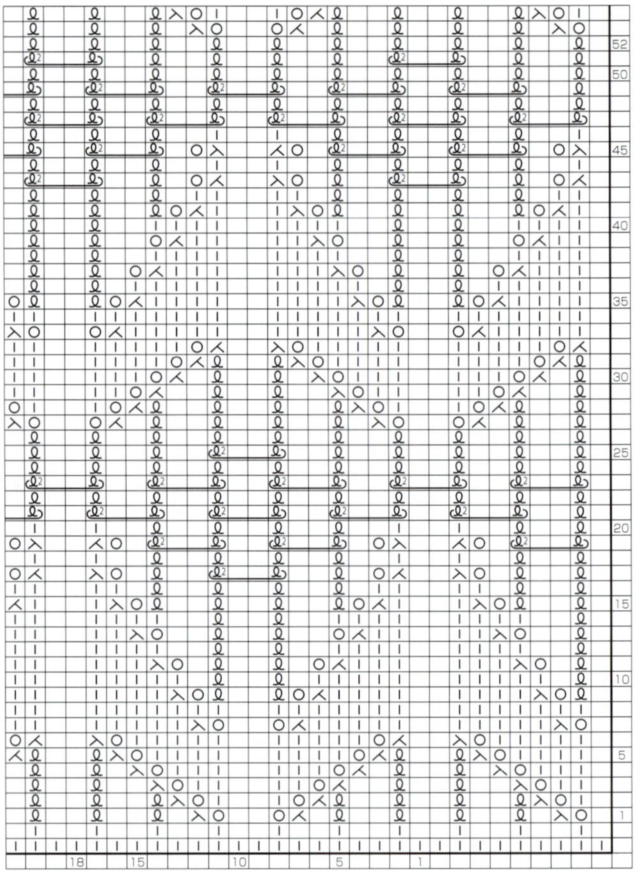

비침무늬 스모킹

☐ = ☐ 안뜨기
⚛2 ☐ ⚛ = 2회 감아 매듭뜨기

18코 52단 1무늬

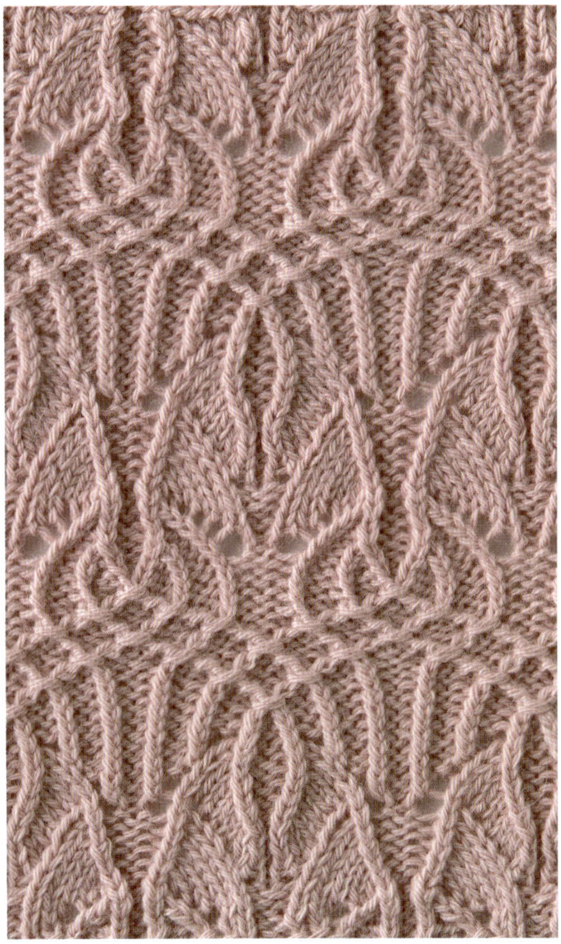

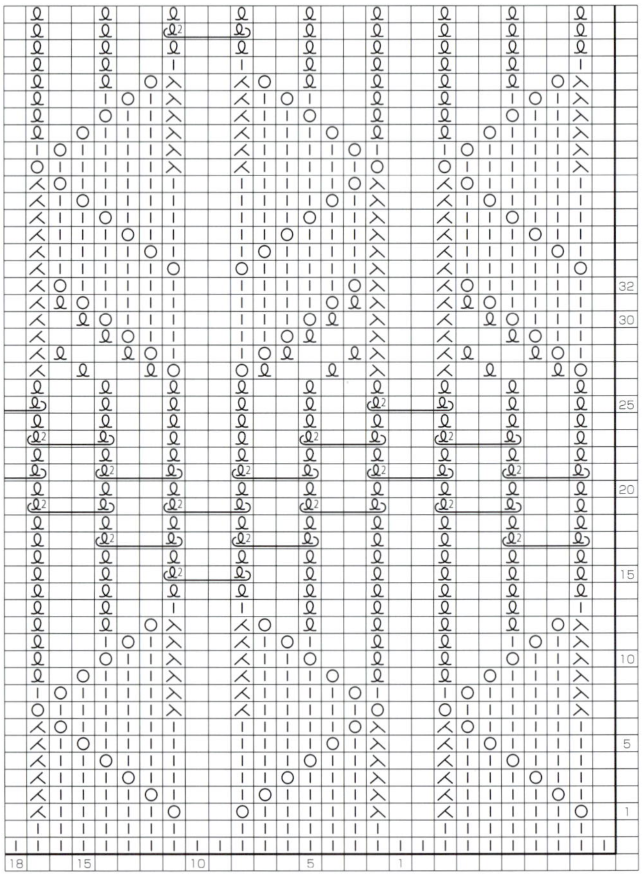

73

☐ = ☐ 안뜨기
⚛2 ☐ ⚛ = 2회 감아 매듭뜨기

18코 32단 1무늬

74

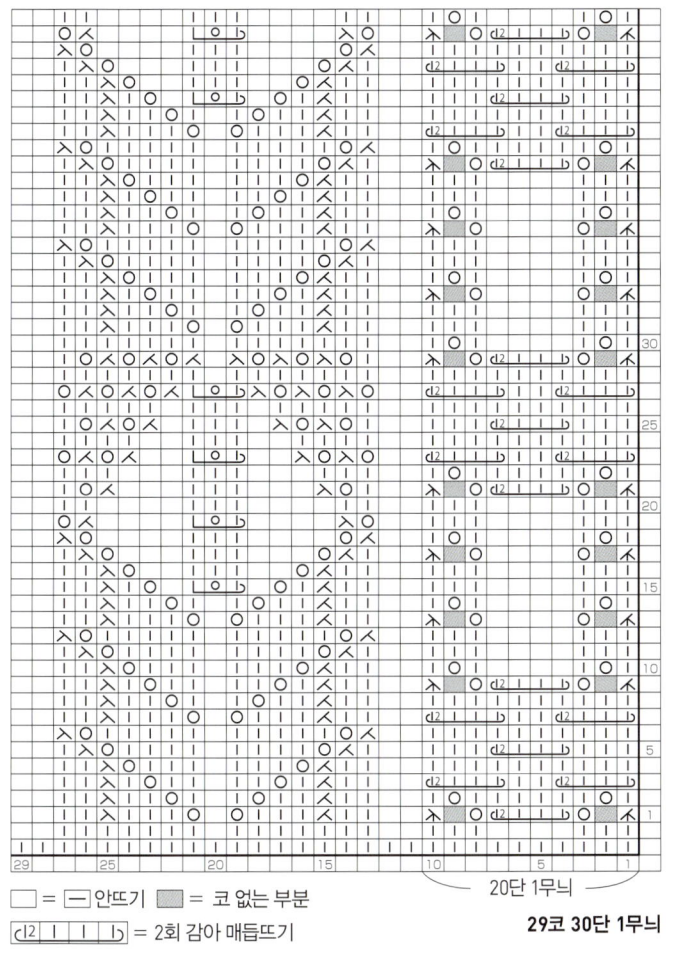

☐ = ─ 안뜨기   ■ = 코 없는 부분

[d2 | | | b] = 2회 감아 매듭뜨기

29코 30단 1무늬

비침무늬 / 스모킹

75

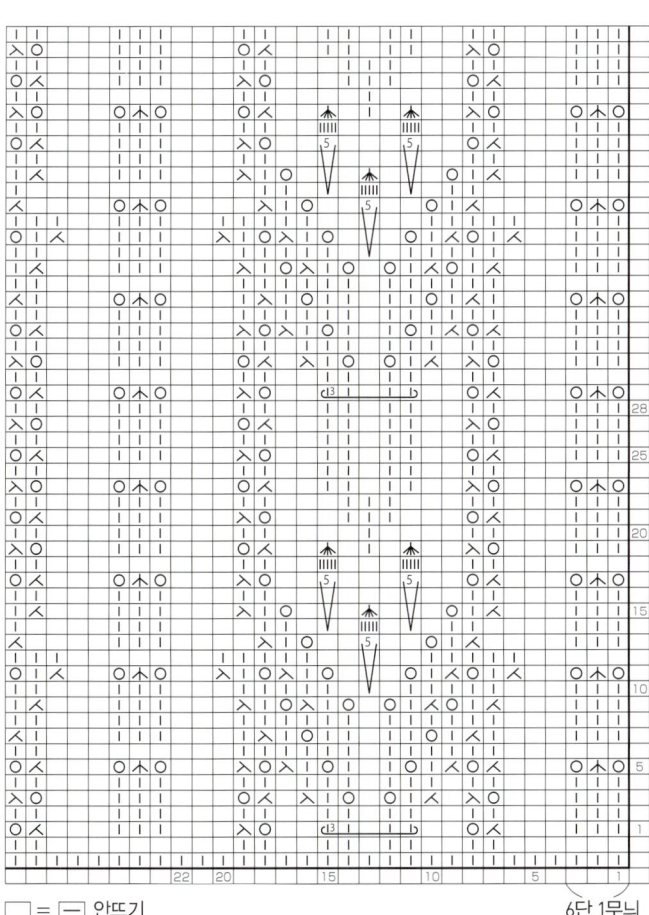

☐ = ─ 안뜨기

[d3 | | | b] = 3회 감아 매듭뜨기

22코 28단 1무늬

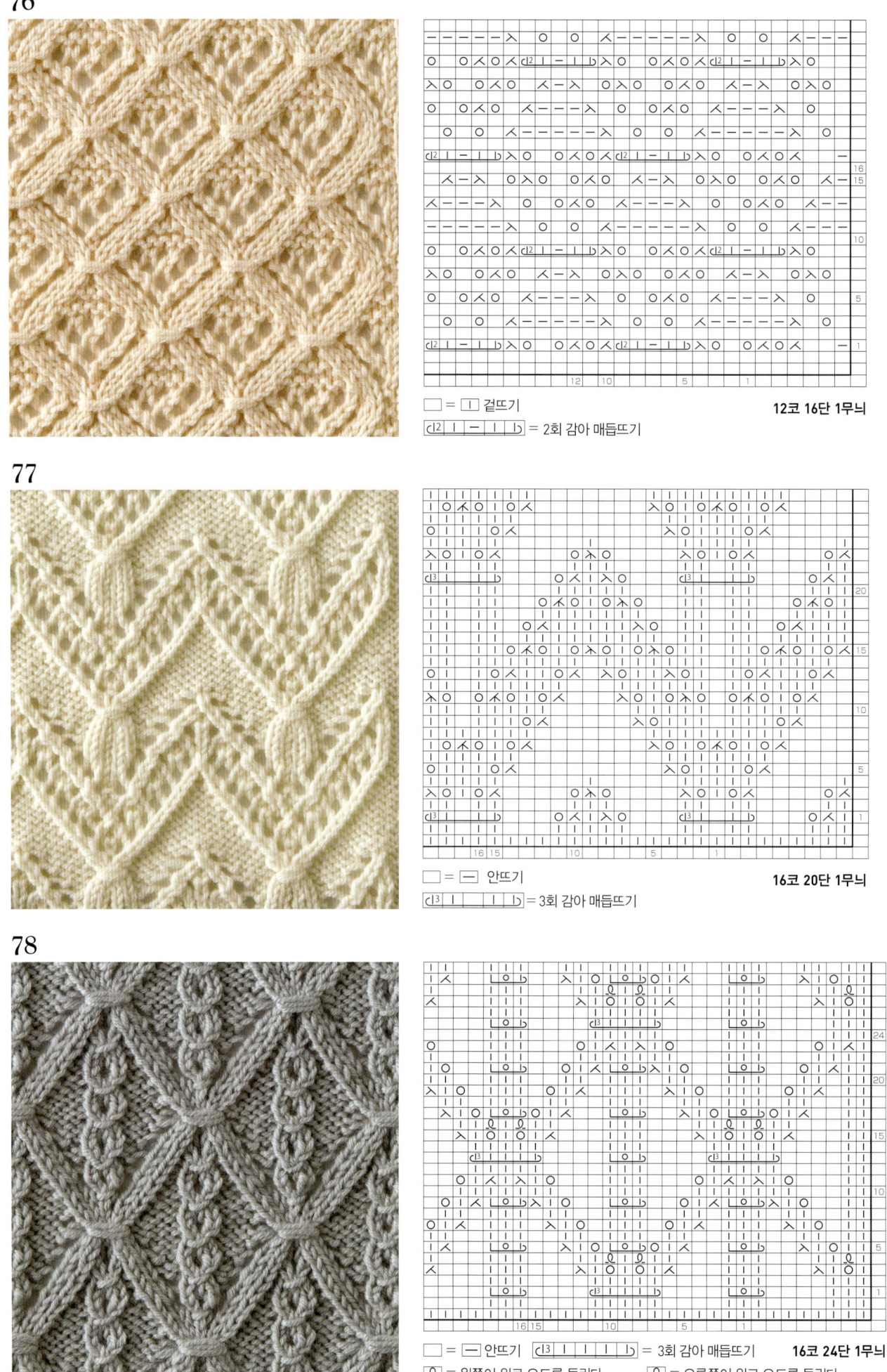

79

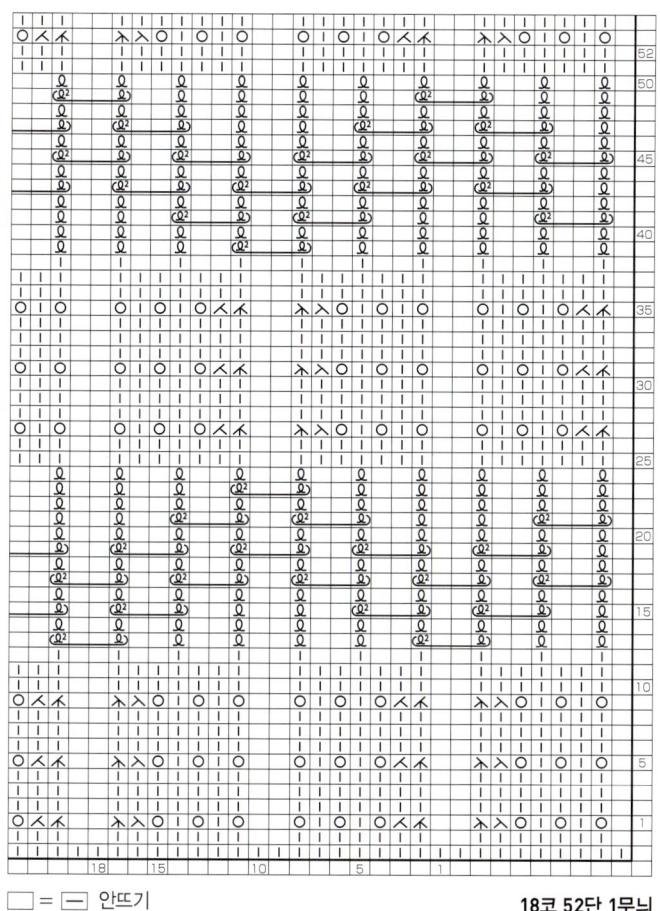

□ = ― = 안뜨기
Ω² ┄ Ω² = 2회 감아 매듭뜨기

18코 52단 1무늬

80

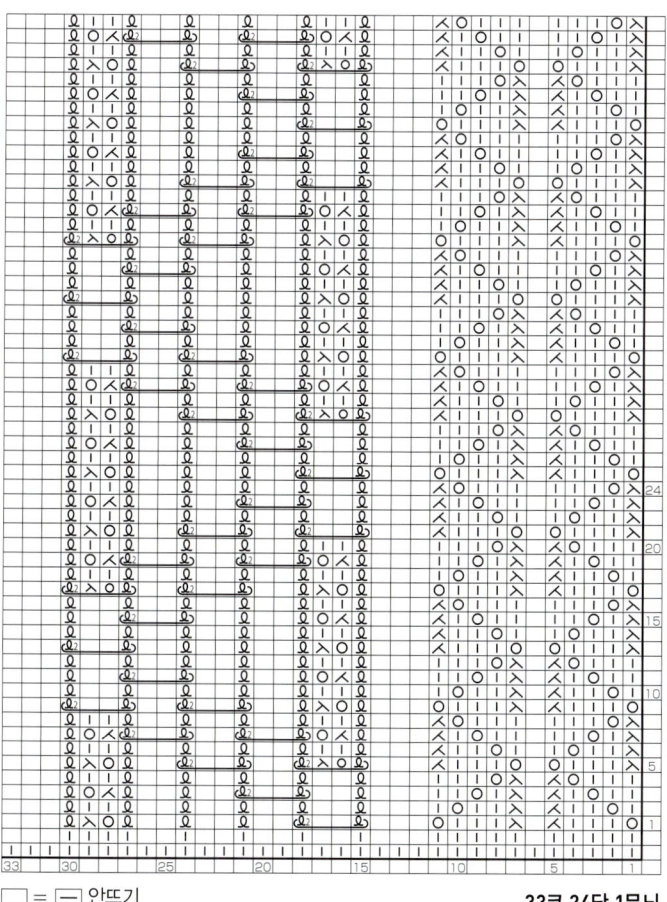

□ = ― = 안뜨기
Ω² ┄ Ω² = 2회 감아 매듭뜨기

33코 24단 1무늬

비즈자수

81

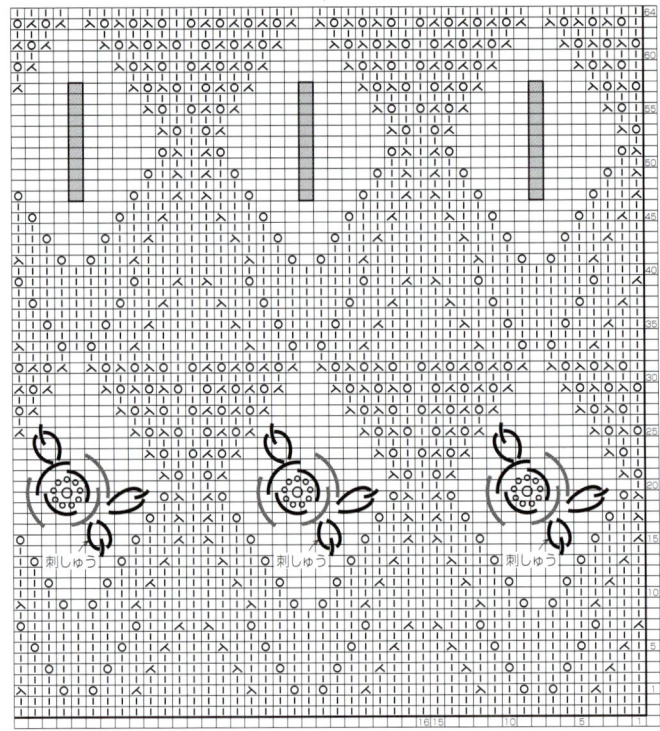
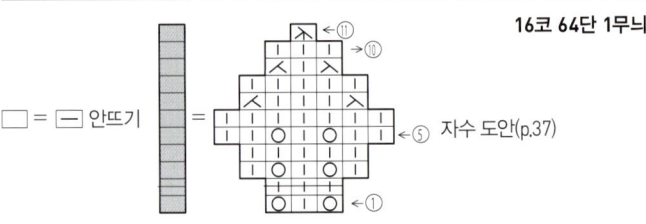

16코 64단 1무늬

□ = ⊟ = 안뜨기

⑤ 자수 도안(p.37)

82

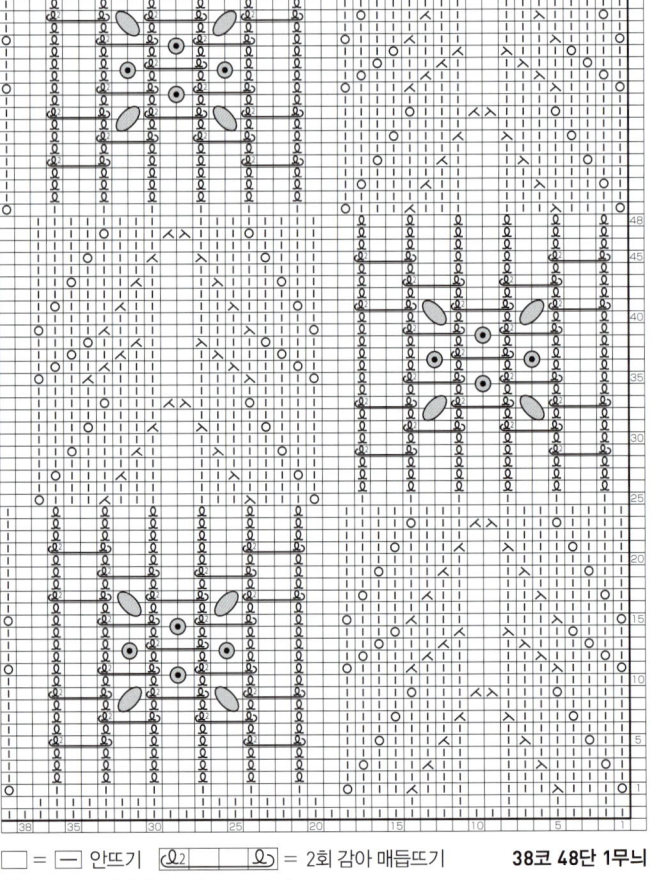

38코 48단 1무늬

□ = ⊟ = 안뜨기, ⚋ = 2회 감아 매듭뜨기
⊙ = 스팽글(허니컷 6mm), 둥근 비즈(3mm)
◯ = 대추 모양 펄 비즈(3×6mm)

83

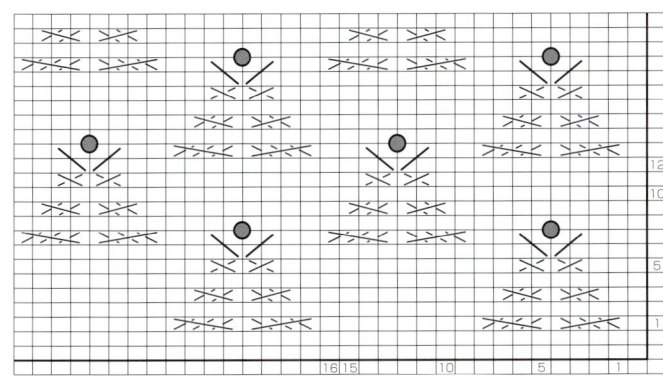

□ = ﹂ 겉뜨기　　　16코 12단 1무늬

펄 비즈(4mm)

막대 비즈(6mm)

81 자수 도안(실물 크기)

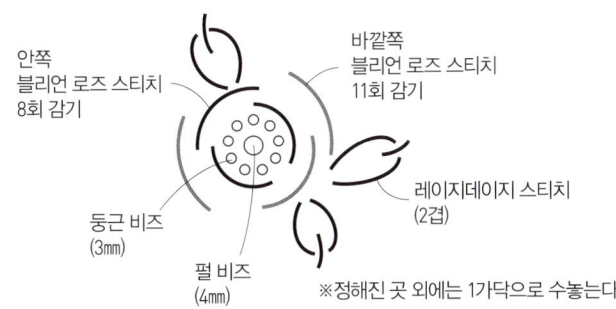

안쪽
블리언 로즈 스티치
8회 감기

바깥쪽
블리언 로즈 스티치
11회 감기

둥근 비즈
(3mm)

펄 비즈
(4mm)

레이지데이지 스티치
(2겹)

※정해진 곳 외에는 1가닥으로 수놓는다

84

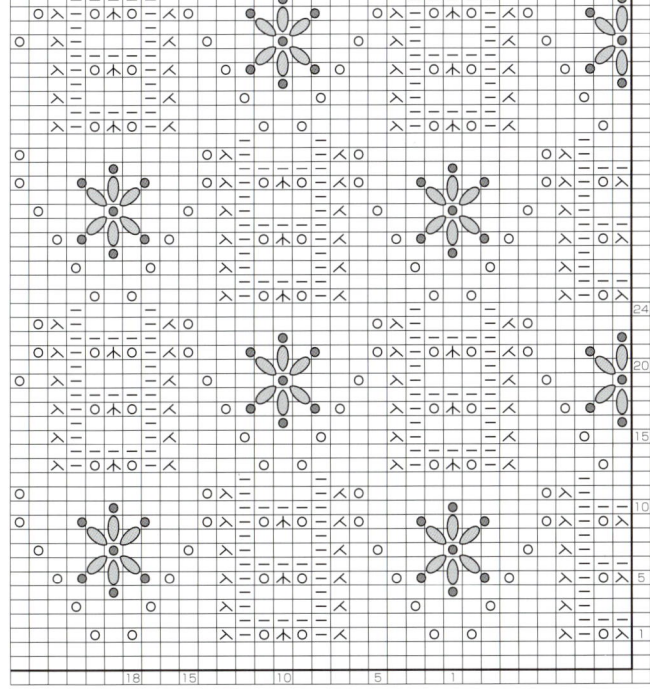

□ = ﹂ 겉뜨기　　　18코 24단 1무늬

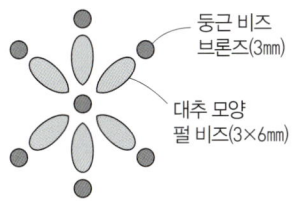

둥근 비즈
브론즈(3mm)

대추 모양
펄 비즈(3×6mm)

비즈 자수

바탕무늬 & 교차무늬

자연스러운 느낌의 바탕무늬, 뜨개코를 교차하여 아름다운 부조 느낌이 나는 교차무늬는
유행을 타지 않는 니트 작품을 디자인할 때 다양하게 사용할 수 있습니다.

니트 양말로 발을 따스하게
무늬뜨기 … No.106(p.47)
뜨는 방법 … p.127

85

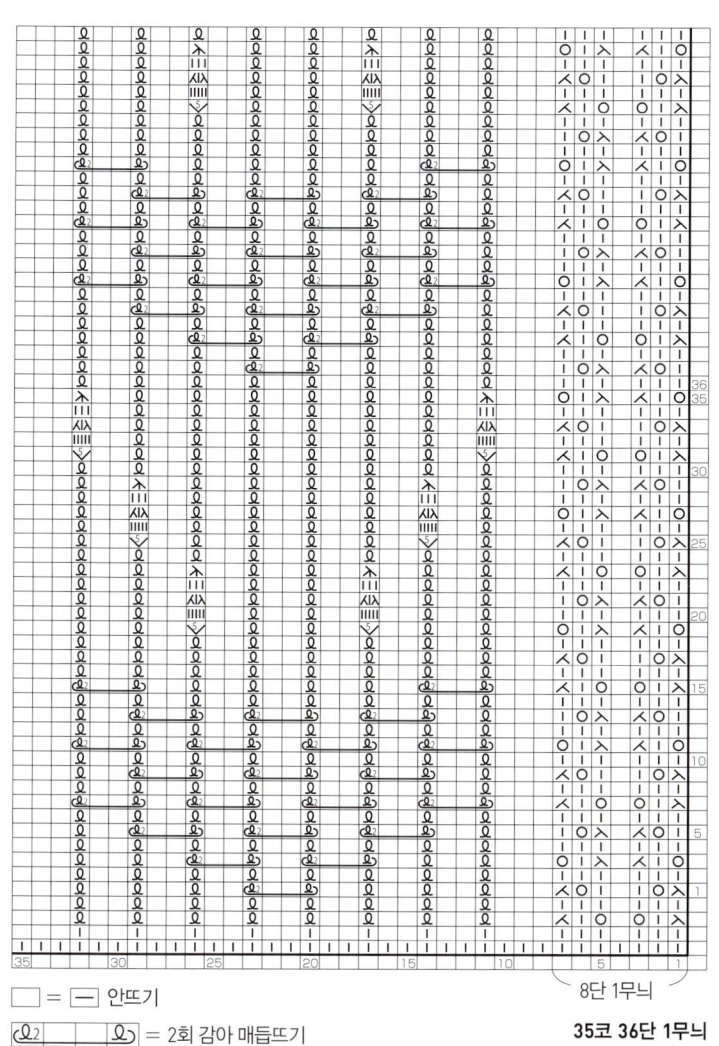

☐ = ― 안뜨기
Ω2 Ω2 = 2회 감아 매듭뜨기

8단 1무늬
35코 36단 1무늬

바탕무늬

86

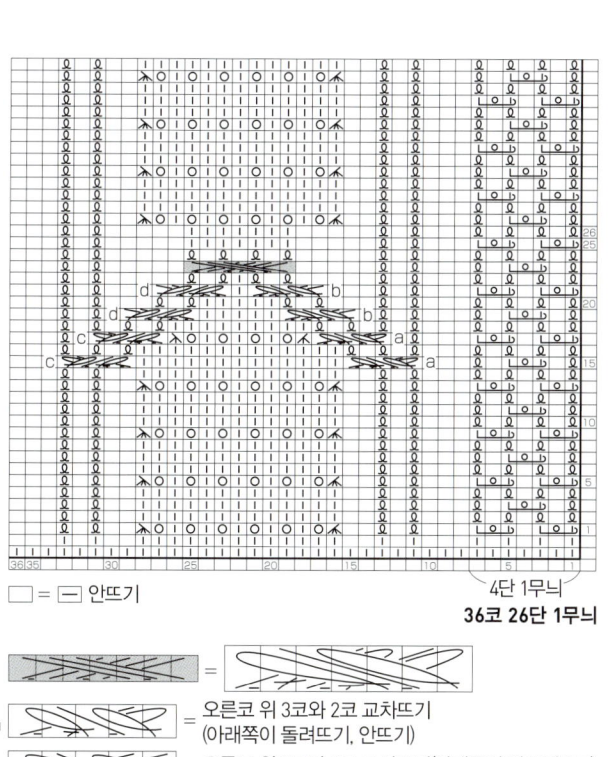

☐ = ― 안뜨기

4단 1무늬
36코 26단 1무늬

a = 오른코 위 3코와 2코 교차뜨기 (아래쪽이 돌려뜨기, 안뜨기)
b = 오른코 위 3코와 2코 교차뜨기 (아래쪽이 안뜨기 2코)
c = 왼코 위 3코와 2코 교차뜨기 (아래쪽이 안뜨기, 돌려뜨기)
d = 왼코 위 3코와 2코 교차뜨기 (아래쪽이 안뜨기 2코)

87

바탕무늬

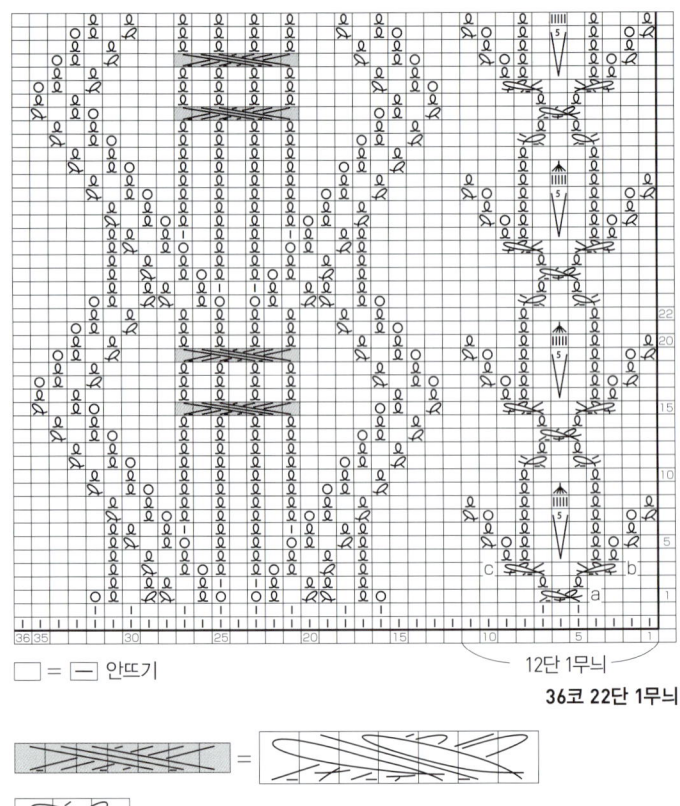

□ = ⊟ 안뜨기

36코 22단 1무늬

a = 오른코 위 1코와 2코 교차뜨기(아래쪽이 돌려뜨기, 안뜨기)

b = 왼코 위 1코와 2코 교차뜨기(아래쪽이 돌려뜨기, 안뜨기)

c = 오른코 위 1코와 2코 교차뜨기(아래쪽이 안뜨기, 돌려뜨기)

88

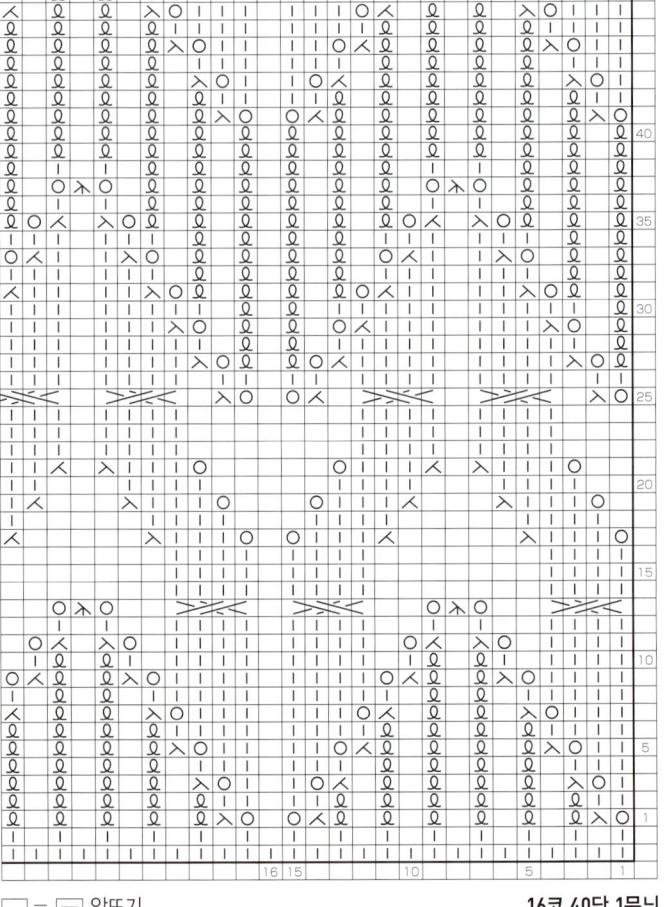

□ = ⊟ 안뜨기

16코 40단 1무늬

89

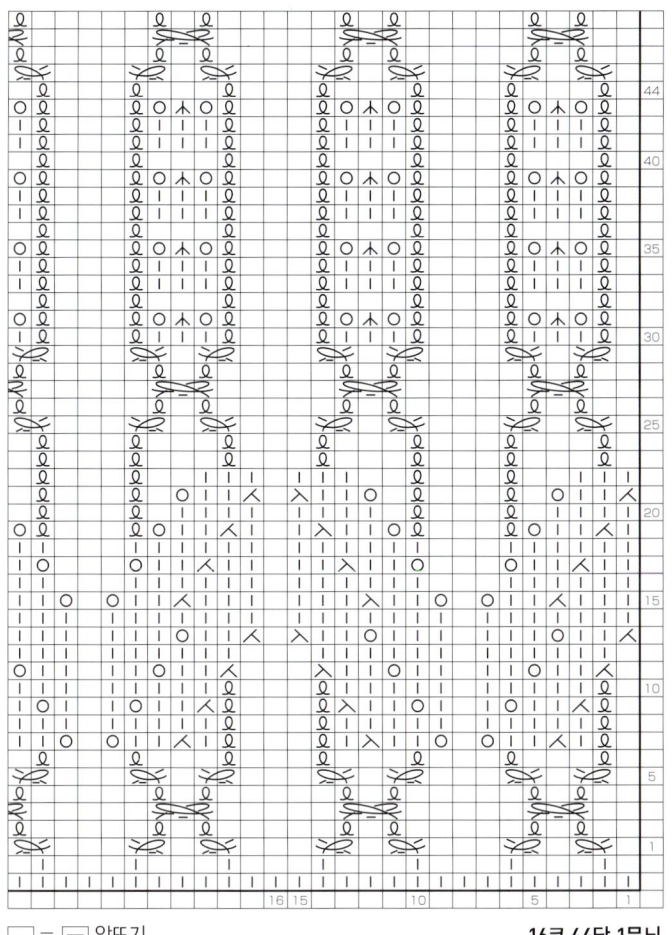
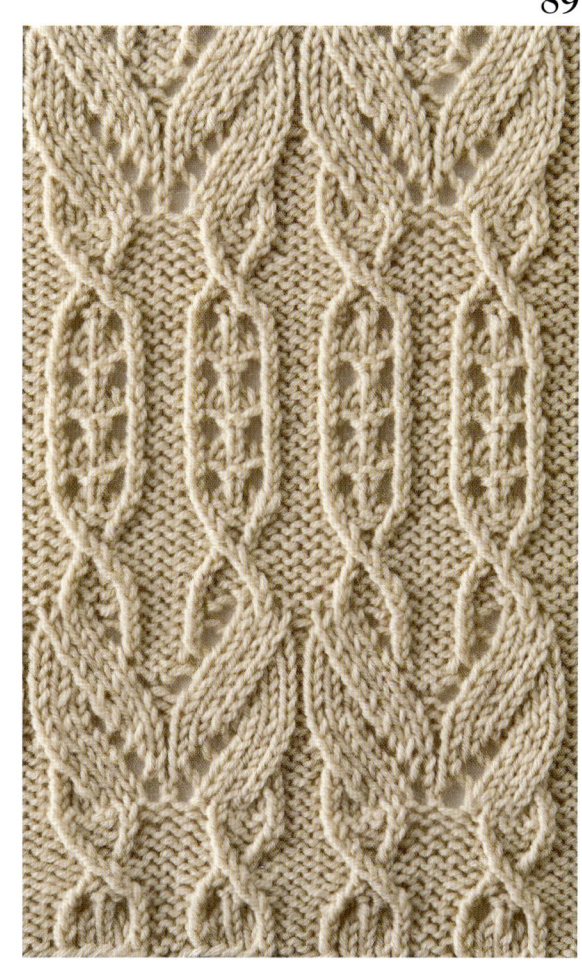

☐ = ─ 안뜨기   16코 44단 1무늬

90

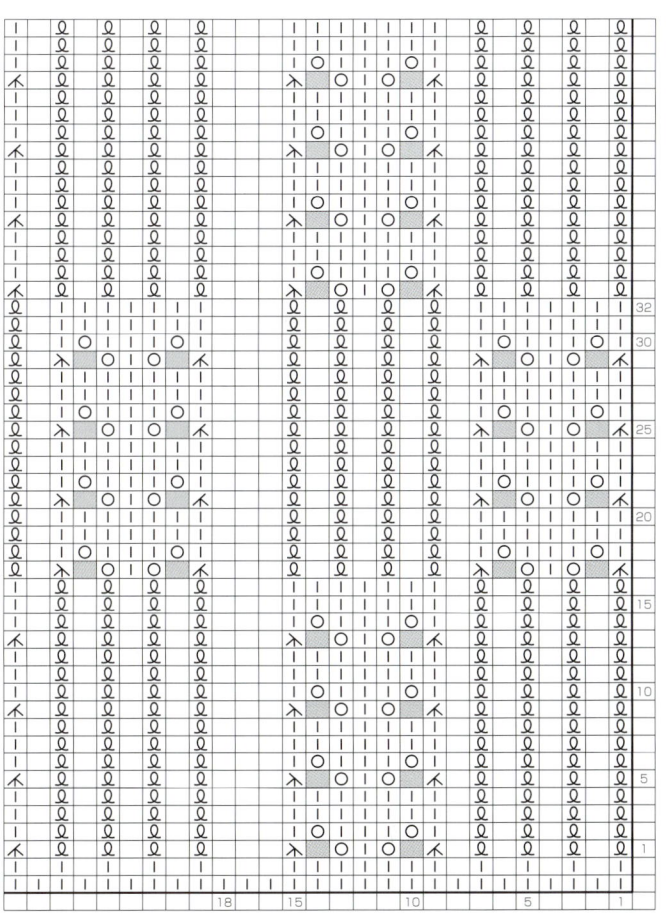

☐ = ─ 안뜨기   ▨ = 코 없는 부분   18코 32단 1무늬

91

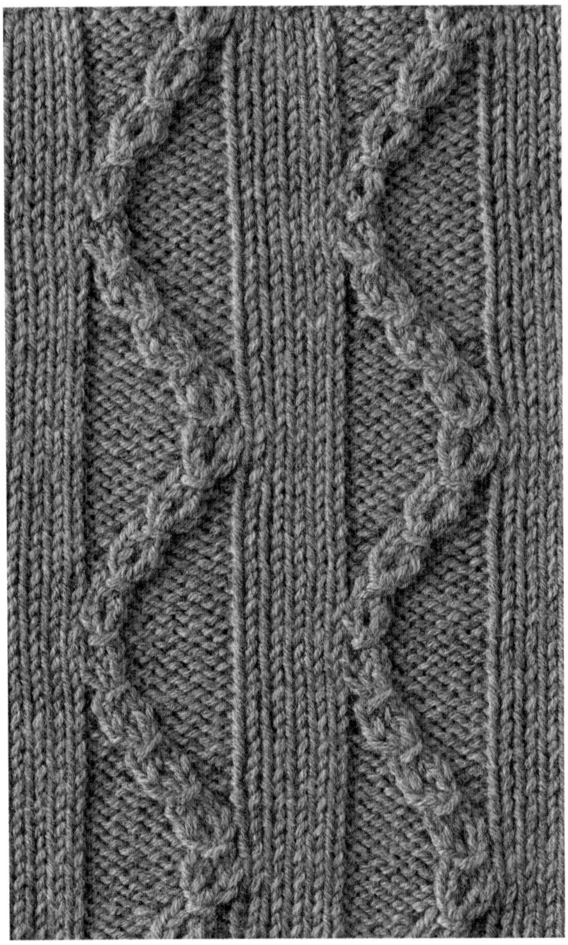

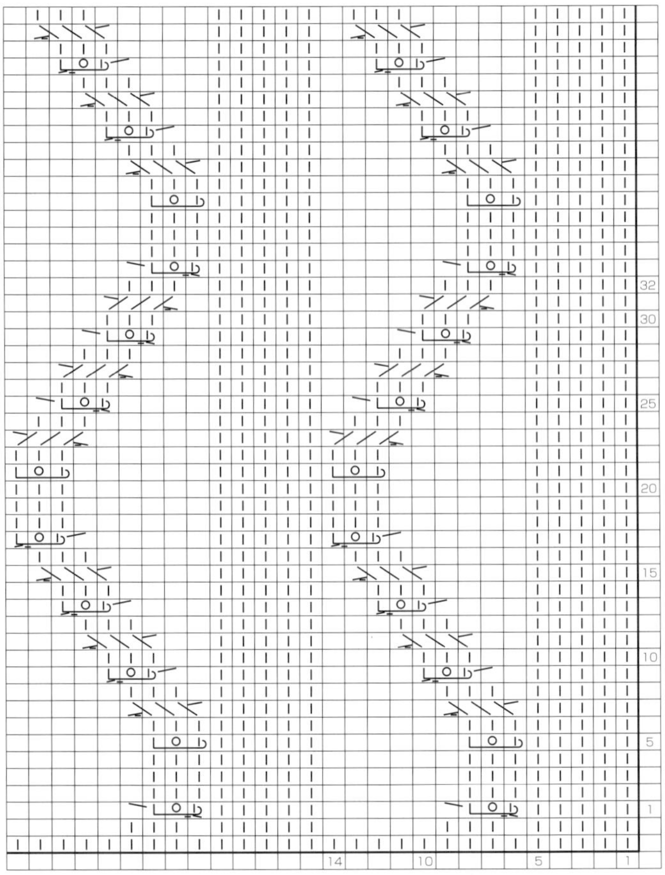

□ = ⊟ 안뜨기

14코 32단 1무늬

= (p.131)

92

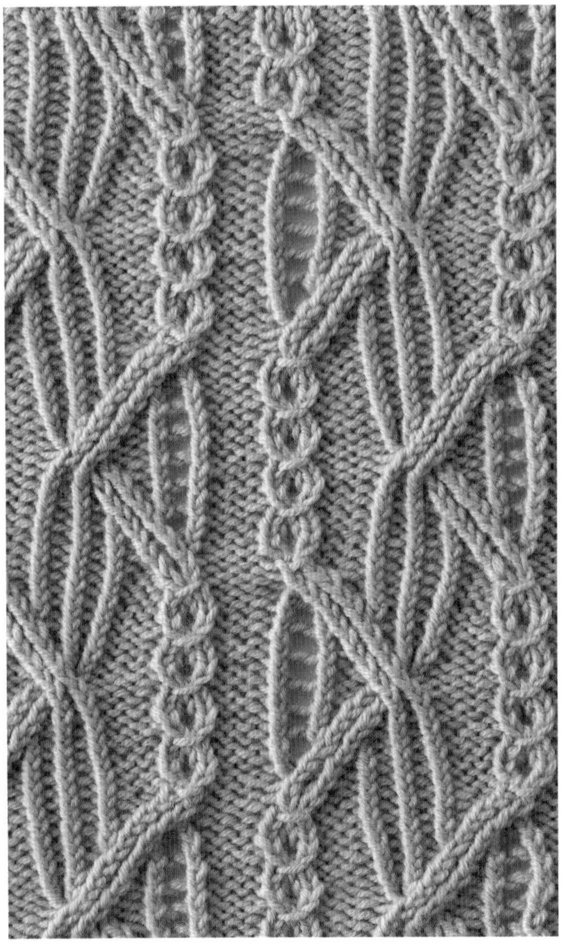

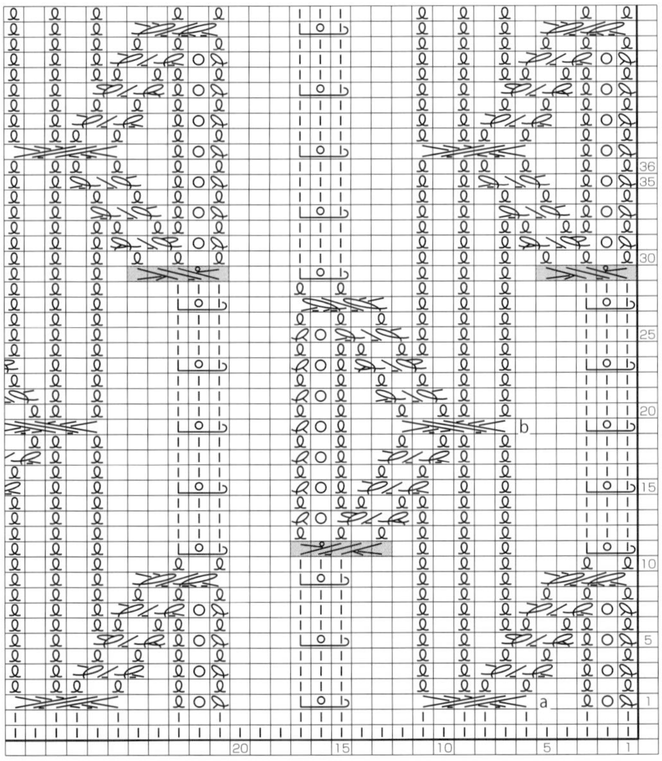

□ = ⊟ 안뜨기

20코 36단 1무늬

= (p.132)

a = 왼코 위 3코 교차뜨기

b = 오른코 위 3코 교차뜨기

93

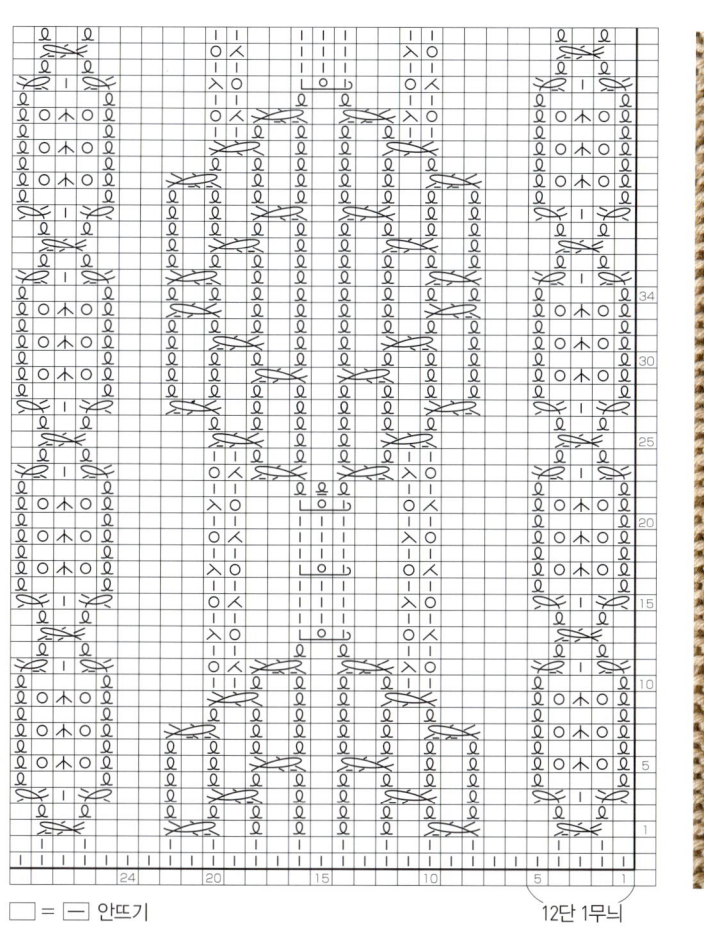

☐ = ⊟ 안뜨기

12단 1무늬
24코 34단 1무늬

94

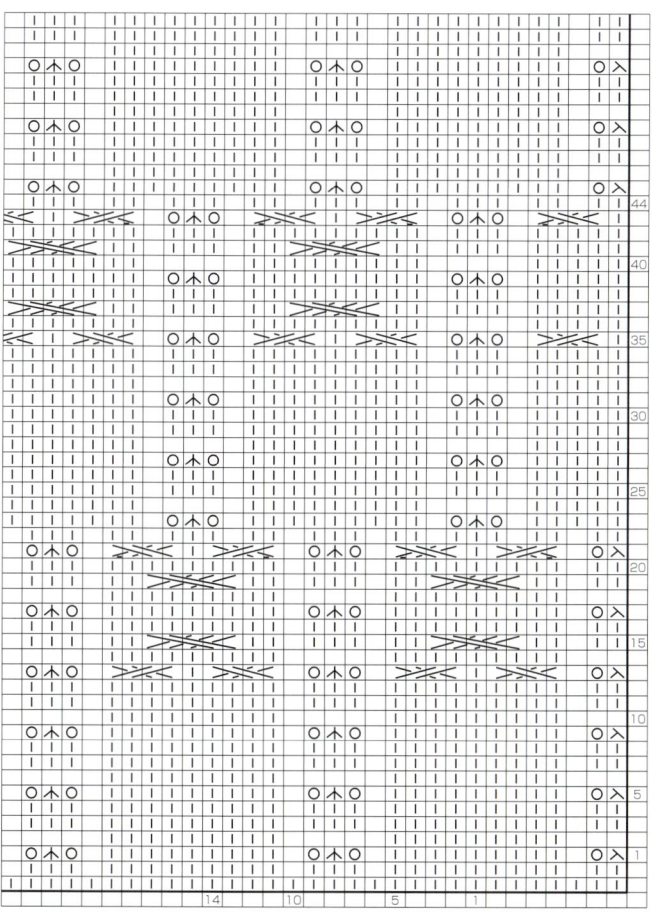

☐ = ⊟ 안뜨기

14코 44단 1무늬

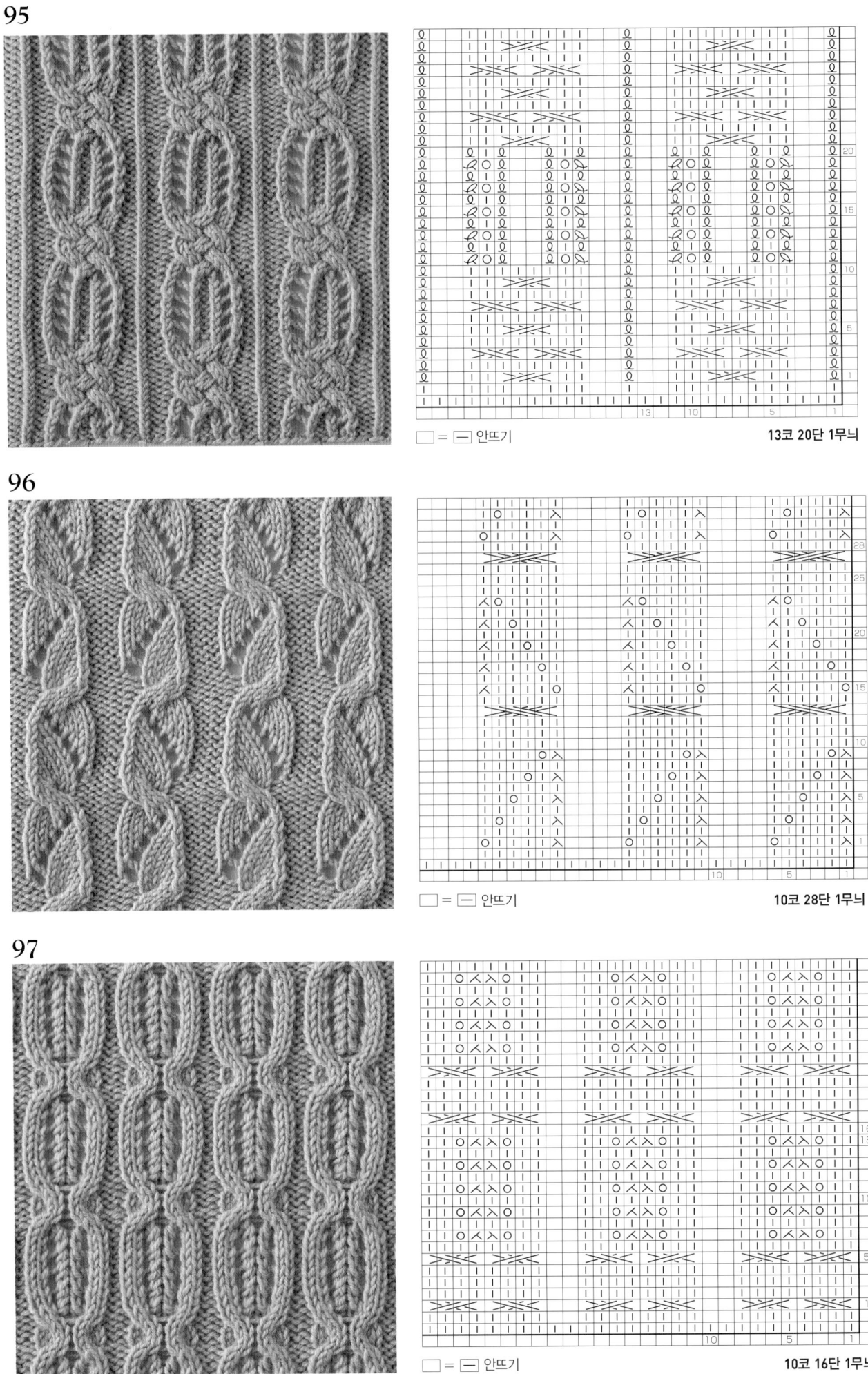

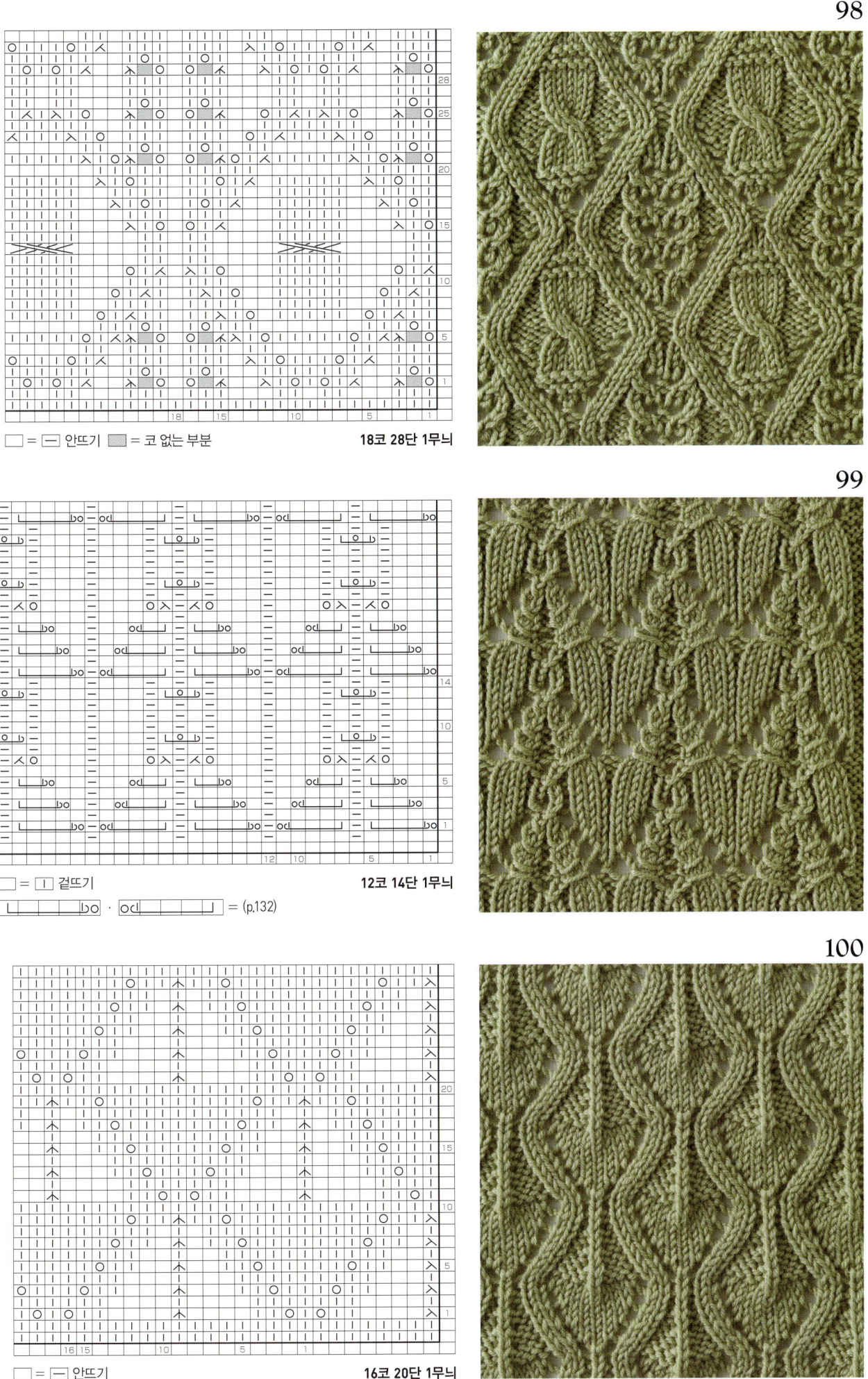

98

□ = □ 안뜨기 ▨ = 코 없는 부분   18코 28단 1무늬

99

□ = □ 겉뜨기   12코 14단 1무늬

⌐bo · od⌐ = (p.132)

100

□ = □ 안뜨기   16코 20단 1무늬

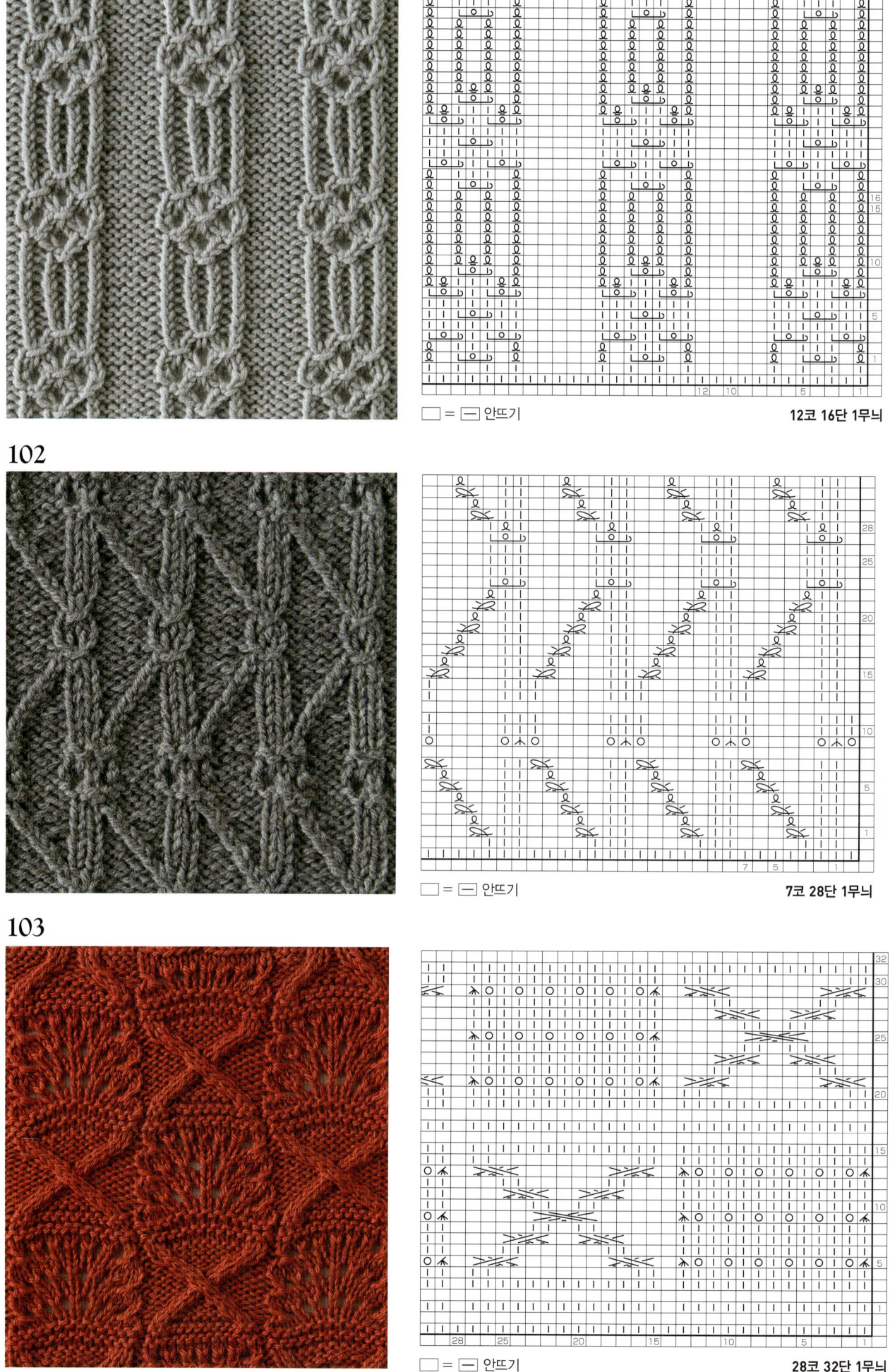

104

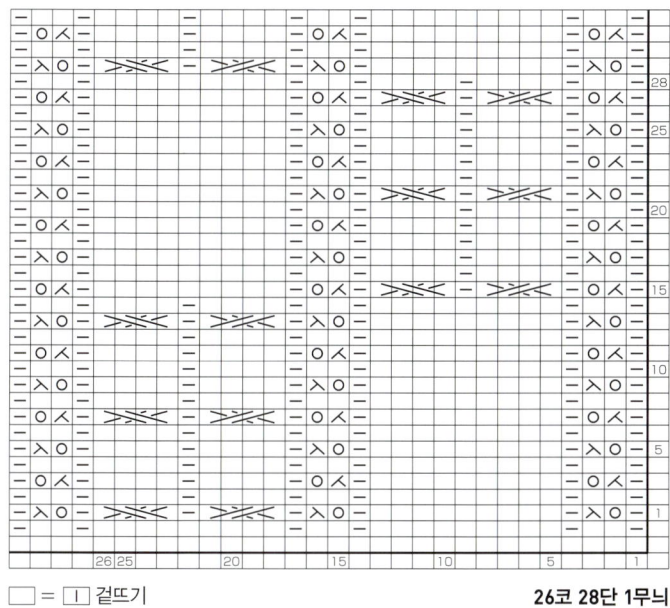

□ = □ 겉뜨기   26코 28단 1무늬

105

□ = □ 안뜨기   16코 26단 1무늬

106

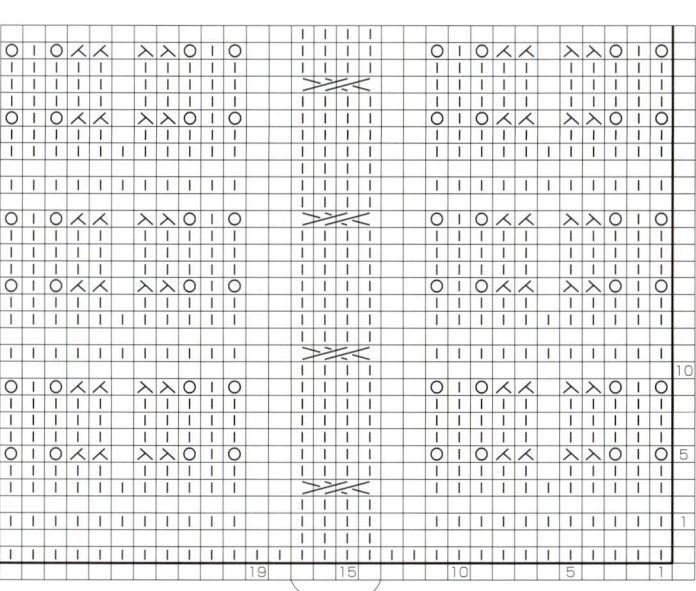

□ = □ 안뜨기   8단 1무늬   19코 10단 1무늬

107

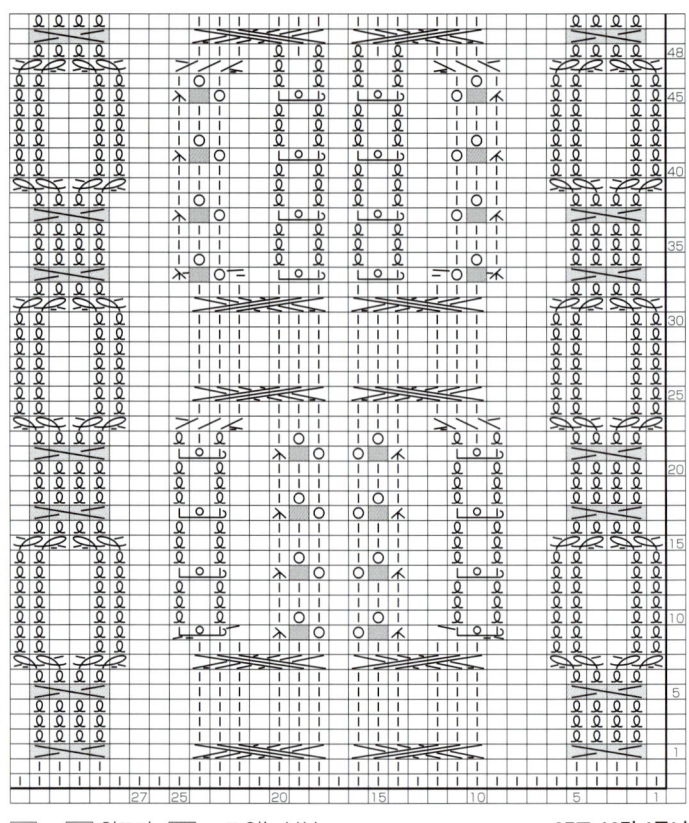

□ = ― = 안뜨기　■ = 코 없는 부분

= 오른코 위 돌려 2코 교차뜨기

= (p.131)

= (p.132)

27코 48단 1무늬

108

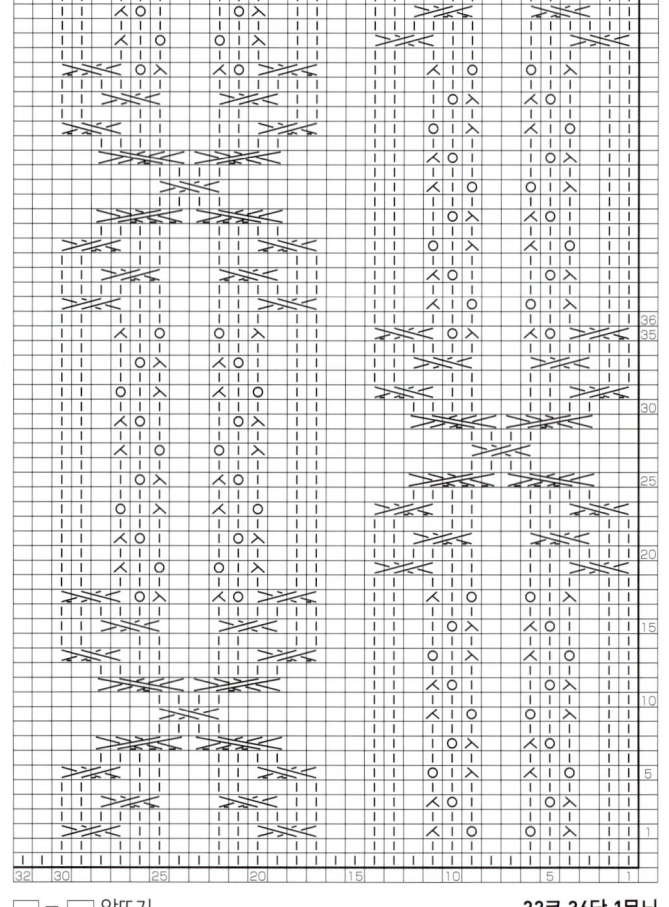

□ = ― = 안뜨기　32코 36단 1무늬

109

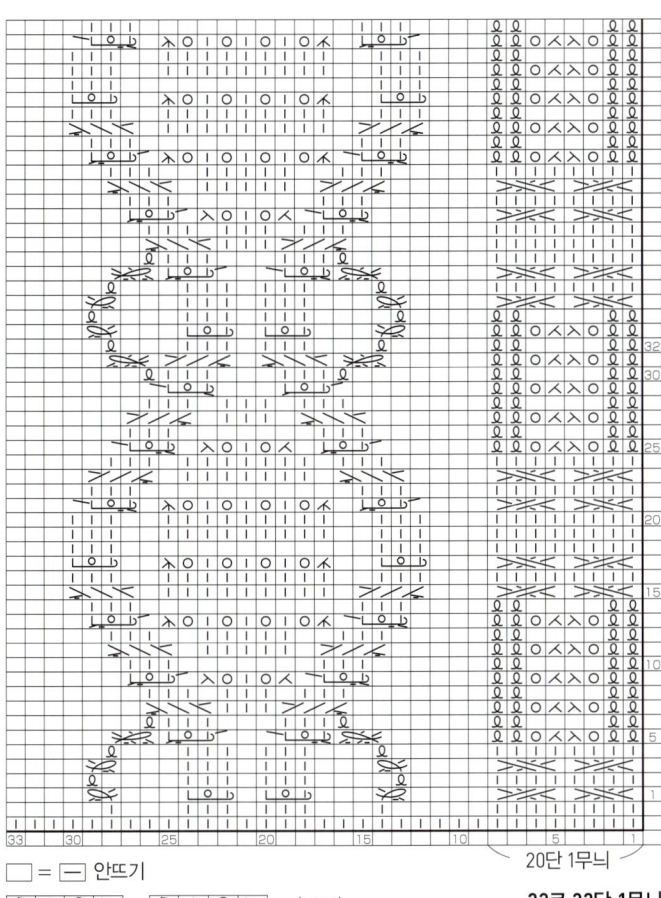

☐ = ⊟ 안뜨기

33코 32단 1무늬

20단 1무늬

110

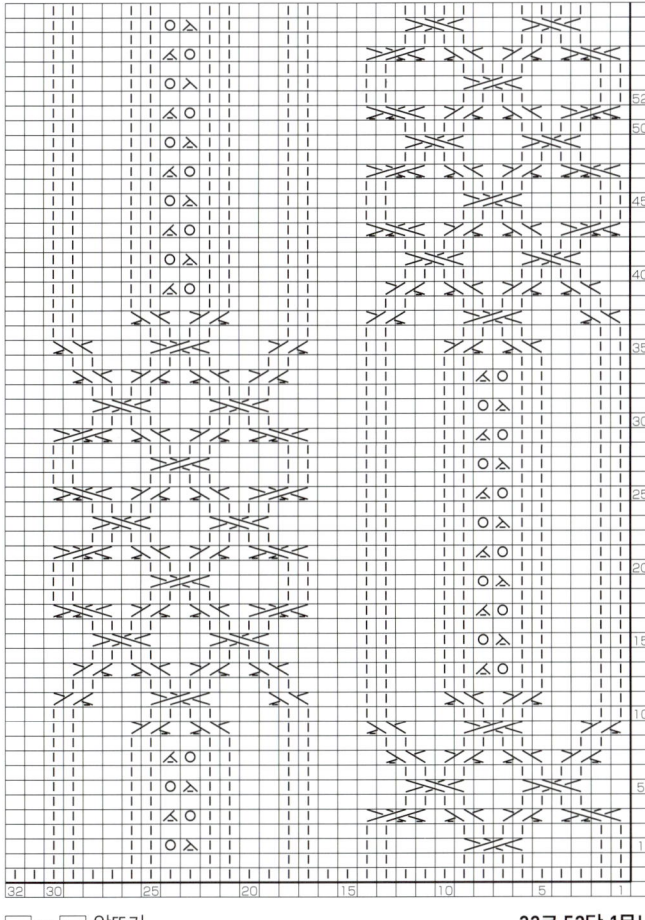

☐ = ⊟ 안뜨기

32코 52단 1무늬

111

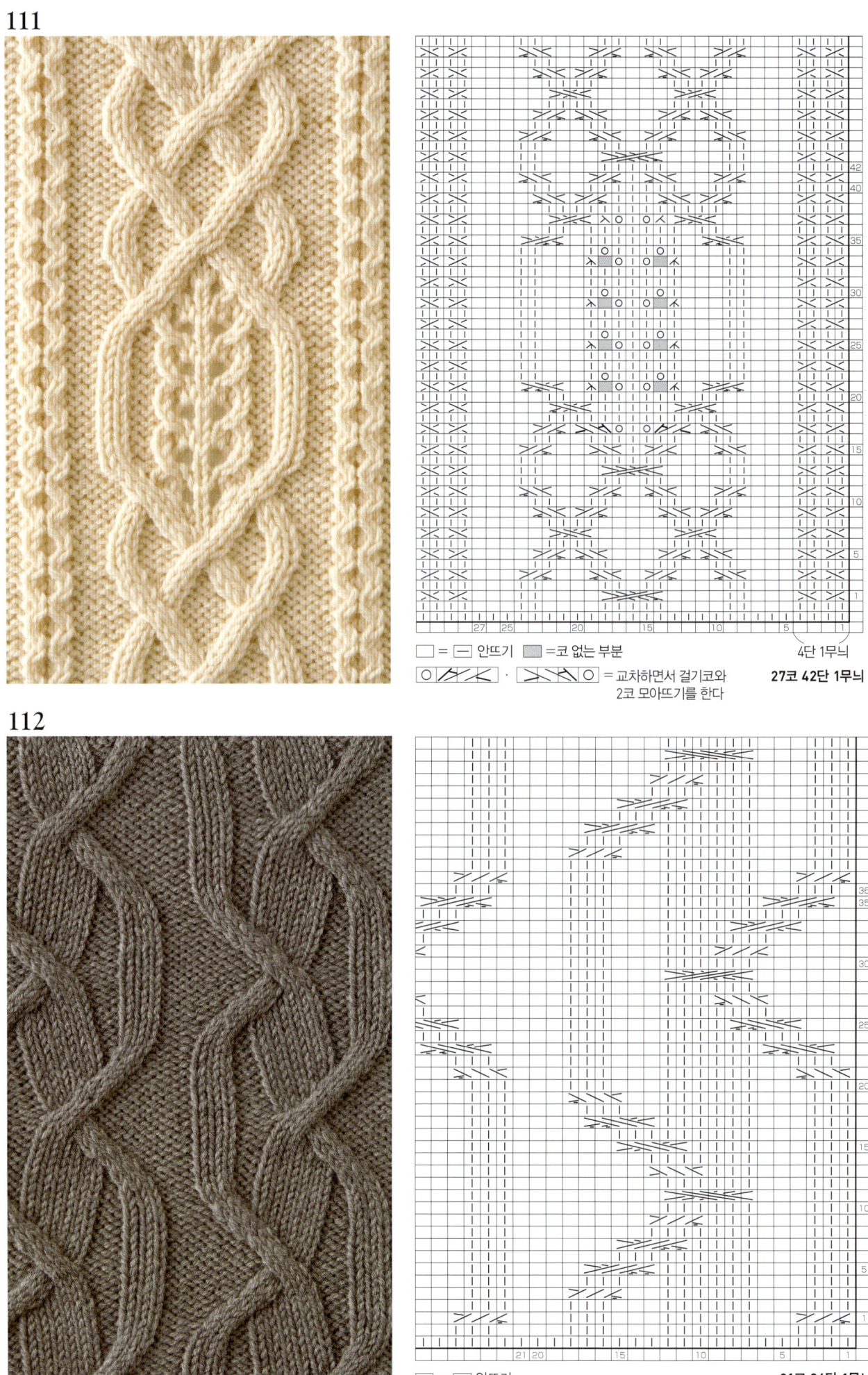

□ = ─ = 안뜨기　■ = 코 없는 부분

○╱╲ · ╱╲○ = 교차하면서 걸기코와 2코 모아뜨기를 한다

4단 1무늬
27코 42단 1무늬

112

□ = ─ = 안뜨기

21코 36단 1무늬

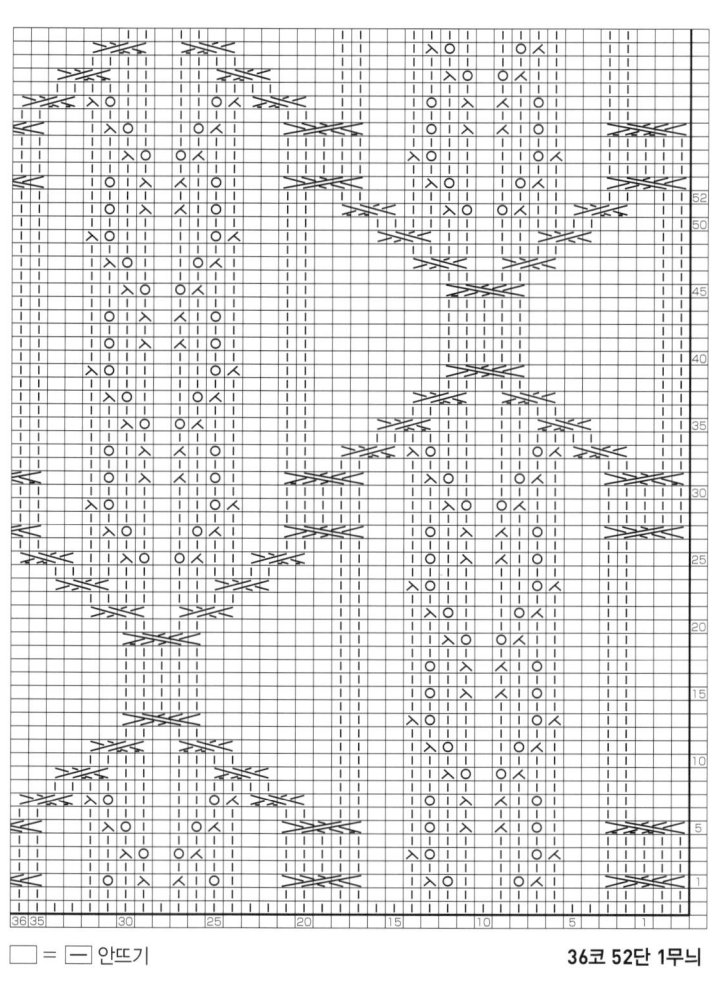

□ = — 안뜨기   36코 52단 1무늬

113

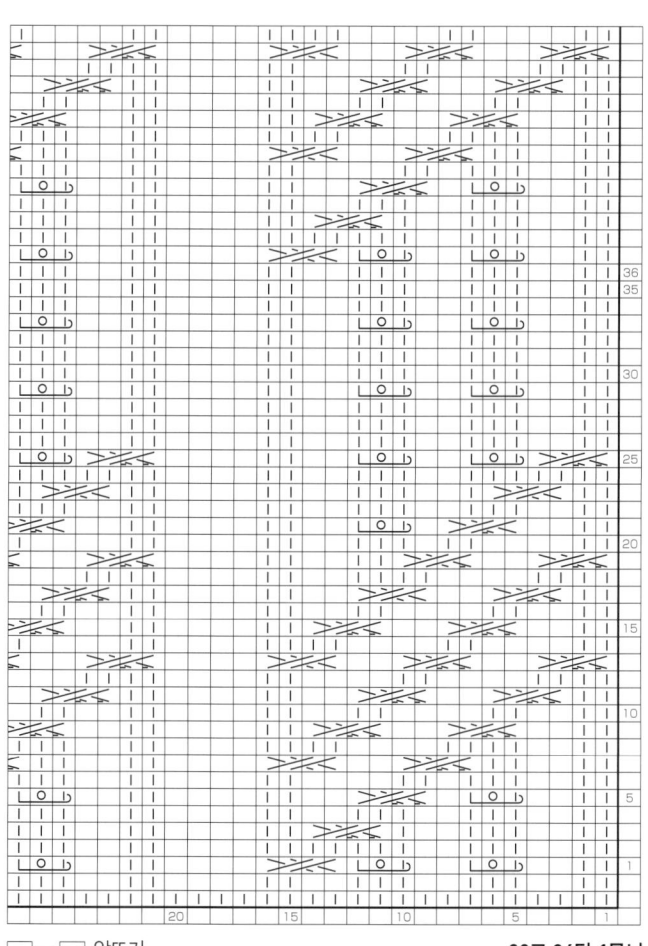

□ = — 안뜨기   20코 36단 1무늬

114

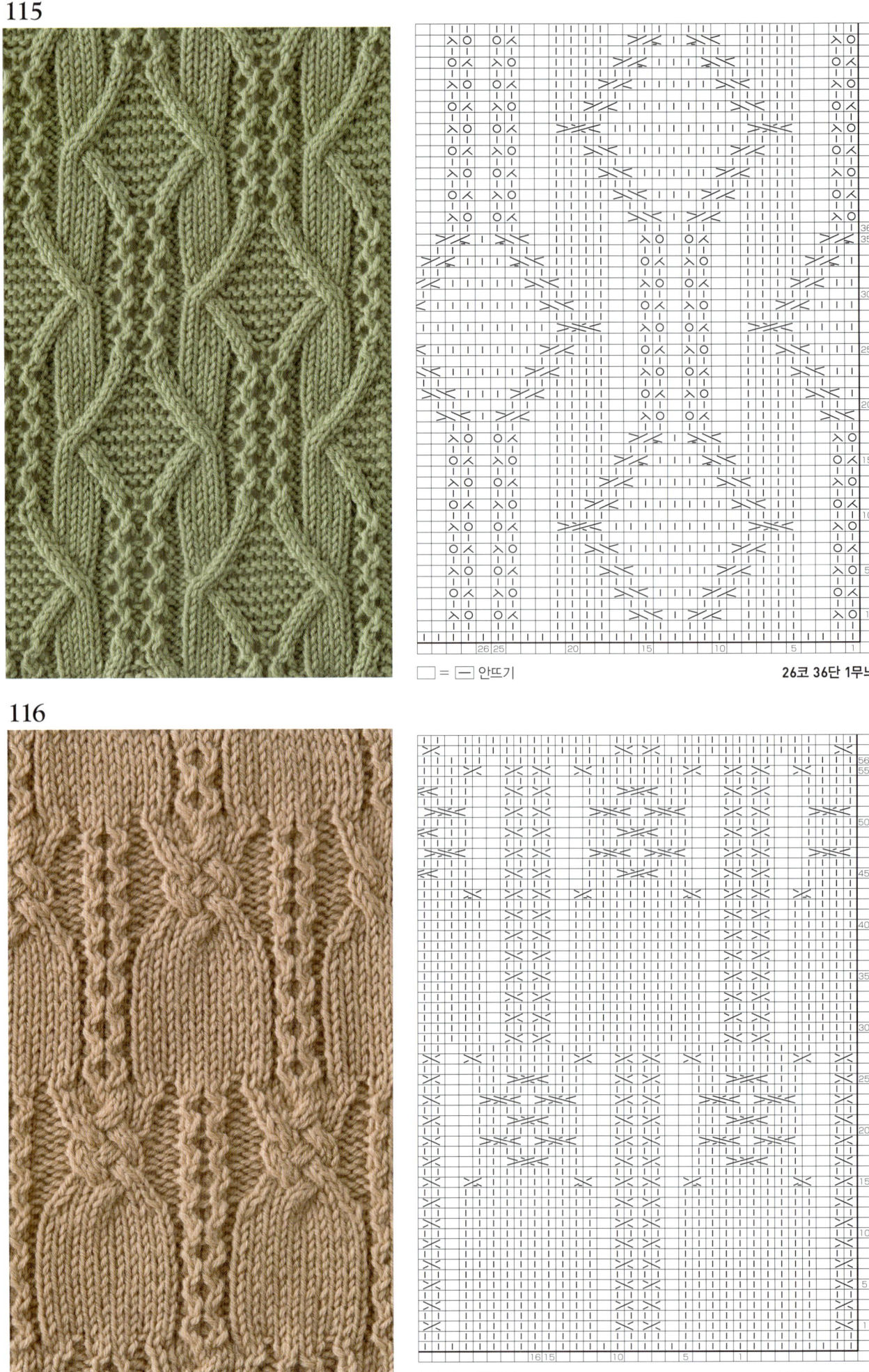

117

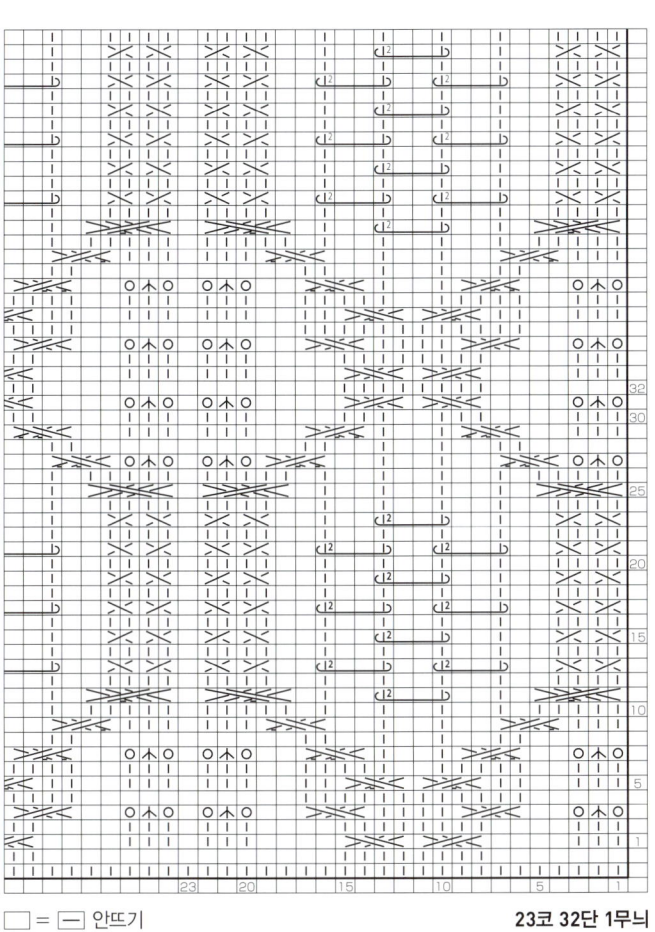

☐ = ⊟ 안뜨기

⌐|² ⌐| = 2회 감아 매듭뜨기

23코 32단 1무늬

118

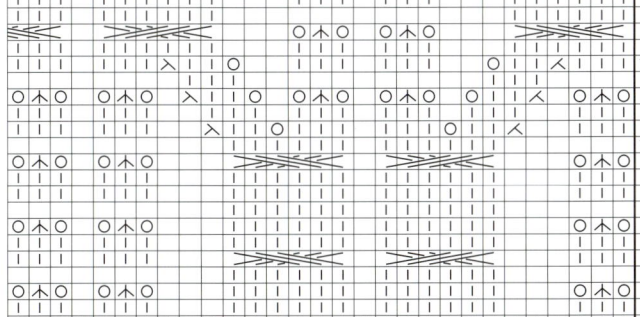

☐ = ⊟ 안뜨기

26코 40단 1무늬

119

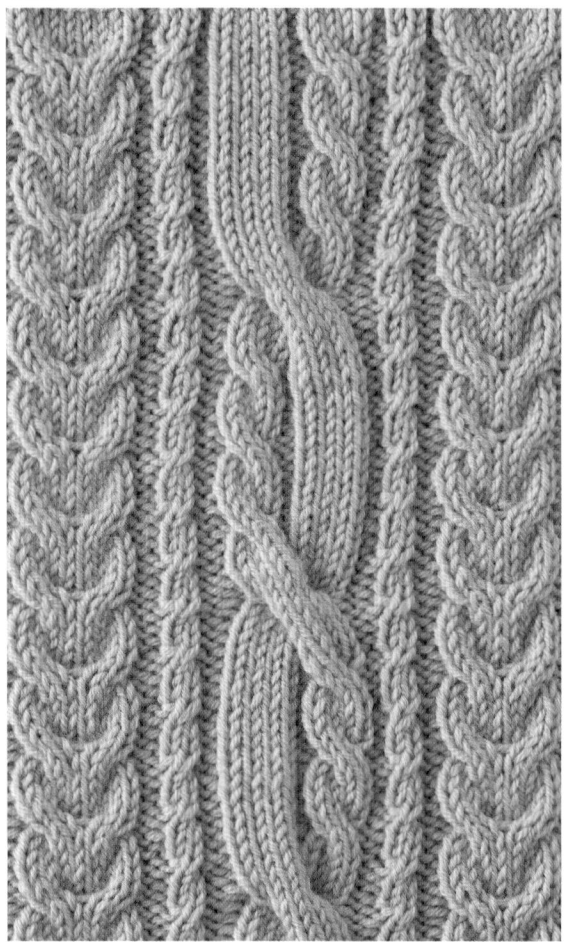
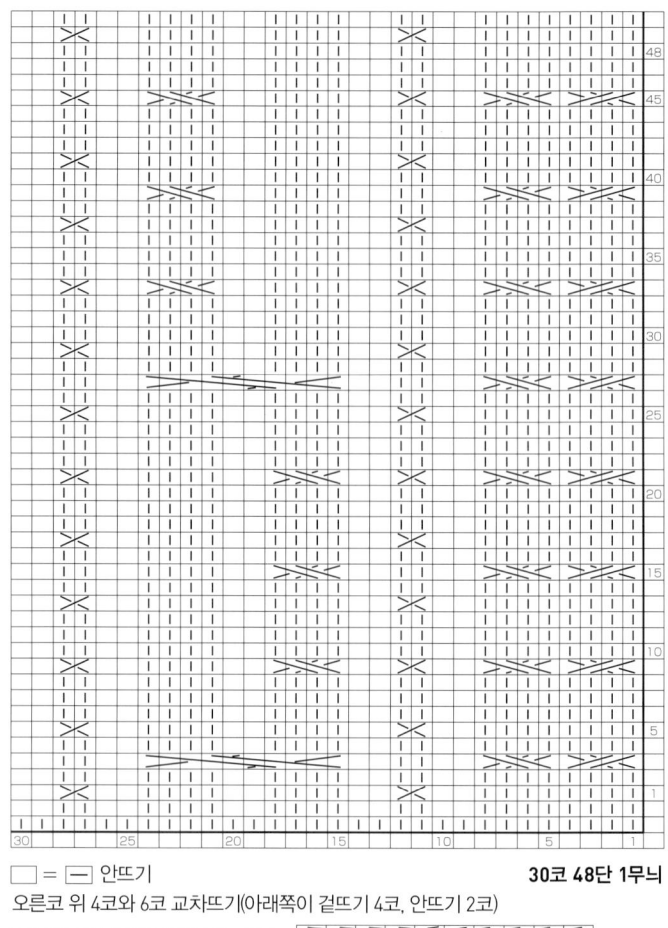

□ = ─ 안뜨기
오른코 위 4코와 6코 교차뜨기(아래쪽이 겉뜨기 4코, 안뜨기 2코)

30코 48단 1무늬

120

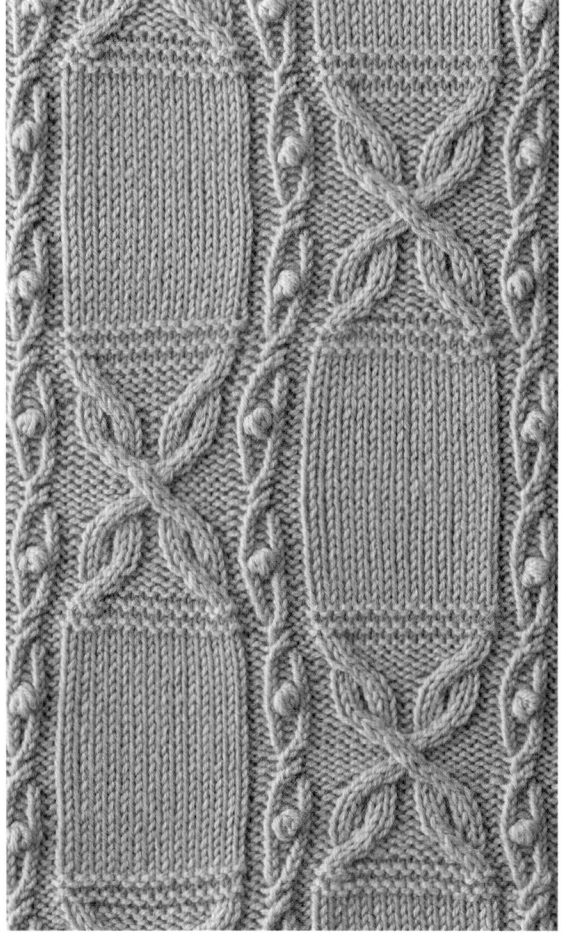
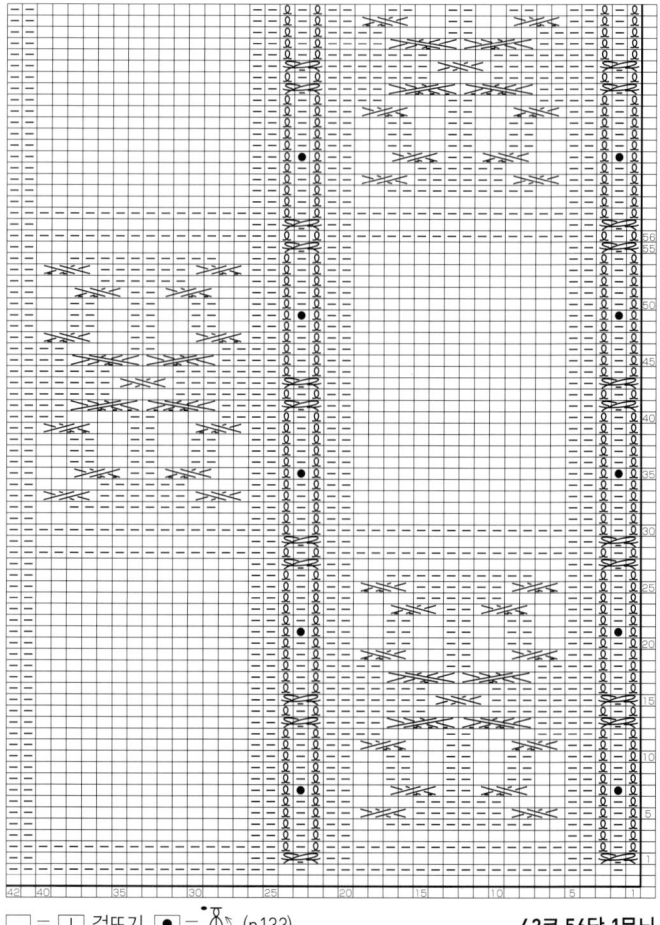

□ = │ 겉뜨기   ● = (p.133)

42코 56단 1무늬

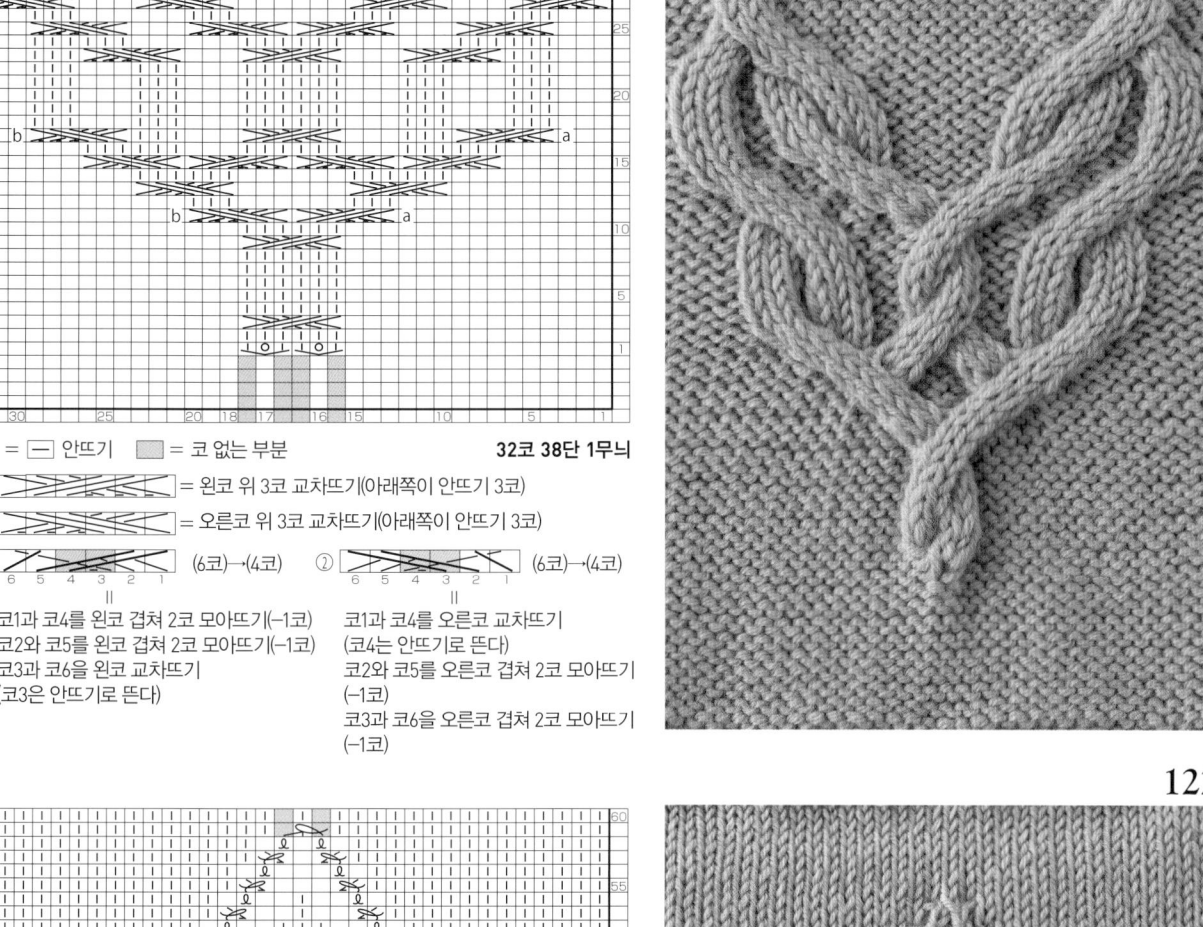

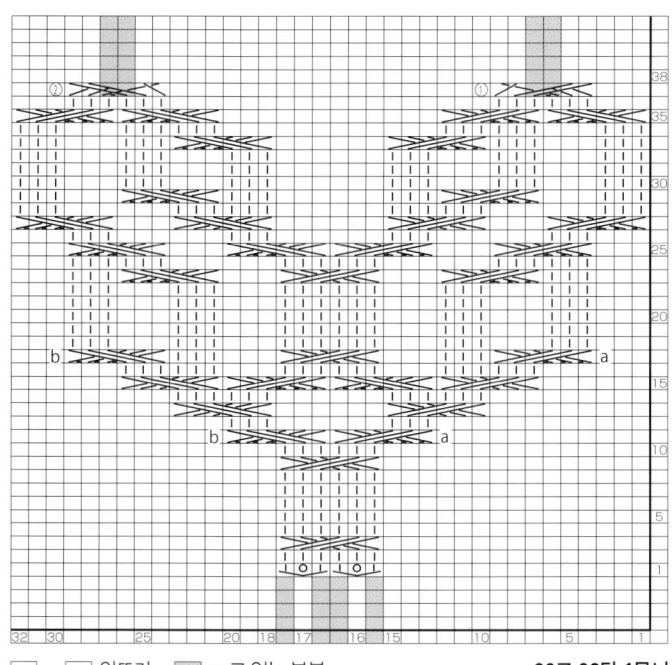

□ = ﹣ 안뜨기   ▨ = 코 없는 부분   32코 38단 1무늬

a ⟨도식⟩ = 왼코 위 3코 교차뜨기(아래쪽이 안뜨기 3코)
b ⟨도식⟩ = 오른코 위 3코 교차뜨기(아래쪽이 안뜨기 3코)

① ⟨도식⟩ (6코)→(4코)   ② ⟨도식⟩ (6코)→(4코)

코1과 코4를 왼코 겹쳐 2코 모아뜨기(-1코)
코2와 코5를 왼코 겹쳐 2코 모아뜨기(-1코)
코3과 코6을 왼코 교차뜨기
(코3은 안뜨기로 뜬다)

코1과 코4를 오른코 교차뜨기
(코4는 안뜨기로 뜬다)
코2와 코5를 오른코 겹쳐 2코 모아뜨기
(-1코)
코3과 코6을 오른코 겹쳐 2코 모아뜨기
(-1코)

121

122

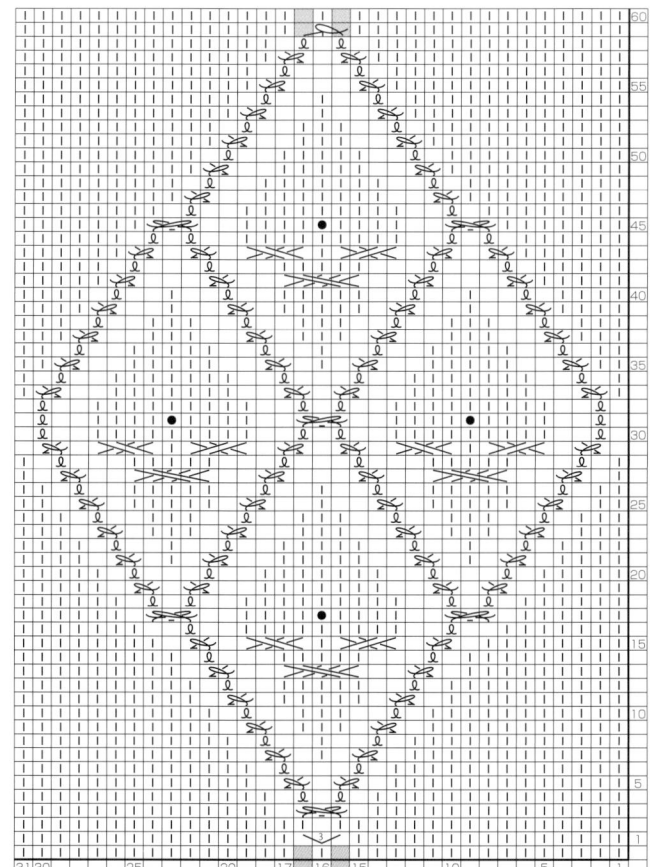

□ = ﹣ 안뜨기   ▨ = 코 없는 부분   31코 60단 1무늬

● = ⟨도식⟩   ⟨도식⟩ = ⟨도식⟩

▨ = 돌려 오른코 겹쳐 3코 모아뜨기

교차무늬

123

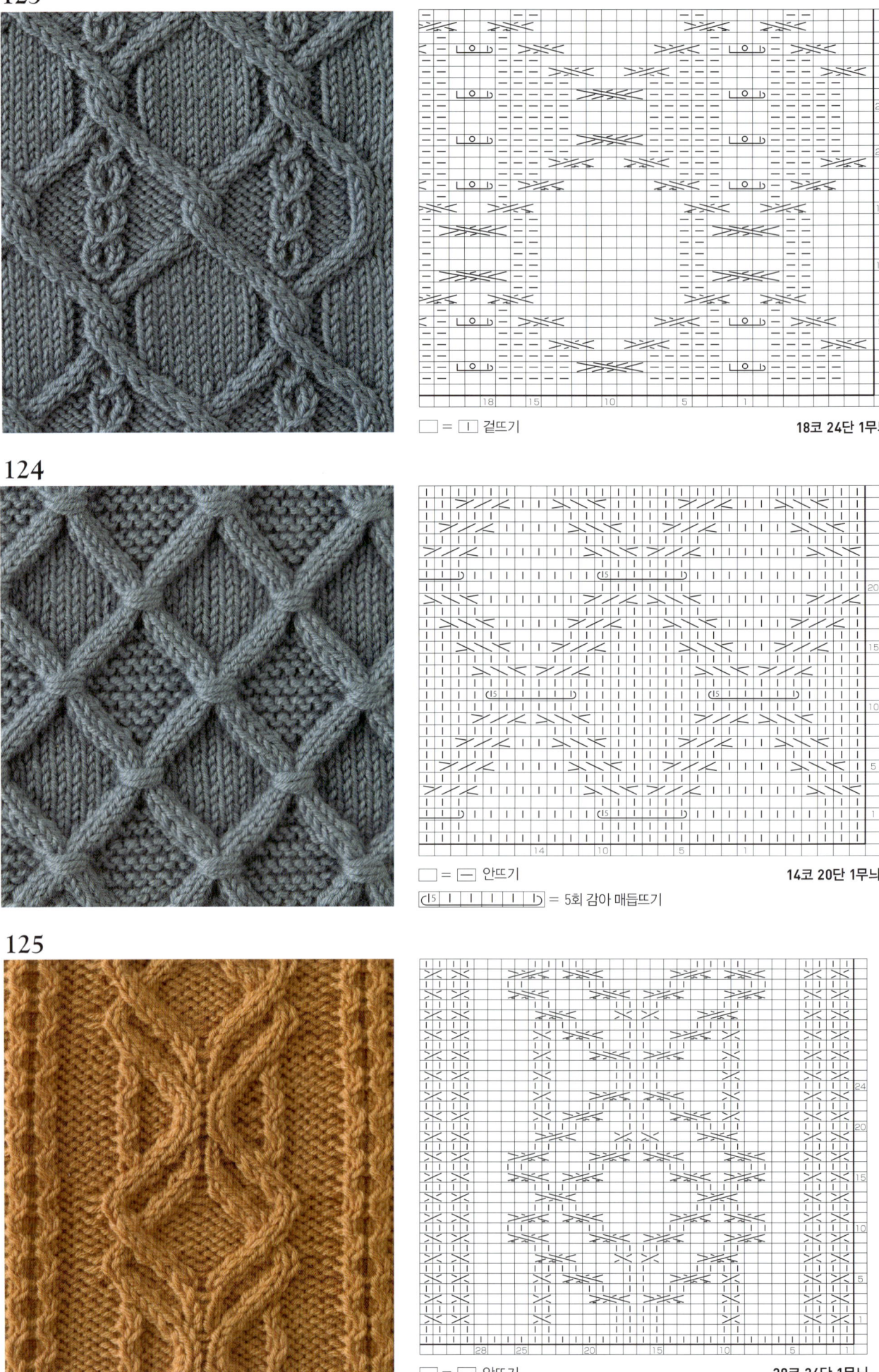

□ = ￨ 겉뜨기　　18코 24단 1무늬

124

□ = — 안뜨기　　14코 20단 1무늬

⌐15 ￨ ￨ ￨ ￨ ￨ ¬ = 5회 감아 매듭뜨기

125

□ = — 안뜨기　　28코 24단 1무늬

교차무늬와 비침무늬 모자

무늬뜨기 … No.131 응용(p.61)
뜨는 방법 … p.128

패널무늬

옆으로 나란히 놓인 다양한 분위기의 패널무늬는
손뜨개의 참맛을 느낄 수 있는 아란무늬 니트 등에 잘 어울립니다.
마음에 드는 무늬를 골라 평생 입을 니트를 떠보세요.

129

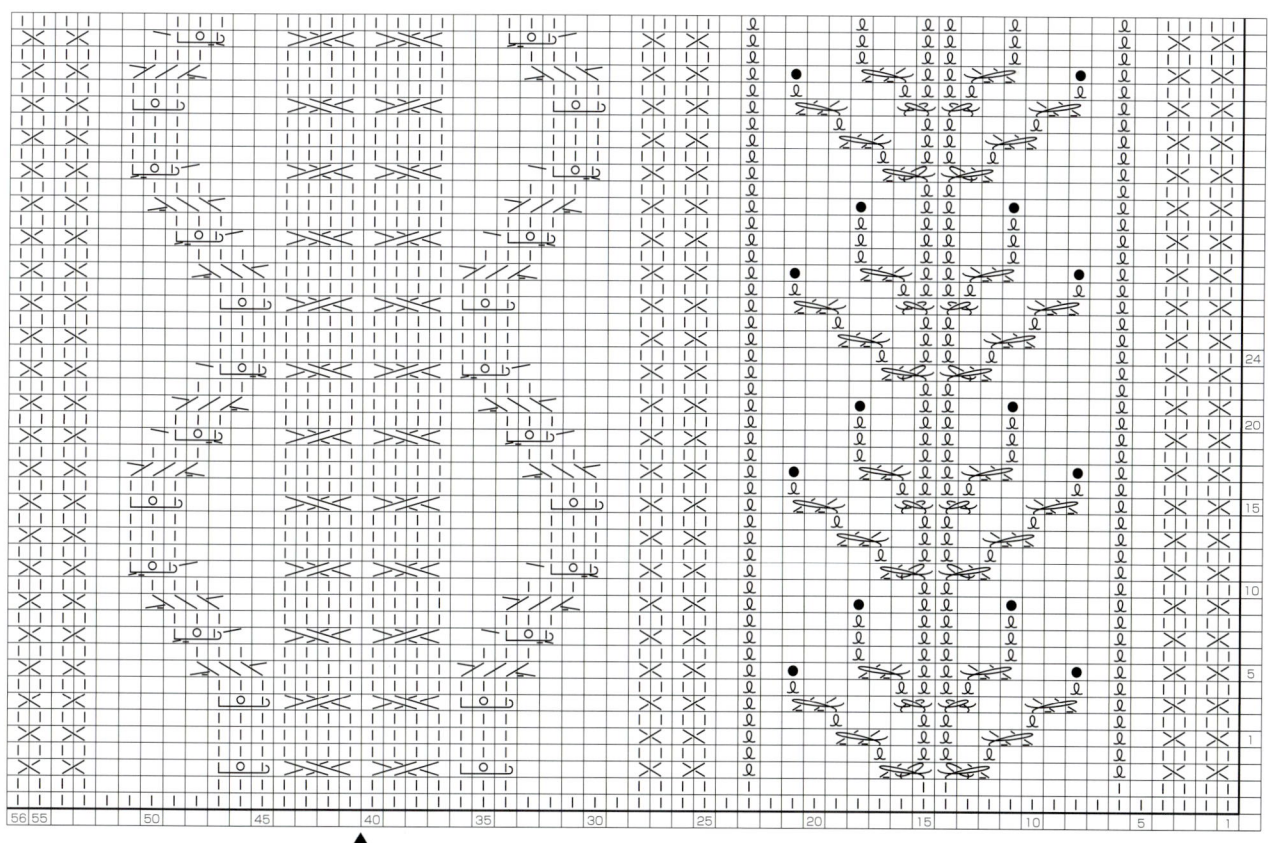

(가운데부터 좌우대칭으로 배치)

☐ = ⊟ 안뜨기 ● = 🙾 = (p.131)

130

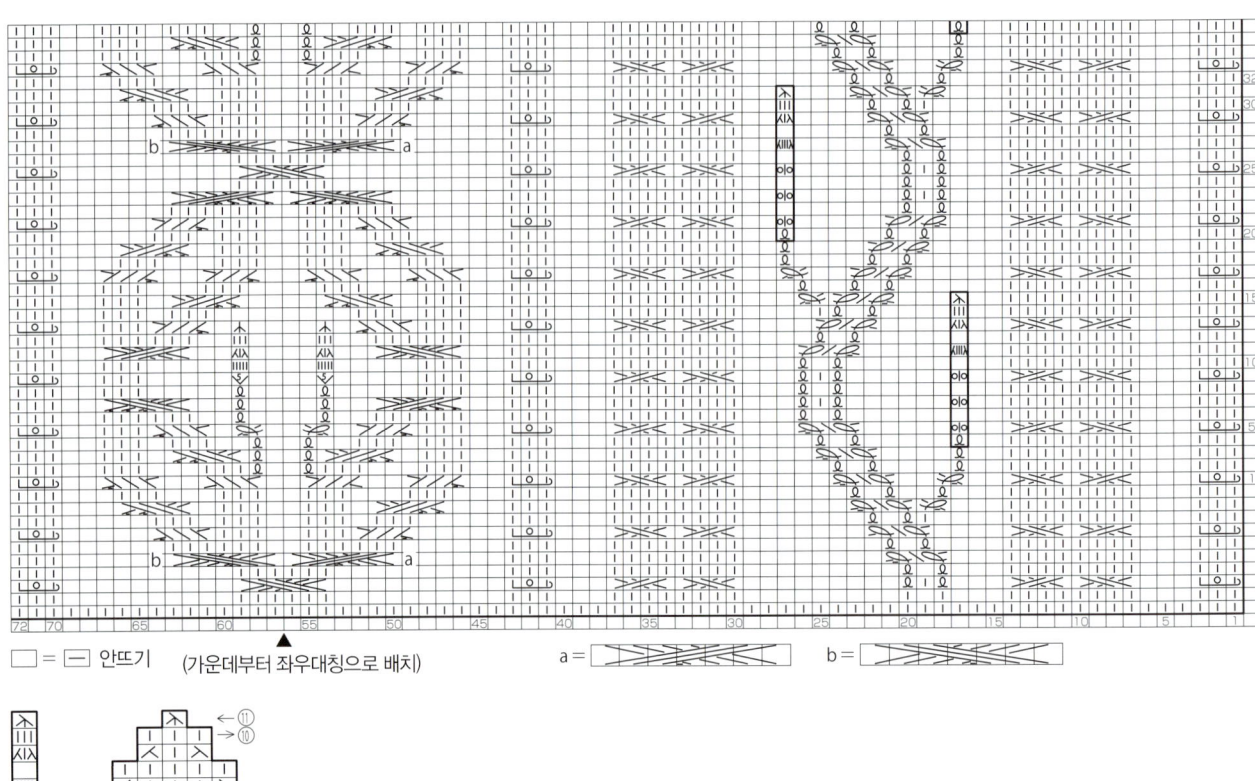

□ = ─ = 안뜨기　(가운데부터 좌우대칭으로 배치)

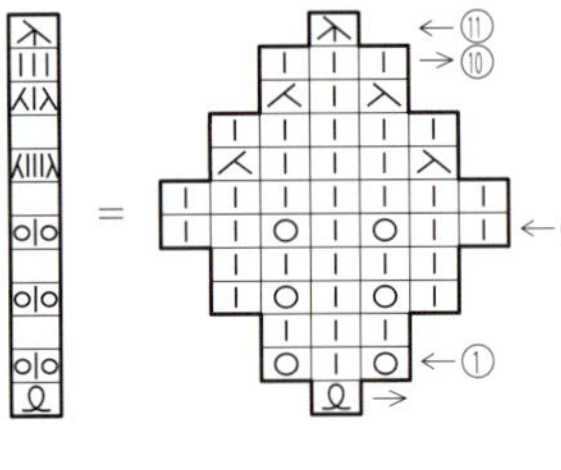

131

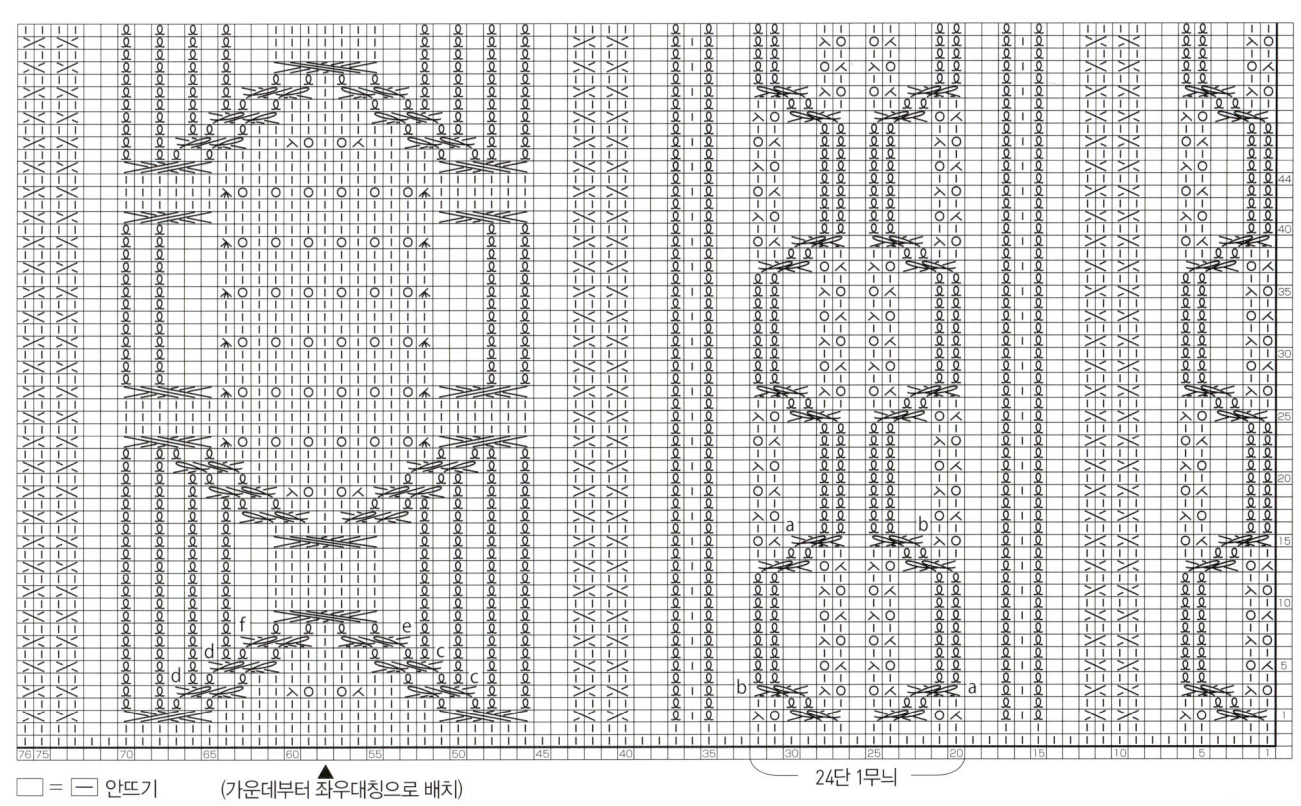

□ = ─ 안뜨기　(가운데부터 좌우대칭으로 배치)

a ⨯⨯ = 왼코 위 2코 교차뜨기(아래쪽이 안뜨기 2코)　　b ⨯⨯ = 오른코 위 2코 교차뜨기(아래쪽이 안뜨기 2코)

c ⨯⨯ = 오른코 위 3코와 2코 교차뜨기(아래쪽이 안뜨기, 겉뜨기)　　d ⨯⨯ = 왼코 위 3코와 2코 교차뜨기(아래쪽이 겉뜨기, 안뜨기)

e ⨯⨯ = 오른코 위 3코와 2코 교차뜨기(아래쪽이 안뜨기 2코)　　f ⨯⨯ = 왼코 위 3코와 2코 교차뜨기(아래쪽이 안뜨기 2코)

132

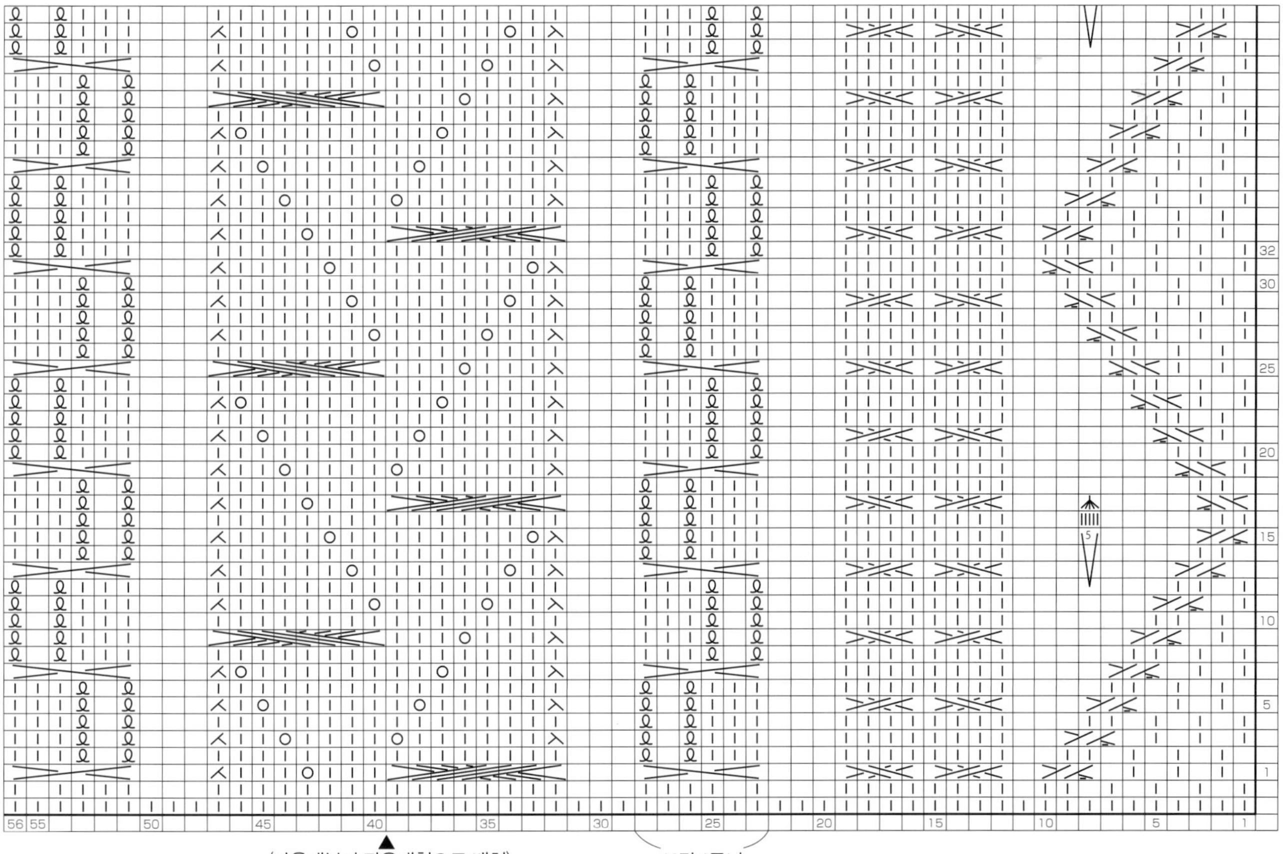

133

(가운데부터 좌우대칭으로 배치)   12단 1무늬

☐ = ─ 안뜨기

134

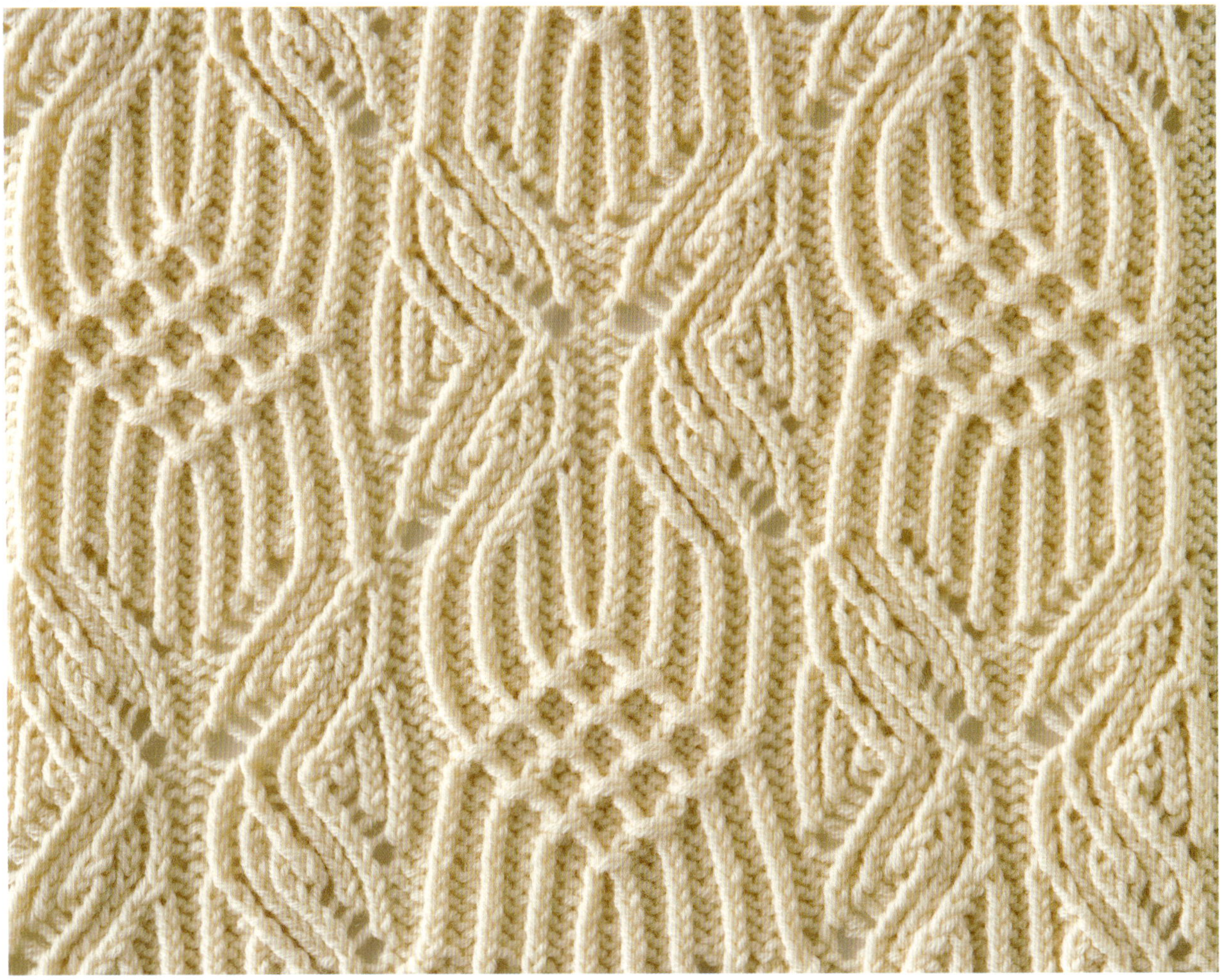

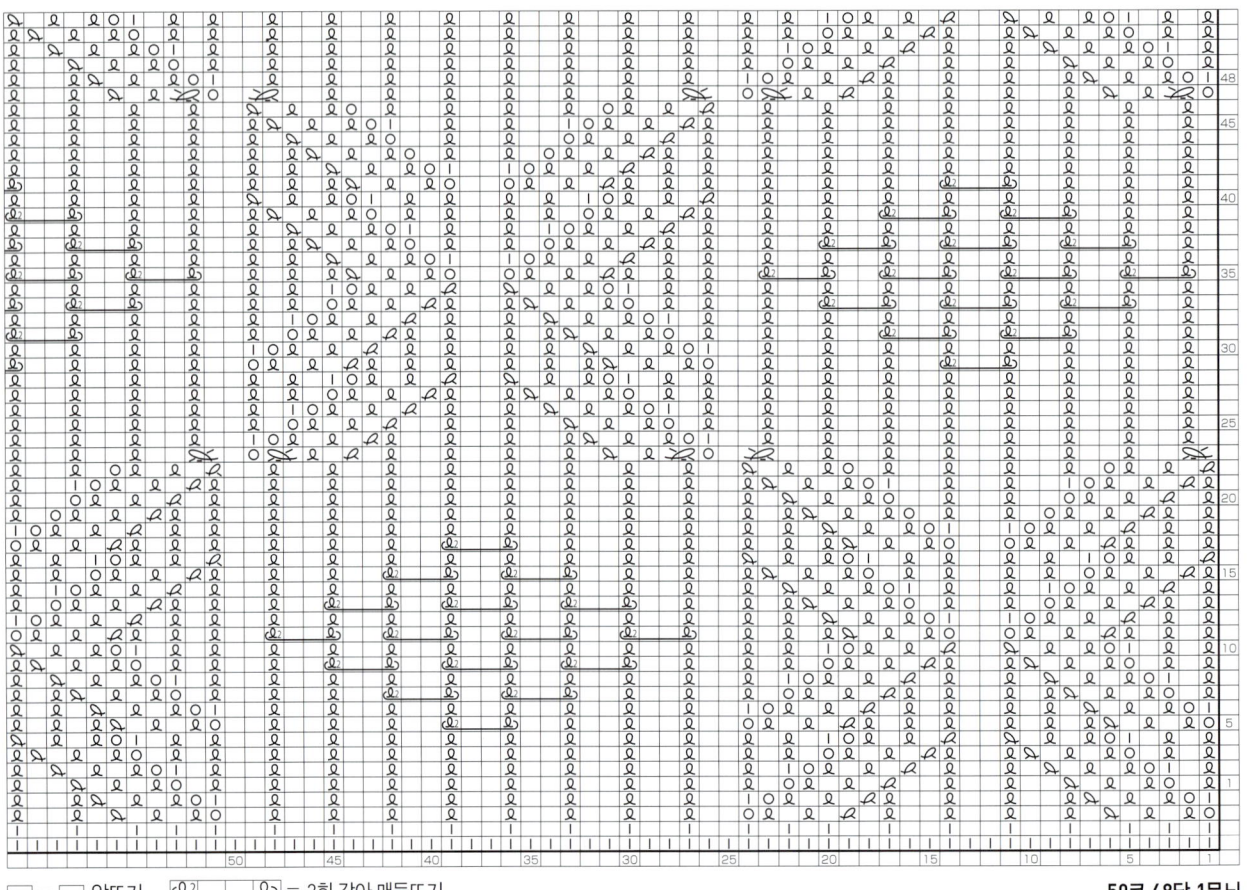

☐ = ⊟ = 안뜨기   ⌇₂ ▭ ⌇ = 2회 감아 매듭뜨기

50코 48단 1무늬

135

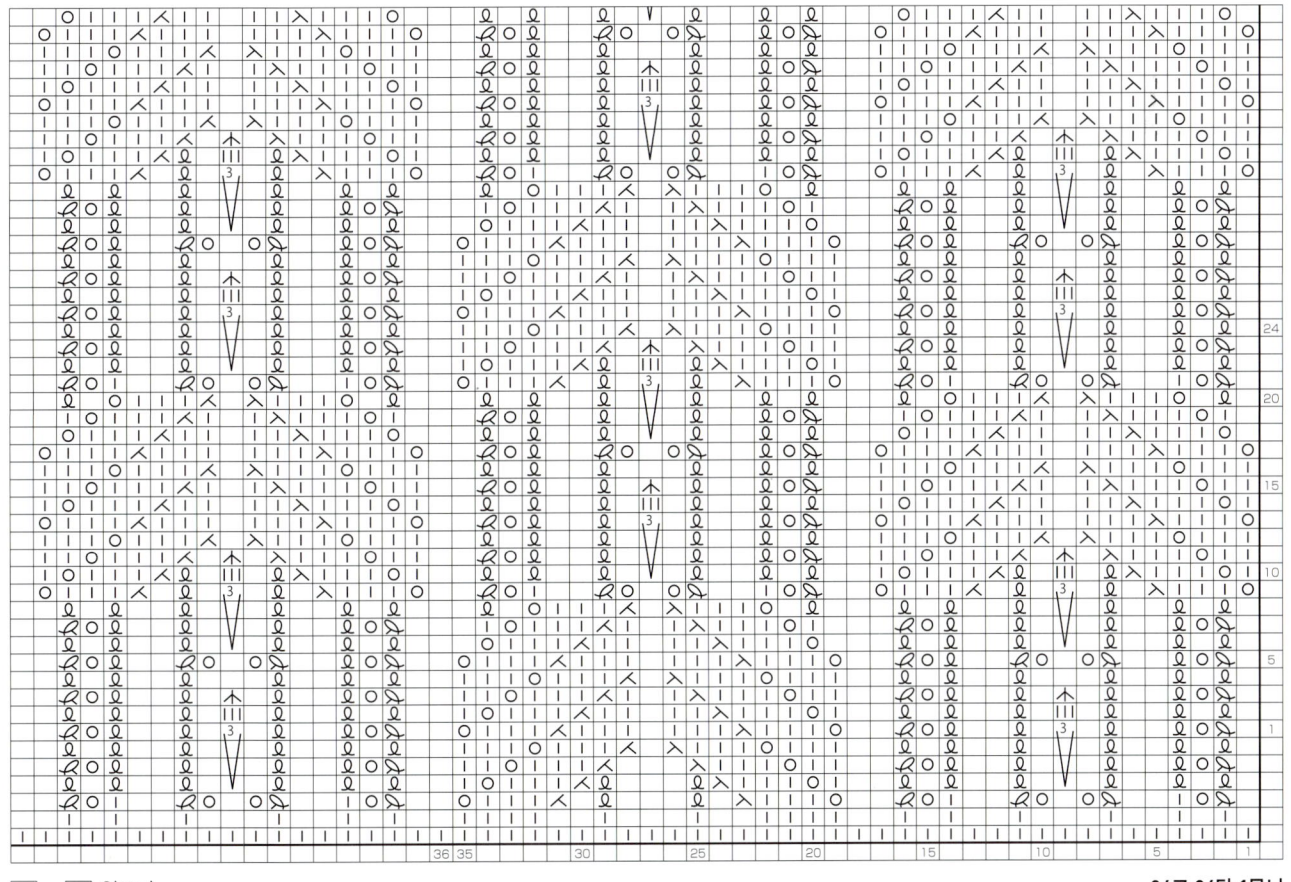

□ = ― 안뜨기

36코 24단 1무늬

136

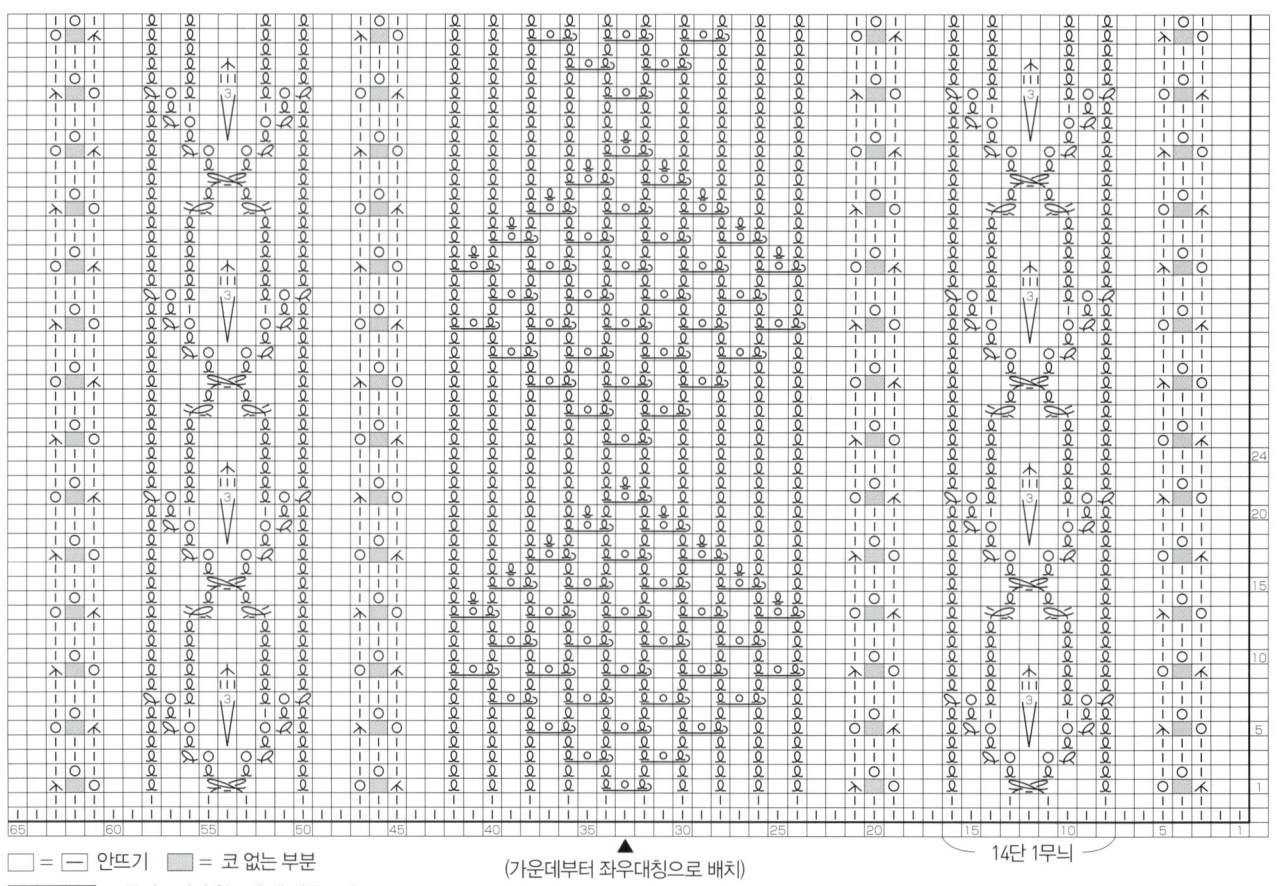

□ = ― 안뜨기　■ = 코 없는 부분

오 오 오 = 돌려뜨기의 왼코에 펜 매듭뜨기

(가운데부터 좌우대칭으로 배치)

14단 1무늬

패널무늬

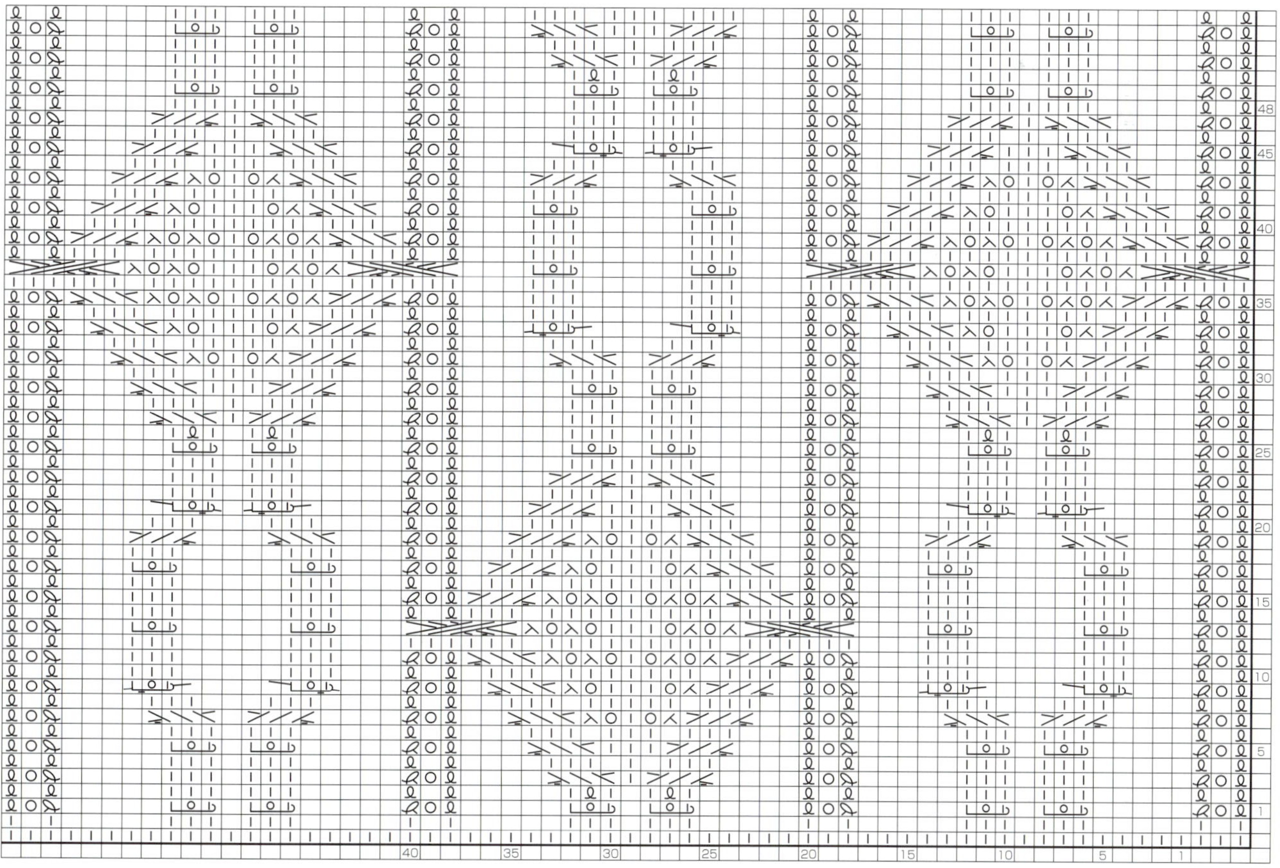

137

□ = — = 안뜨기   = (p.131)

40코 48단 1무늬

138

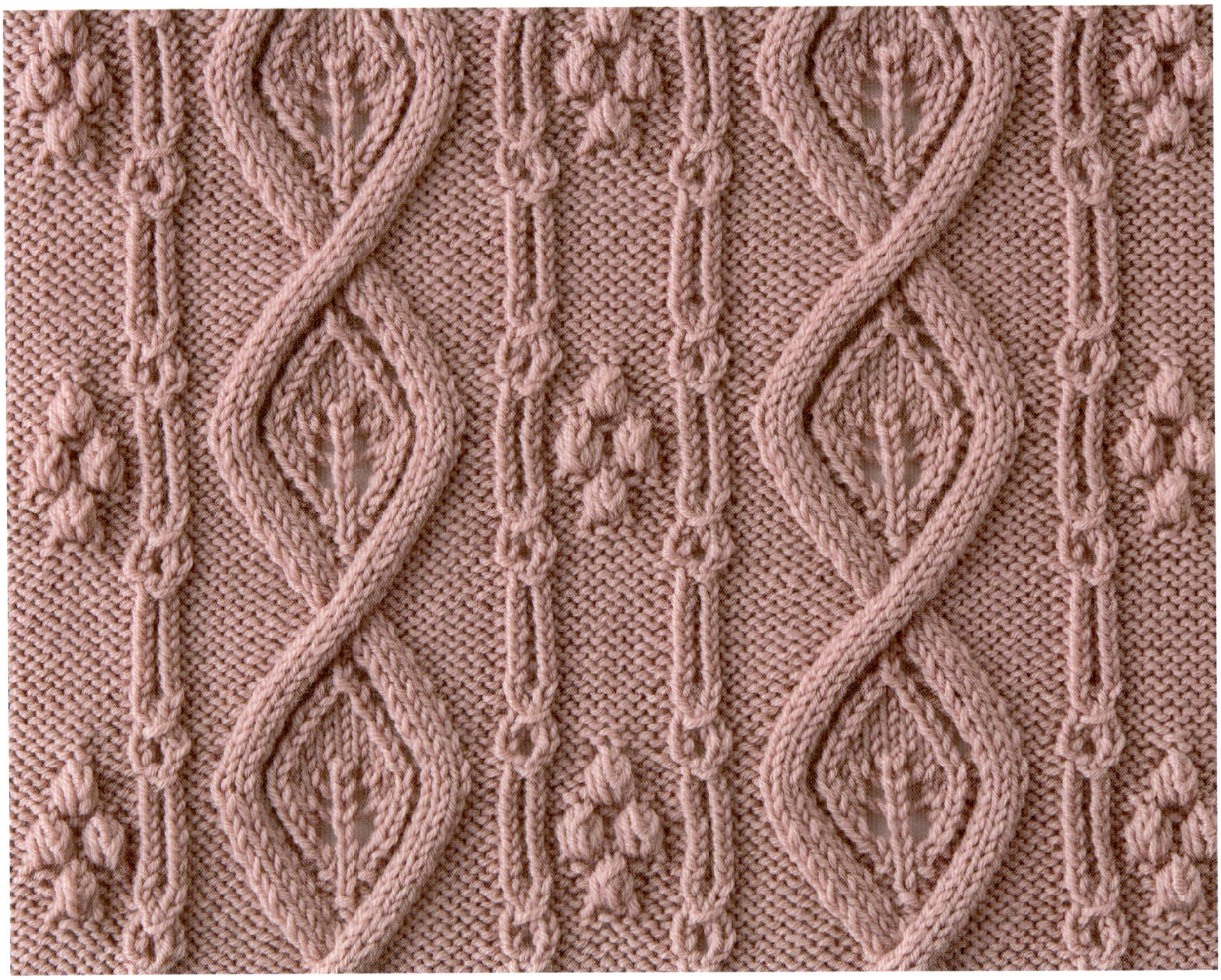

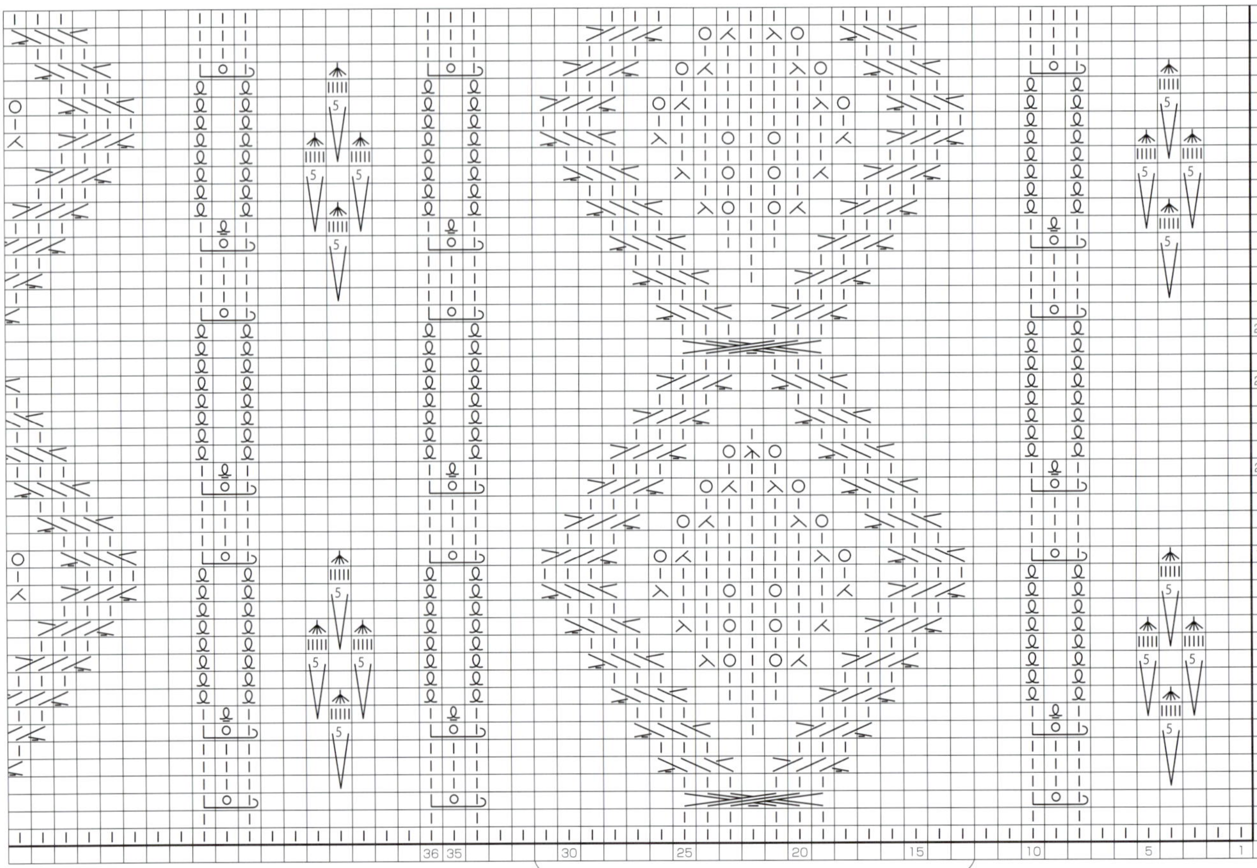

□ = ⊡ 안뜨기

26단 1무늬

36코 28단 1무늬

139

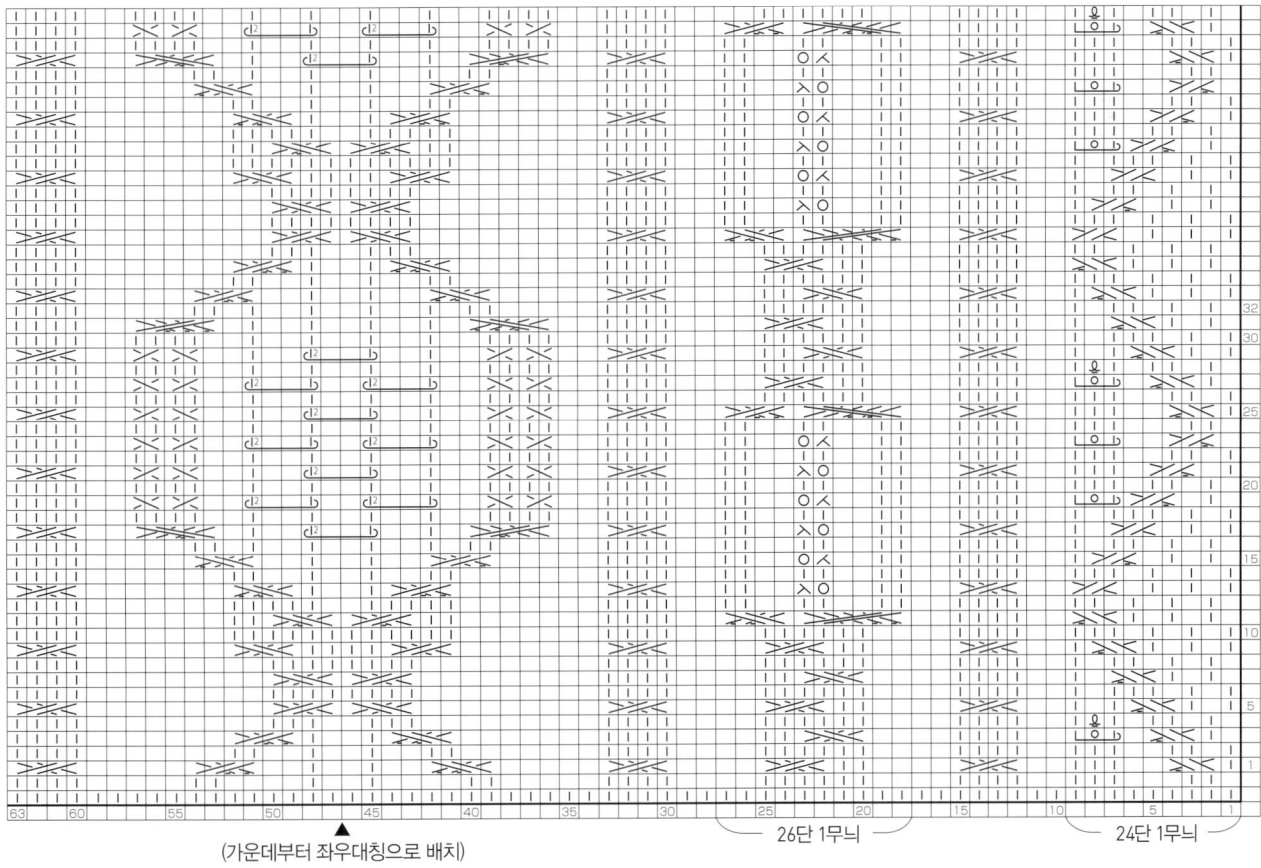

(가운데부터 좌우대칭으로 배치)

□ = ⊟ 안뜨기　⌒l2 ▭ ▭ b = 2회 감아 매듭뜨기

140

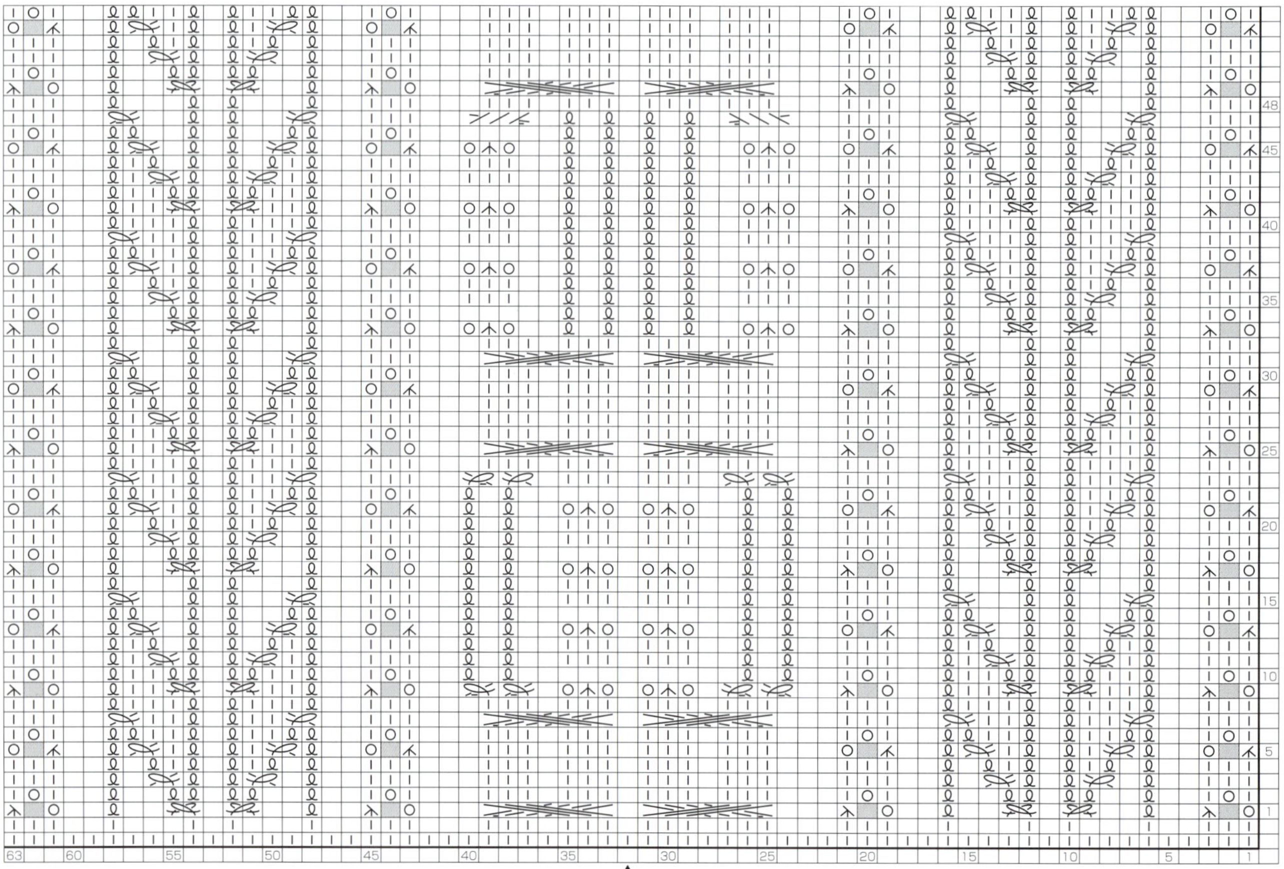

□ = ― 안뜨기   ▨ = 코 없는 부분

(가운데부터 좌우대칭으로 배치)

패널무늬

141

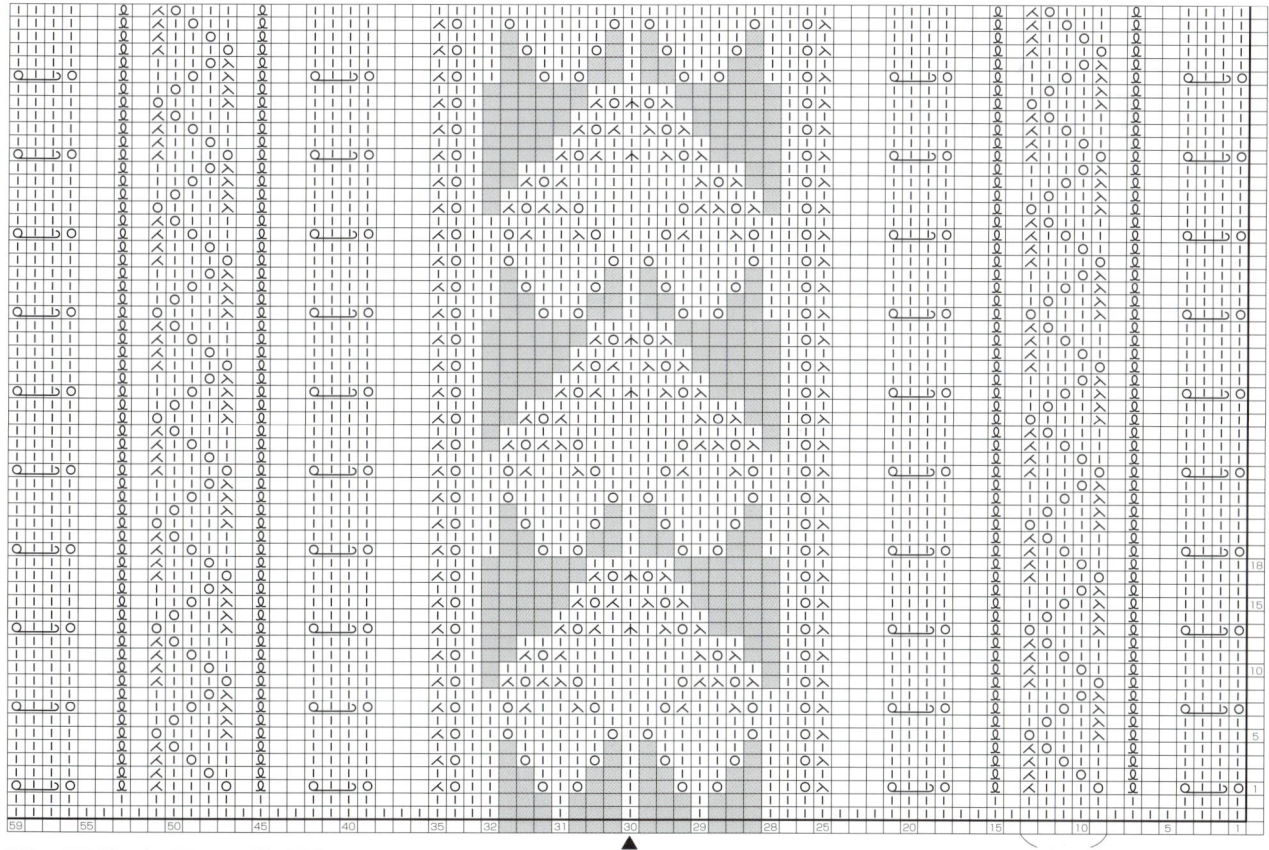

□ = ─ = 안뜨기　■ = 코 없는 부분

(가운데부터 좌우대칭으로 배치)　8단 1무늬

Q I b O = (p.133)

142

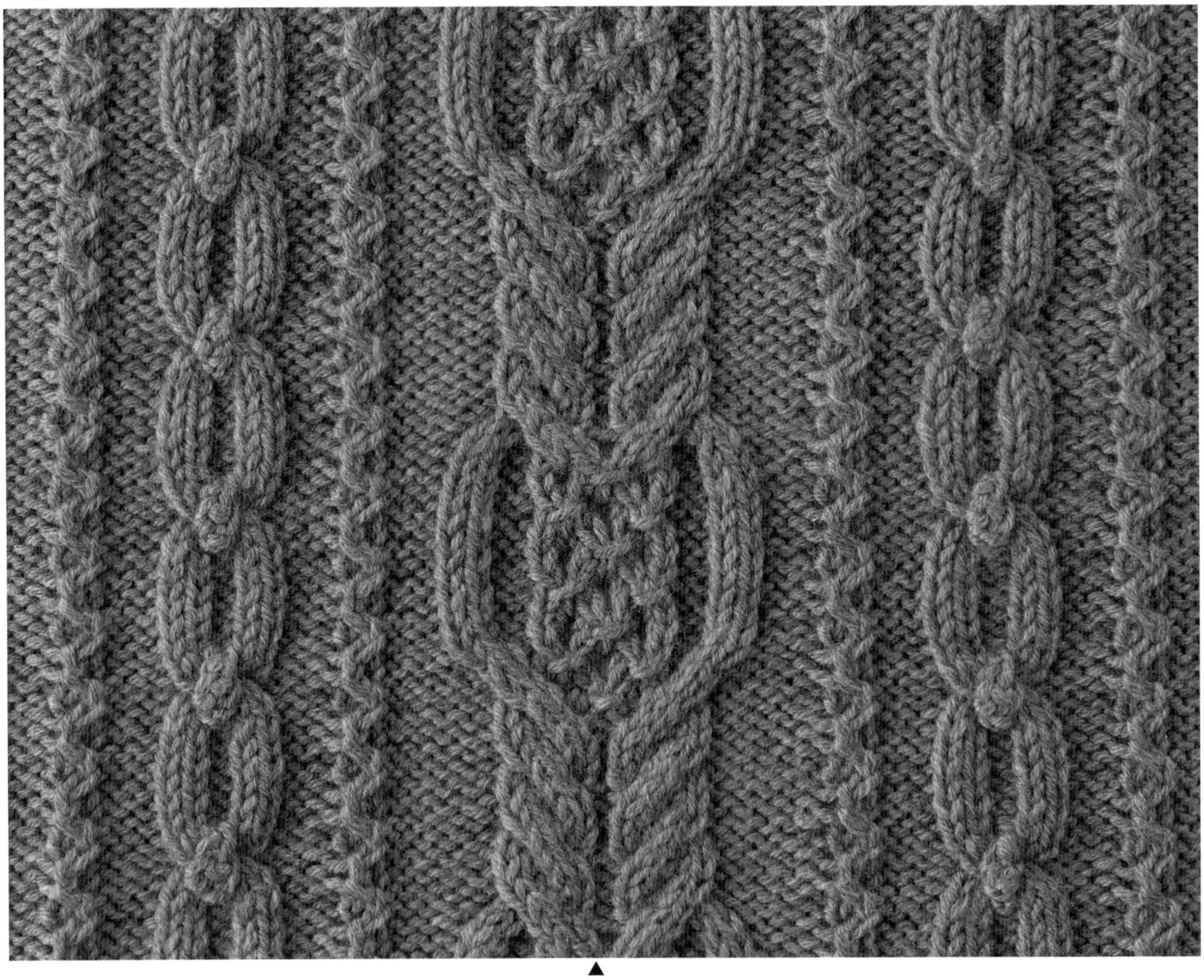

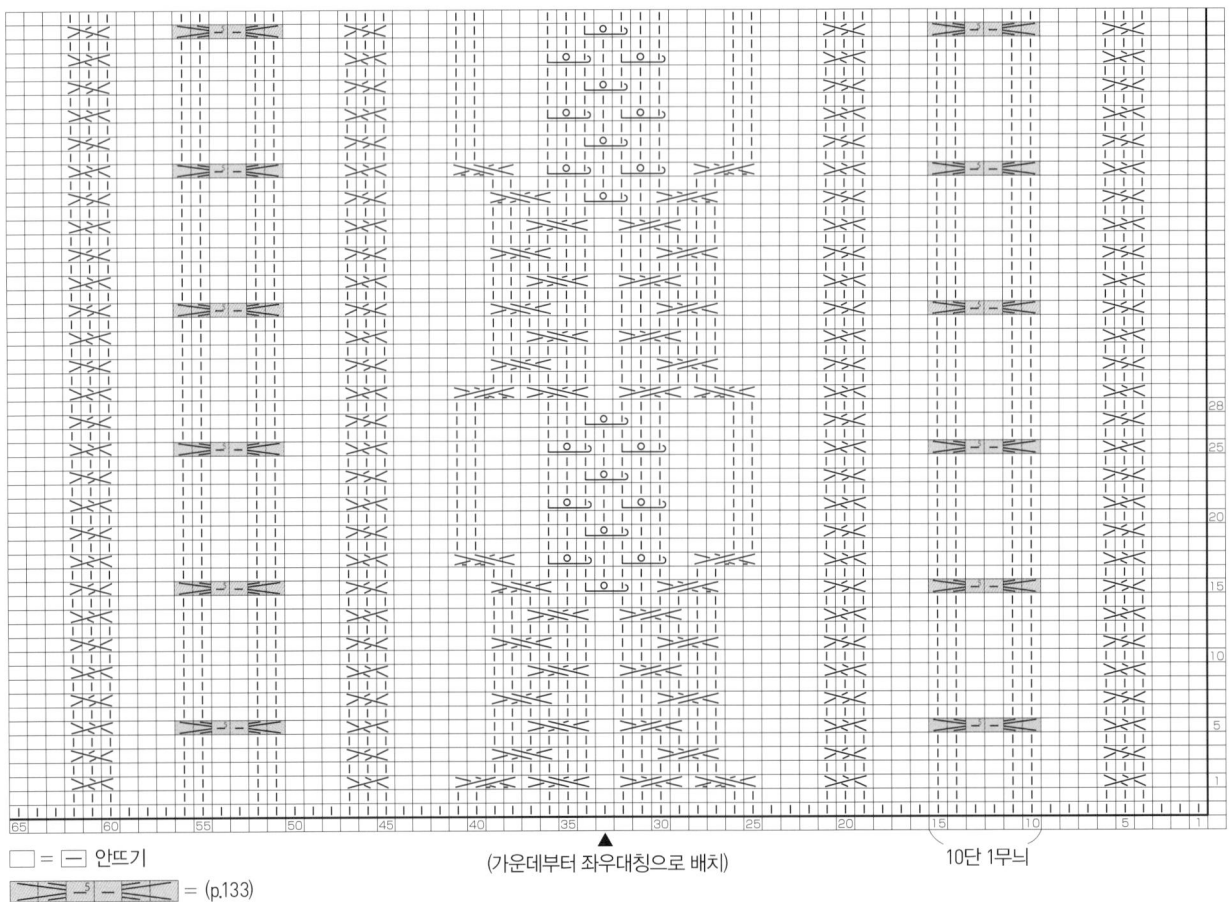

□ = ─ 안뜨기

= (p.133)

(가운데부터 좌우대칭으로 배치)

10단 1무늬

패널무늬

143

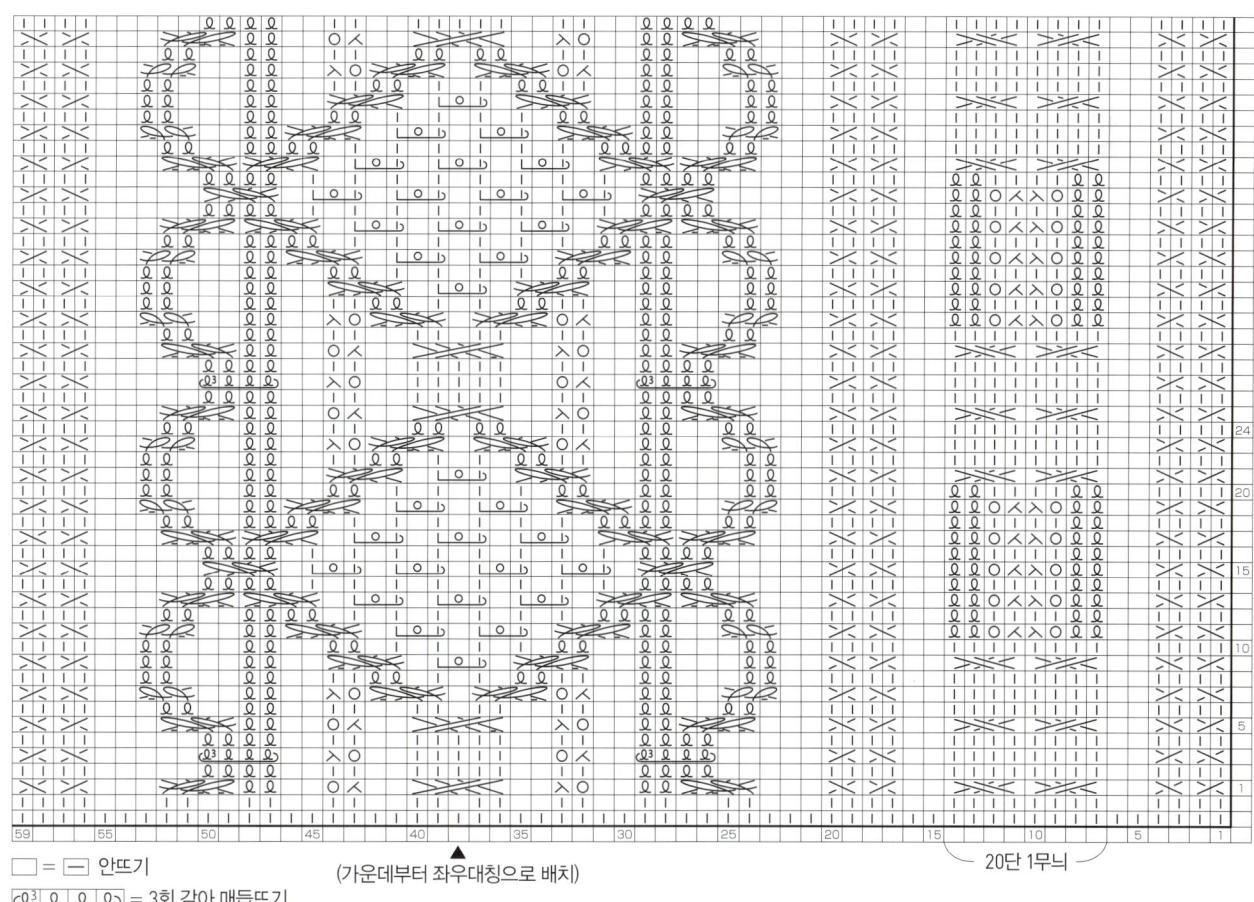

□ = □ 안뜨기
= 3회 감아 매듭뜨기

(가운데부터 좌우대칭으로 배치)

20단 1무늬

무늬뜨기 변형하기

무늬 하나를 기본으로 삼고 다른 무늬를 추가하거나
구성을 변화시키면 다양한 무늬를 디자인할 수 있답니다.
색을 바꾸거나 촉감이 다른 소재로 떠봐도 재미있어요.

귀여운 핸드워머
무늬뜨기 … No.167(p.86)
뜨는 방법 … p.129

세로 비침무늬에 구슬뜨기를 넣어 세로선을 강조할 수도 있지요

146 Basis

147 Arrange

무늬뜨기 변형하기

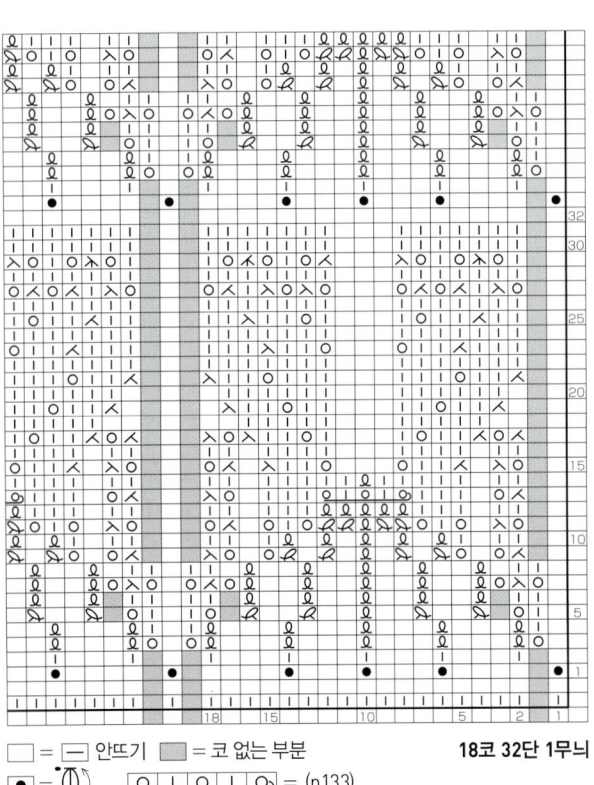

□ = □ 안뜨기   ▨ = 코 없는 부분

● = 🫘   [O I O I O] = (p.133)

18코 32단 1무늬

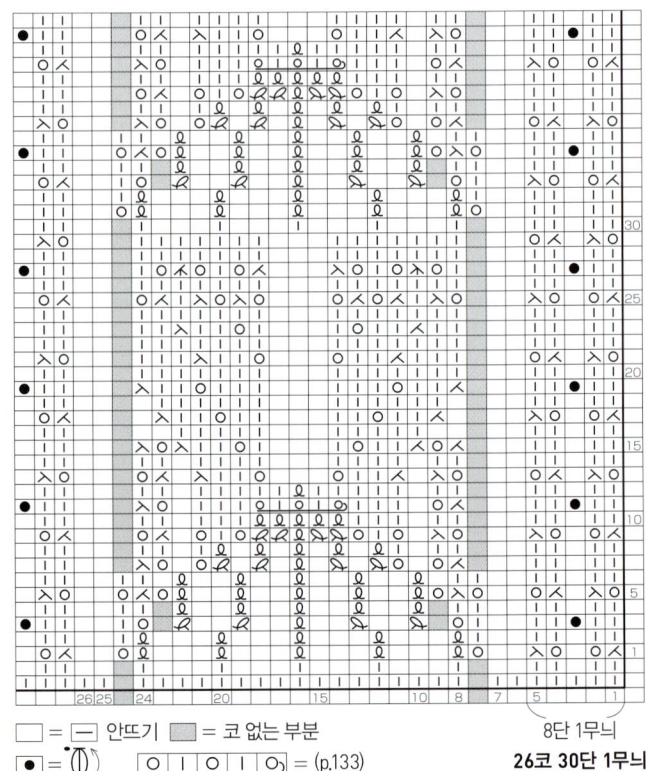

□ = □ 안뜨기   ▨ = 코 없는 부분

● = 🫘   [O I O I O] = (p.133)

8단 1무늬
26코 30단 1무늬

나뭇잎무늬 사이에 다른 무늬를 배치하면 느낌이 달라져요

148 Basis

149 Arrange

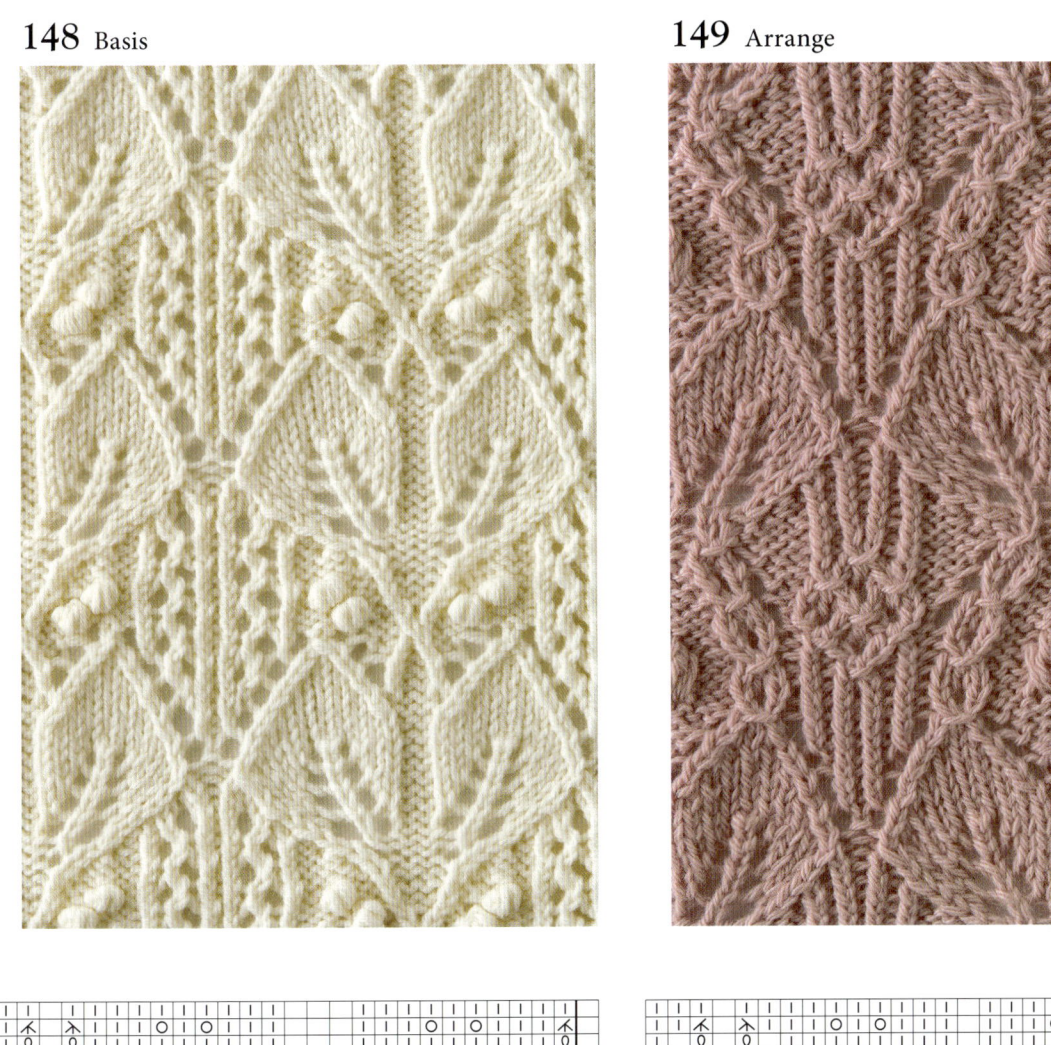

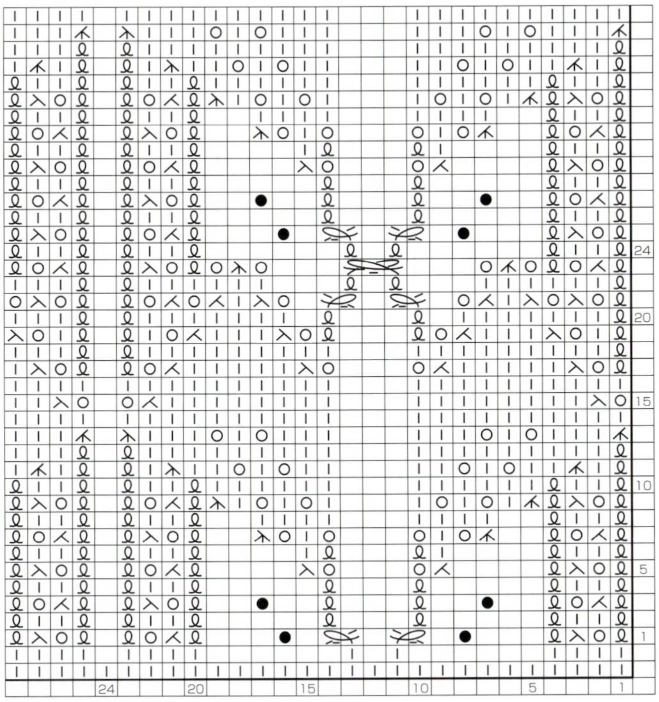

□ = ⊟ 안뜨기

24코 24단 1무늬

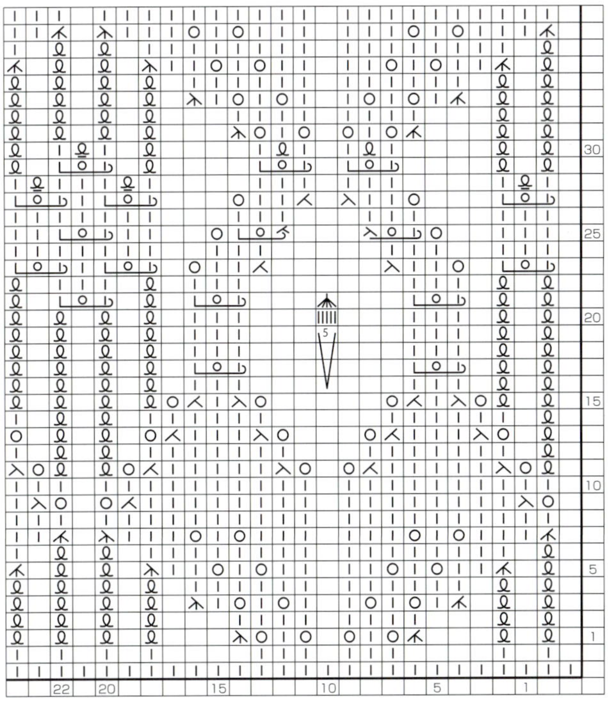

□ = ⊟ 안뜨기

22코 30단 1무늬

= (p.135)

세로로 무늬를 반씩 어긋나게 배치하여 무늬뜨기에 리듬감을 살려보았어요

150 Basis

151 Arrange

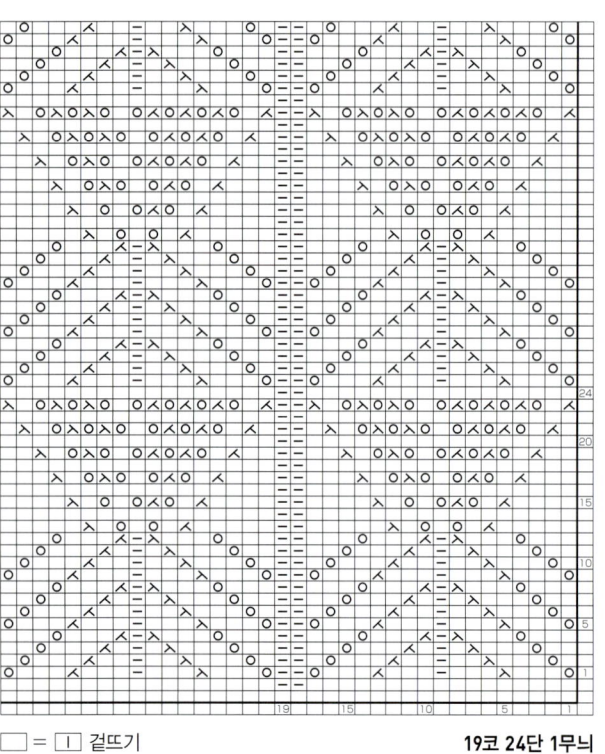

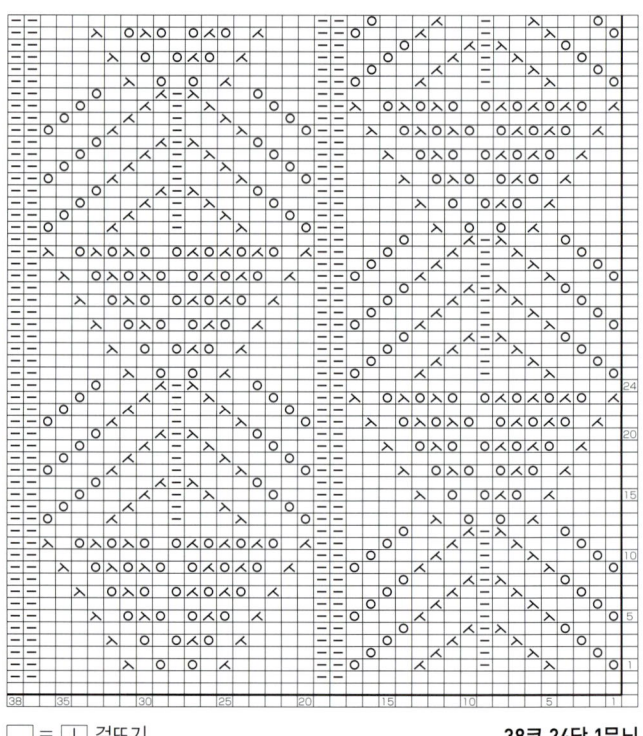

□ = □ 겉뜨기   19코 24단 1무늬

□ = □ 겉뜨기   38코 24단 1무늬

무늬뜨기 변형하기

무늬 일부를 생략하고 구슬뜨기를 넣어 귀여운 분위기로 바꿔주었어요

152 Basis

153 Arrange

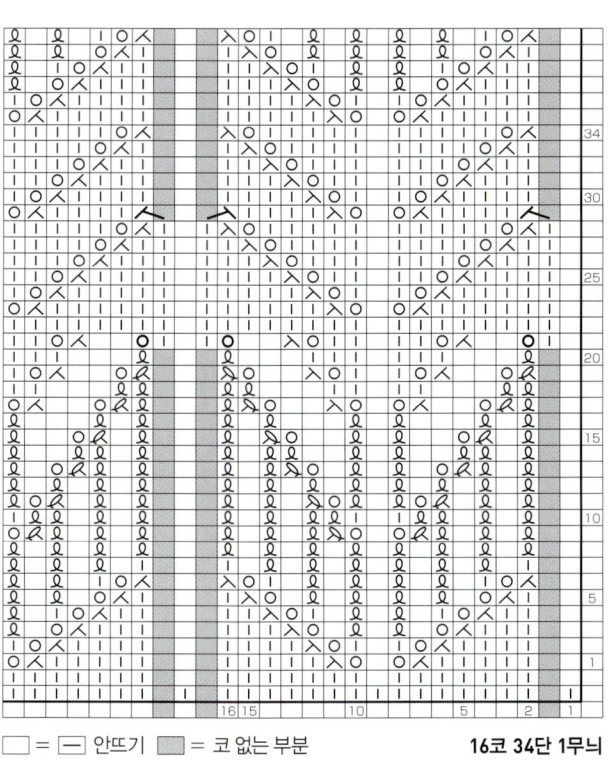

☐ = ⊟ 안뜨기 ▨ = 코 없는 부분

16코 34단 1무늬

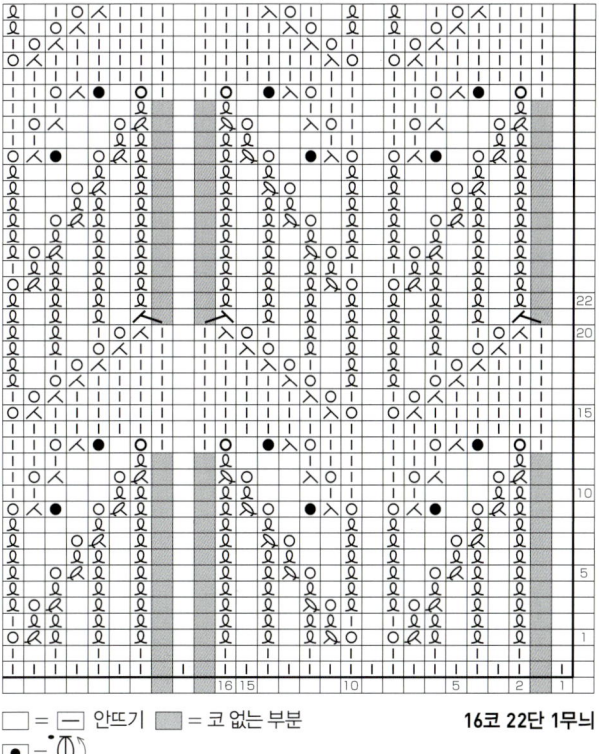

☐ = ⊟ 안뜨기 ▨ = 코 없는 부분

16코 22단 1무늬

● = 🍥

다이아몬드무늬 안의 돌려뜨기 선을 비침무늬로 바꾸면 한결 부드러운 분위기가 되지요

154 Basis

155 Arrange

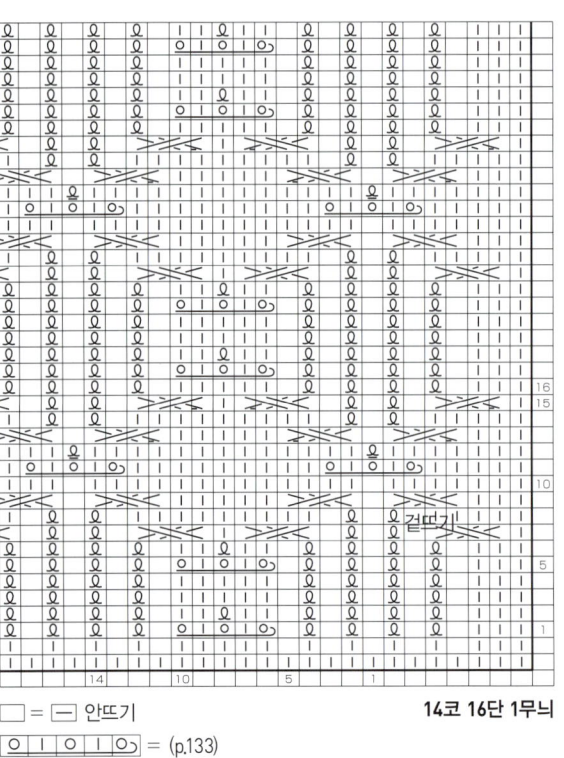

□ = ─ = 안뜨기
|O|I|O|I|O| = (p.133)

14코 16단 1무늬

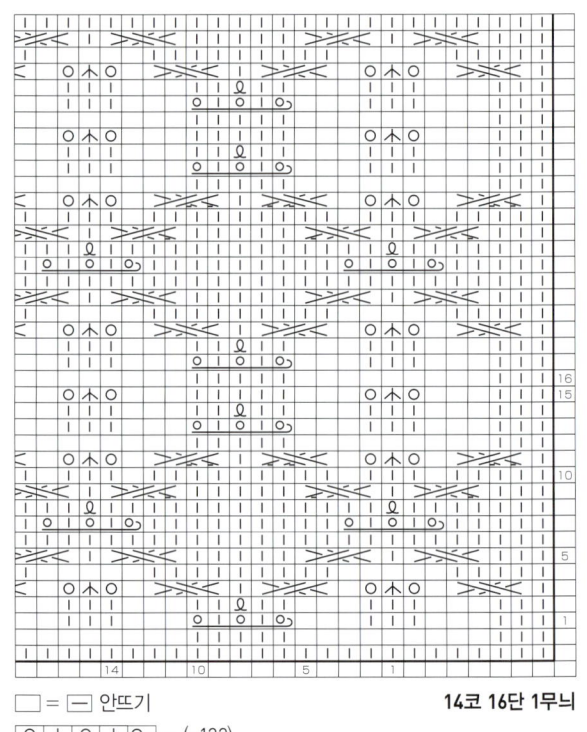

□ = ─ = 안뜨기
|O|I|O|I|O| = (p.133)

14코 16단 1무늬

가운데 부분의 돌려뜨기 선 교차뜨기를 다이아몬드 모양으로 변형했어요

156 Basis

157 Arrange

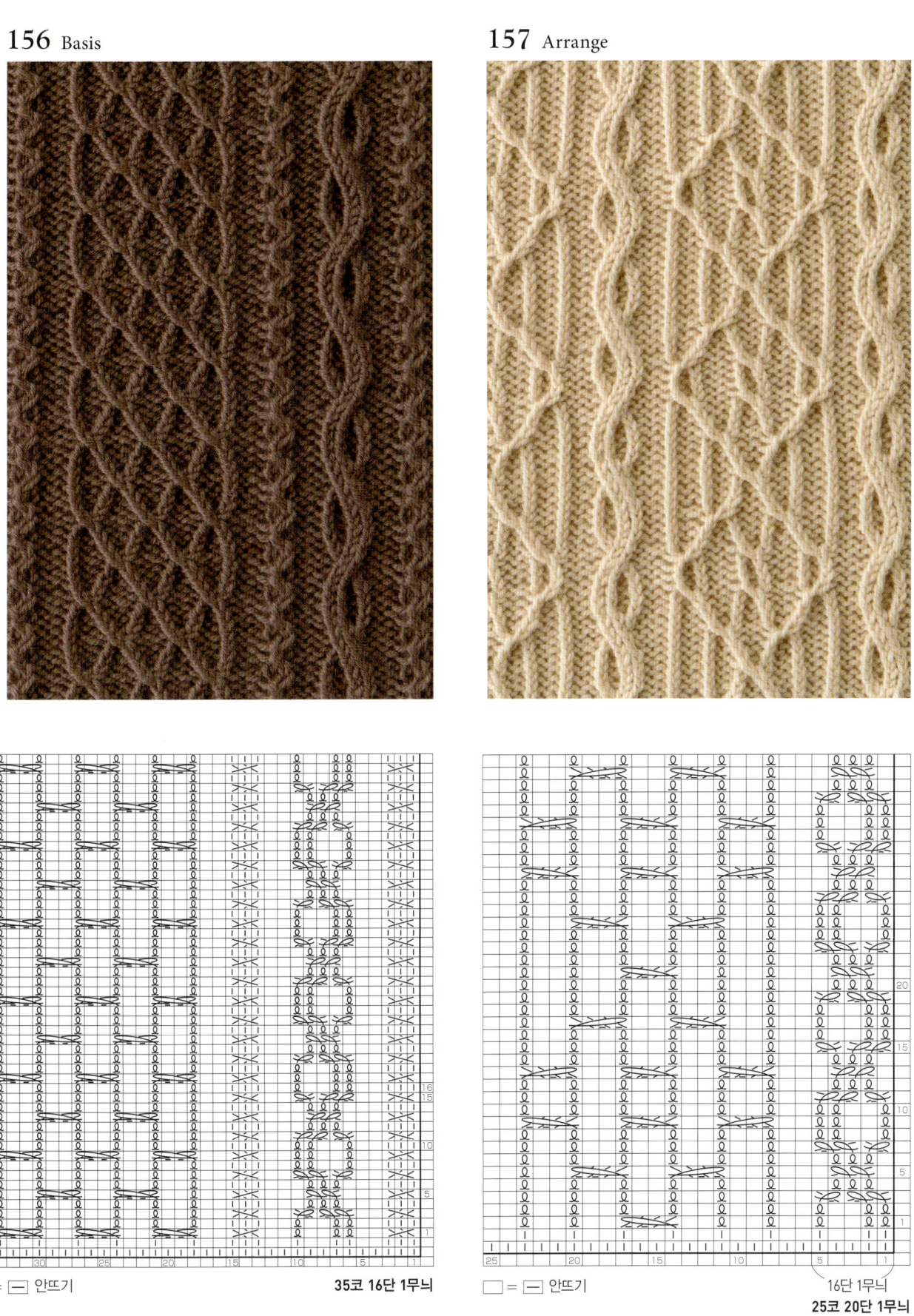

비침무늬를 돌려뜨기 교차무늬로 바꿔서 입체감을 표현해보았답니다

158 Basis

159 Arrange

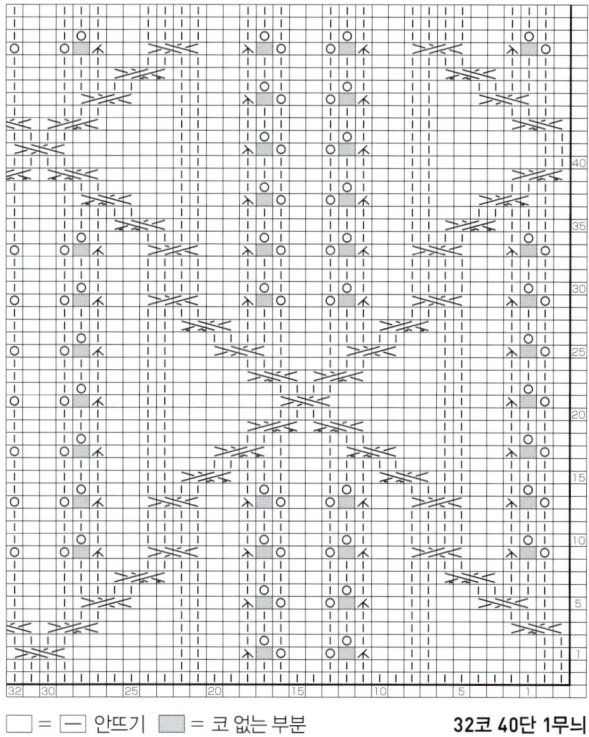

□ = □ 안뜨기　■ = 코 없는 부분　**32코 40단 1무늬**

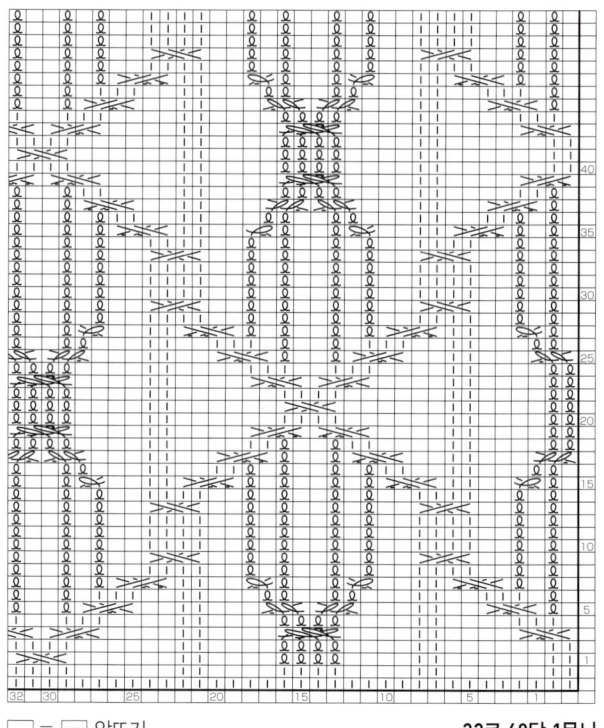

□ = □ 안뜨기　**32코 40단 1무늬**

큼직한 교차무늬를 반복하여 전체 무늬 식으로 구성합니다

160 Basis

161 Arrange

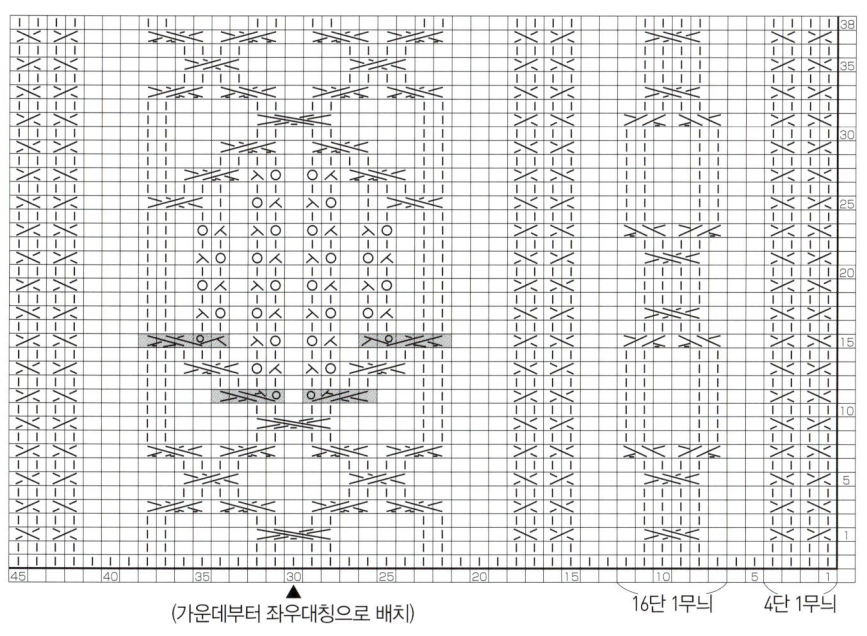

(가운데부터 좌우대칭으로 배치)   16단 1무늬   4단 1무늬

☐ = ⊟ 안뜨기

= 교차하면서 걸기코와 2코 모아뜨기를 한다

= 교차하면서 걸기코와 2코 모아뜨기를 한다

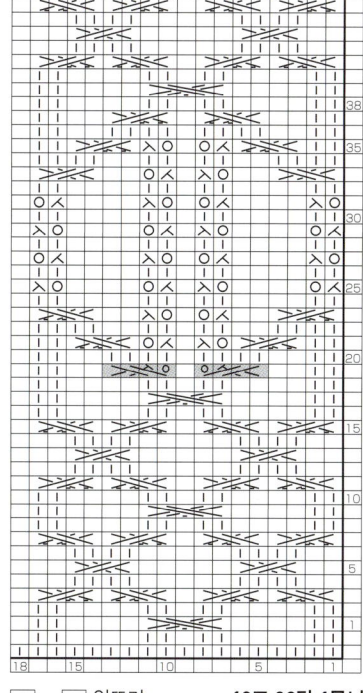

☐ = ⊟ 안뜨기

18코 38단 1무늬

돌려뜨기무늬의 흐름을 한 방향으로 바꿨어요

162 Basis

163 Arrange

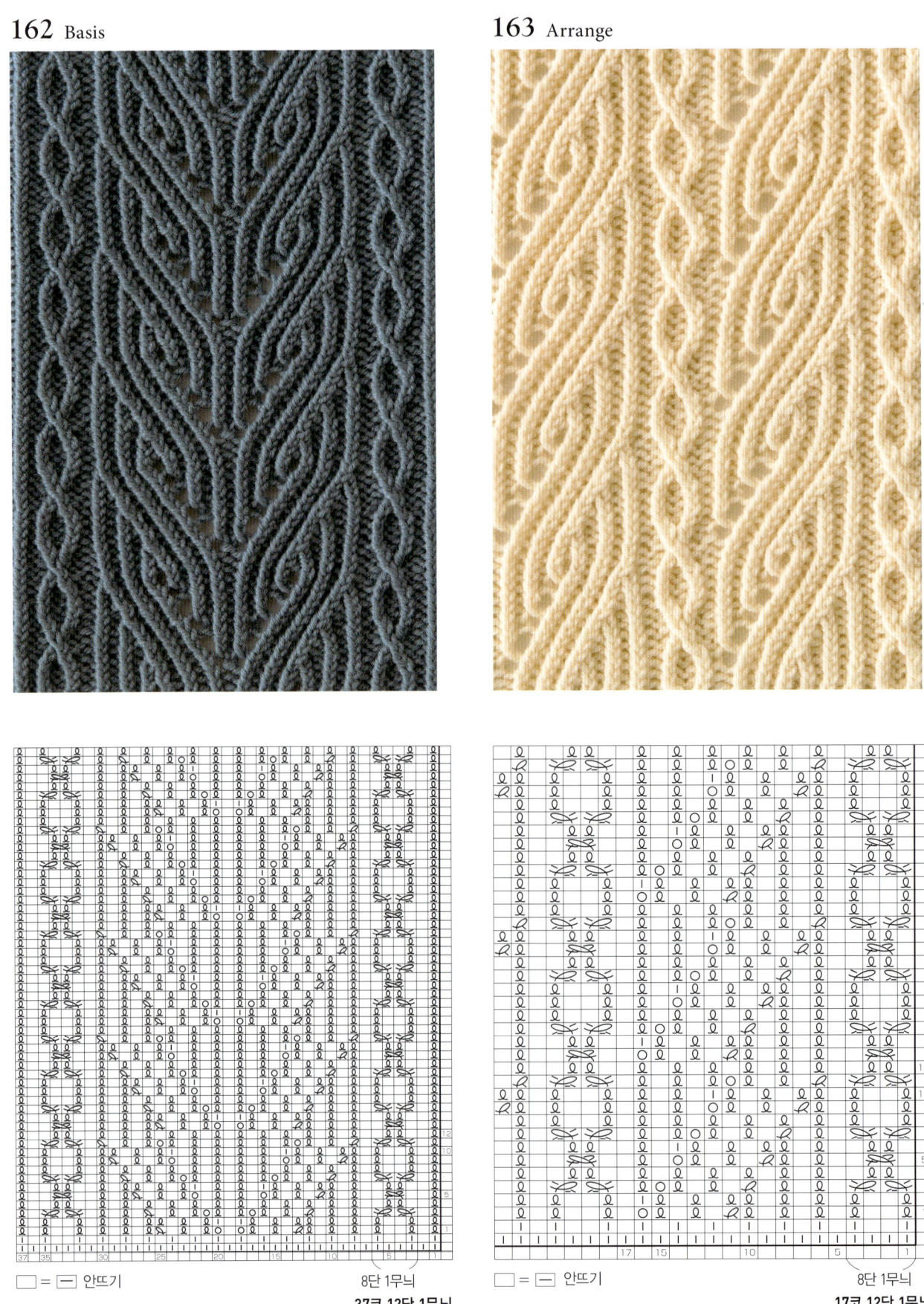

☐ = ⊟ 안뜨기

8단 1무늬
37코 12단 1무늬

8단 1무늬
17코 12단 1무늬

비침무늬를 넣은 돌려 교차뜨기를 사이에 넣어서 세로무늬로 만들었습니다

164 Basis

165 Arrange

☐ = ㅡ 안뜨기　　**24코 30단 1무늬**

☐ = ㅡ 안뜨기　　20단 1무늬
32코 30단 1무늬

85

작은 돌려뜨기무늬를 추가하면 세로무늬를 더 강조할 수 있어요

166 Basis

167 Arrange

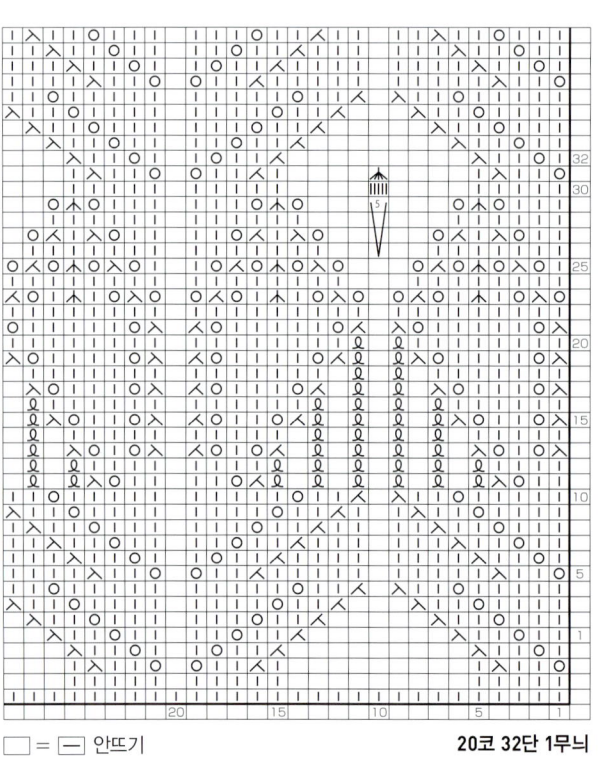

☐ = ─ 안뜨기

20코 32단 1무늬

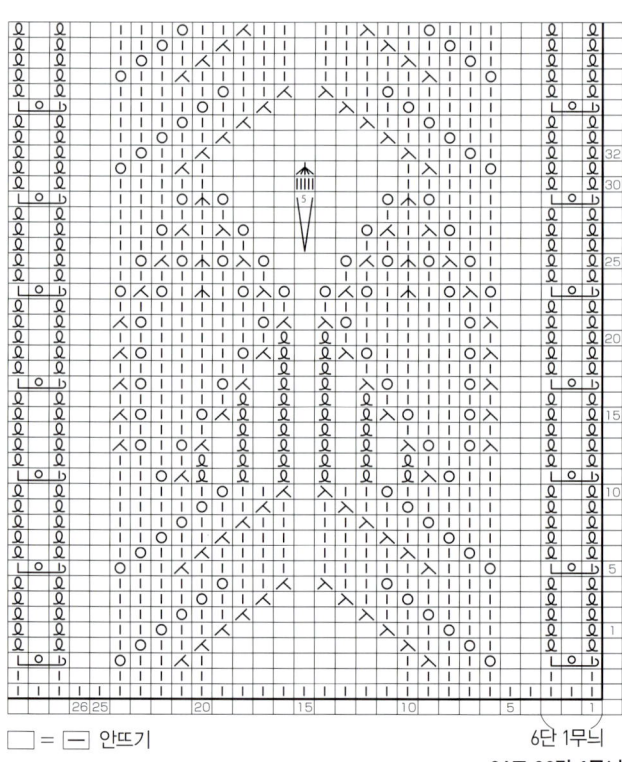

☐ = ─ 안뜨기

6단 1무늬
26코 32단 1무늬

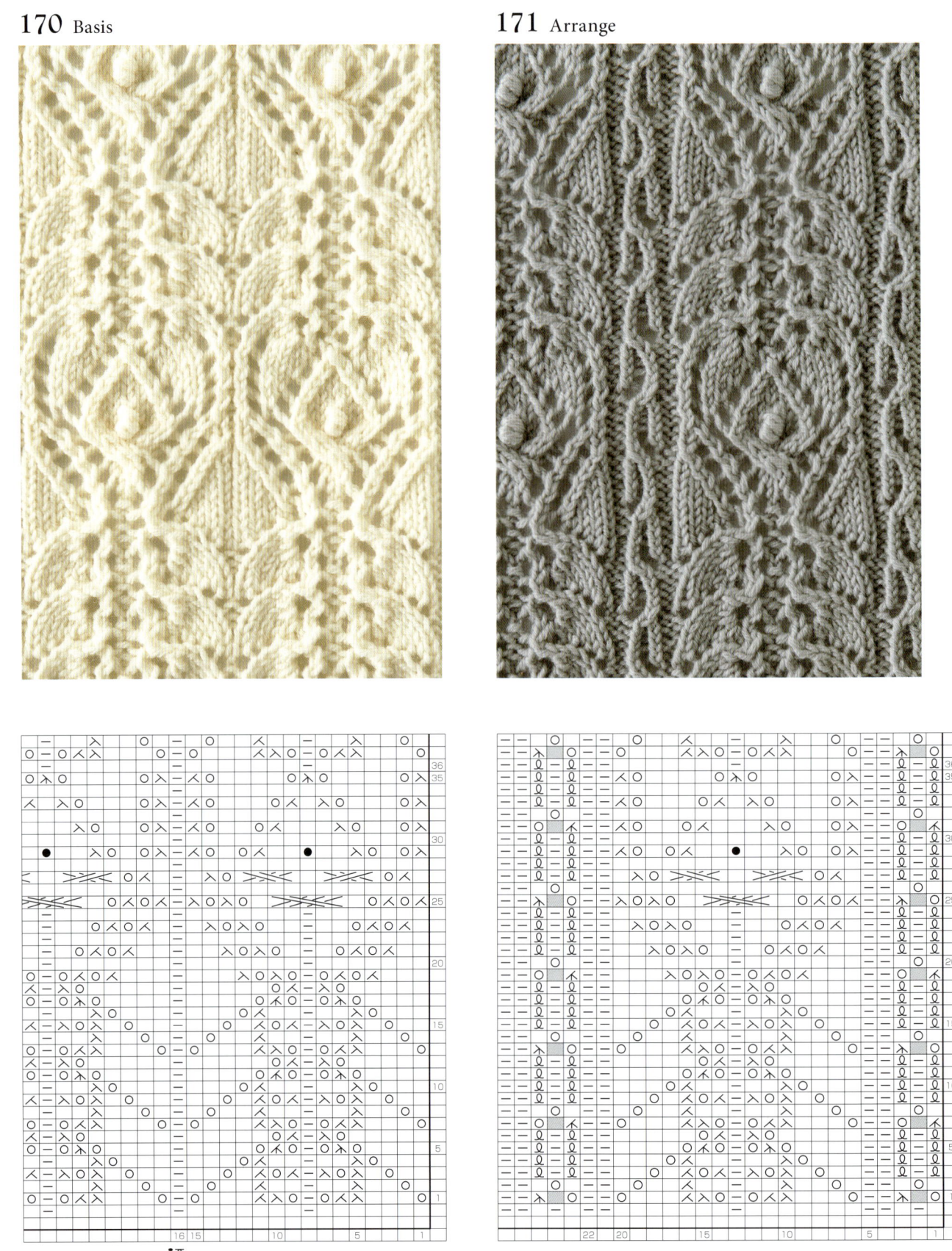

단마다 뜨는 비침무늬를 2단마다 뜨는 무늬로 바꾸면 좀 더 부드러운 느낌이 들어요

우아한 장식 칼라

무늬뜨기 … No.175(p.91)
뜨는 방법 … p.130

분산증감코무늬(둥근 요크)

손뜨개의 독특한 디자인을 즐길 수 있는 분산증감코무늬는 둥근 요크 니트에 많이 쓰입니다.
한 무늬 단위로 코를 늘리고 줄이는 데 따라서 무늬가 변화하는 재미를 맛볼 수 있답니다.

* 뜨개 도안(p.119)

176

177

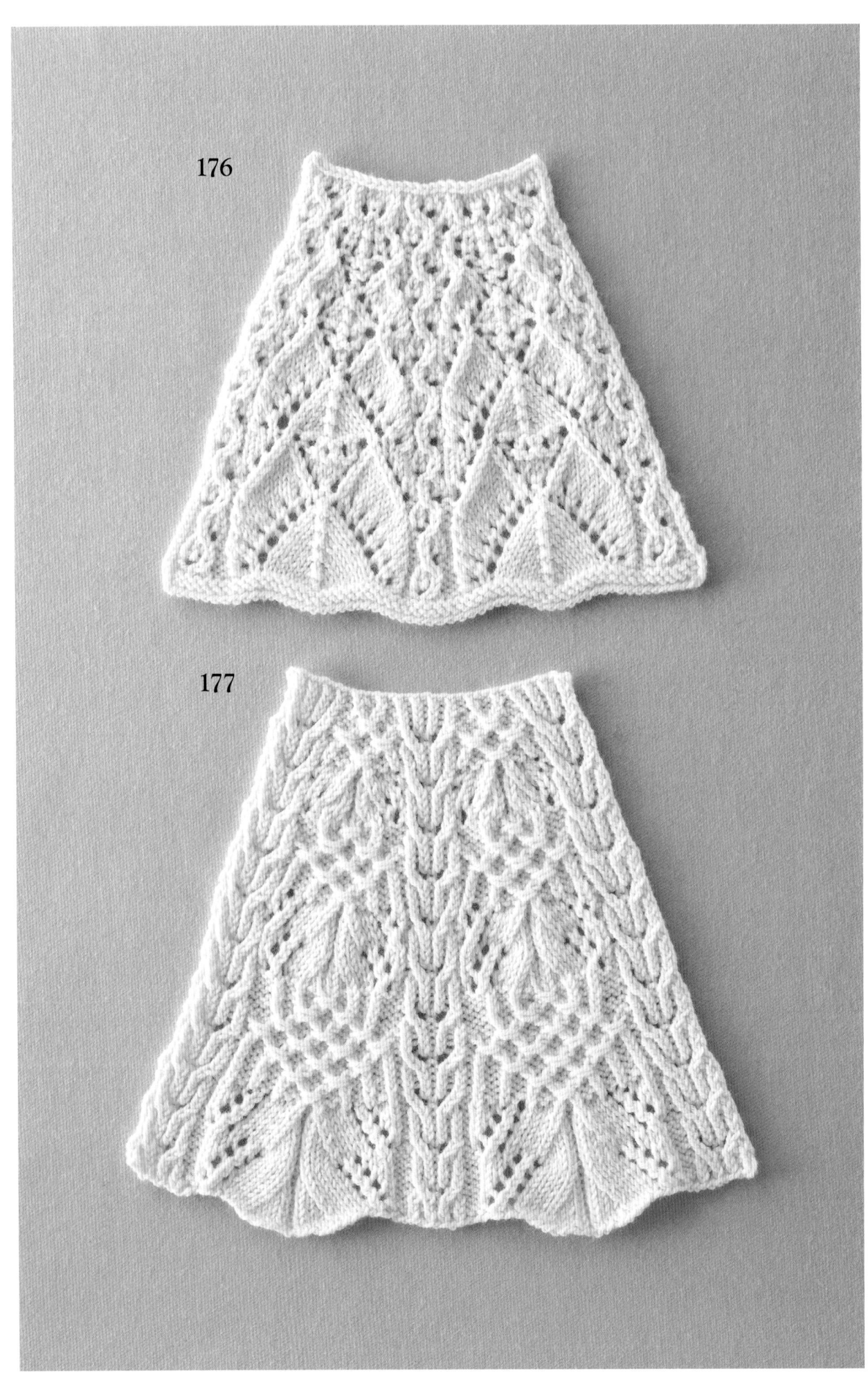

* 뜨개 도안(p.120)

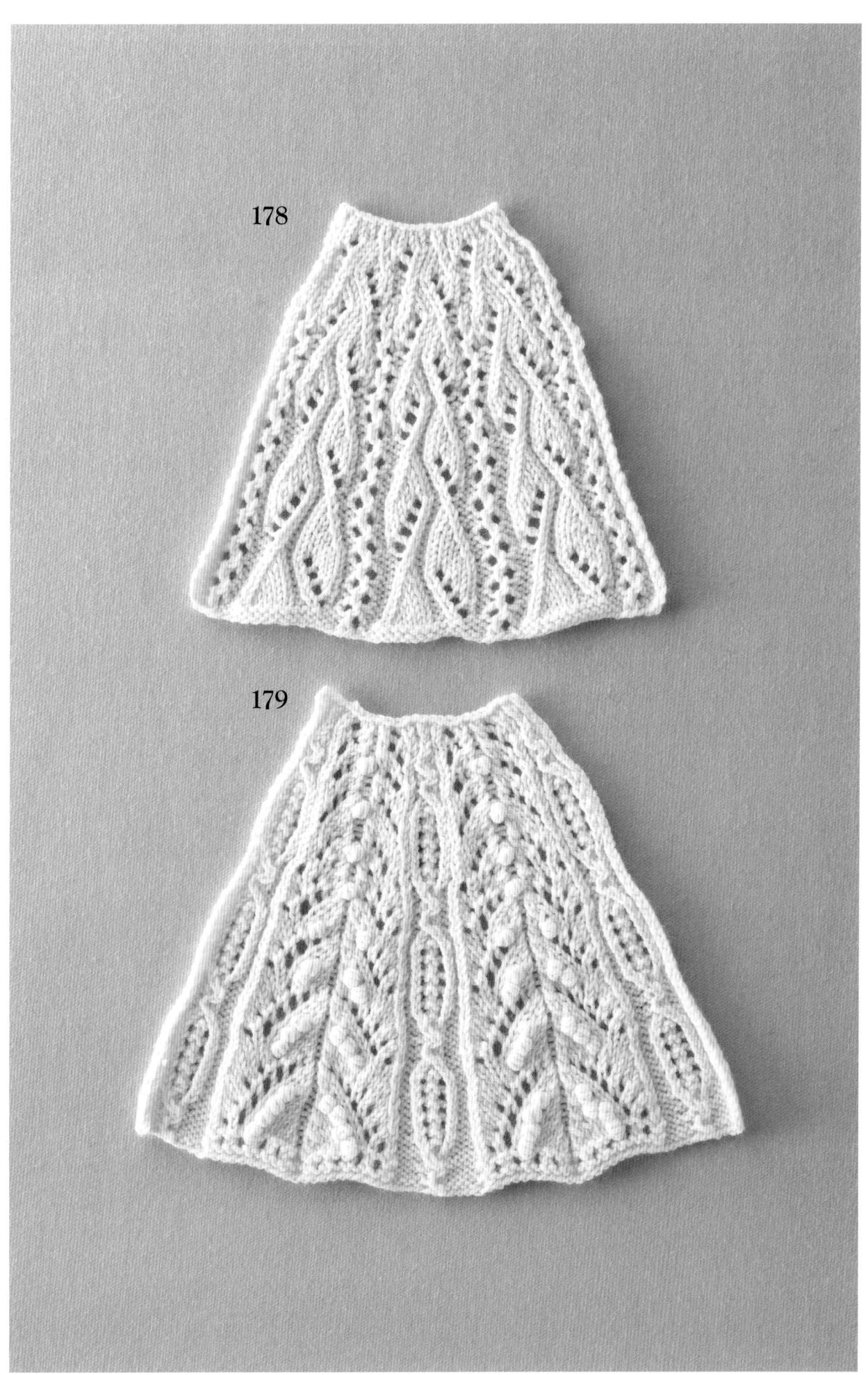

* 뜨개 도안(p.121)

180
181

* 뜨개 도안(p.122)

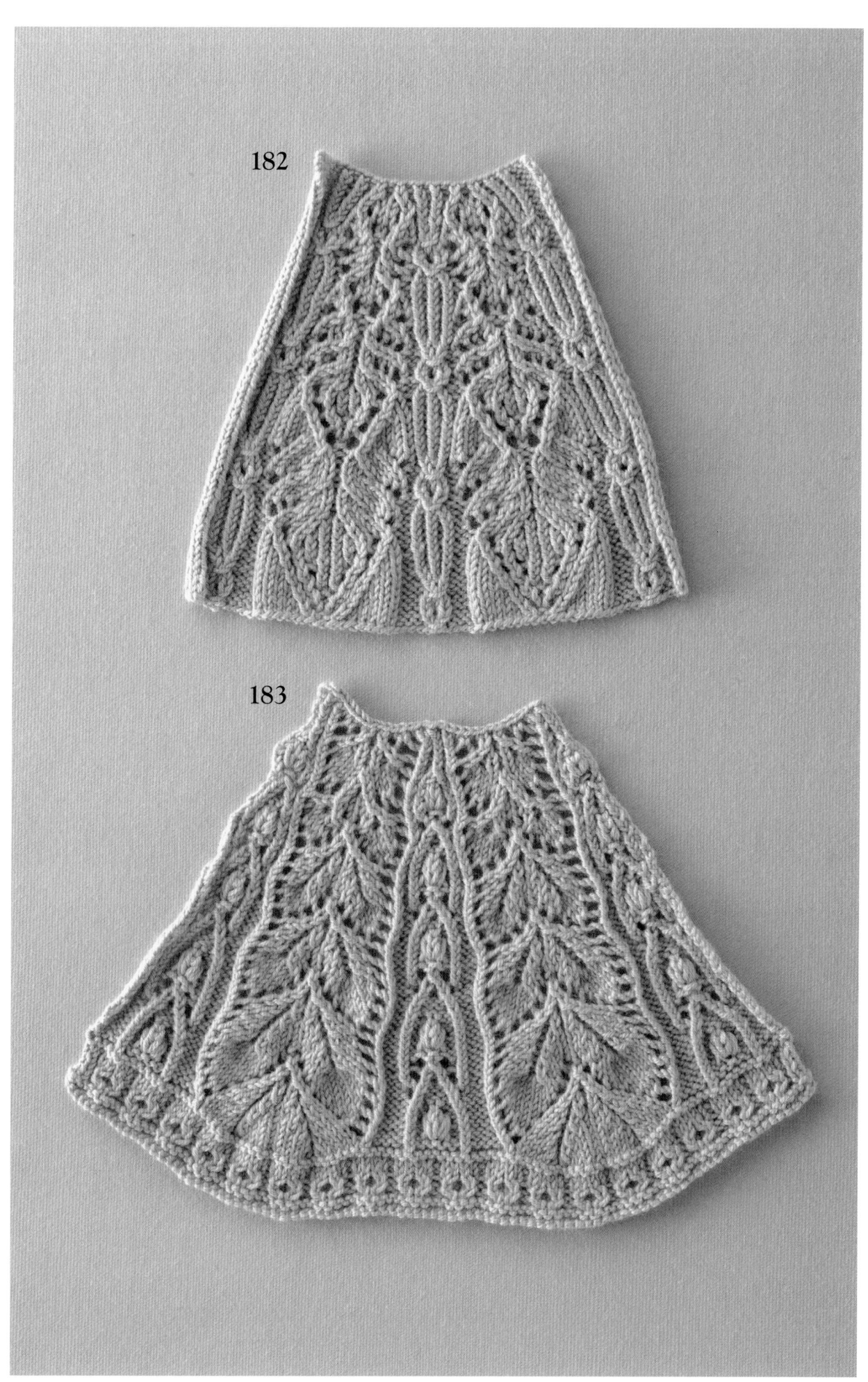

* 뜨개 도안(p.123)

184
185

분산증감코무늬

* 뜨개 도안(p.124)

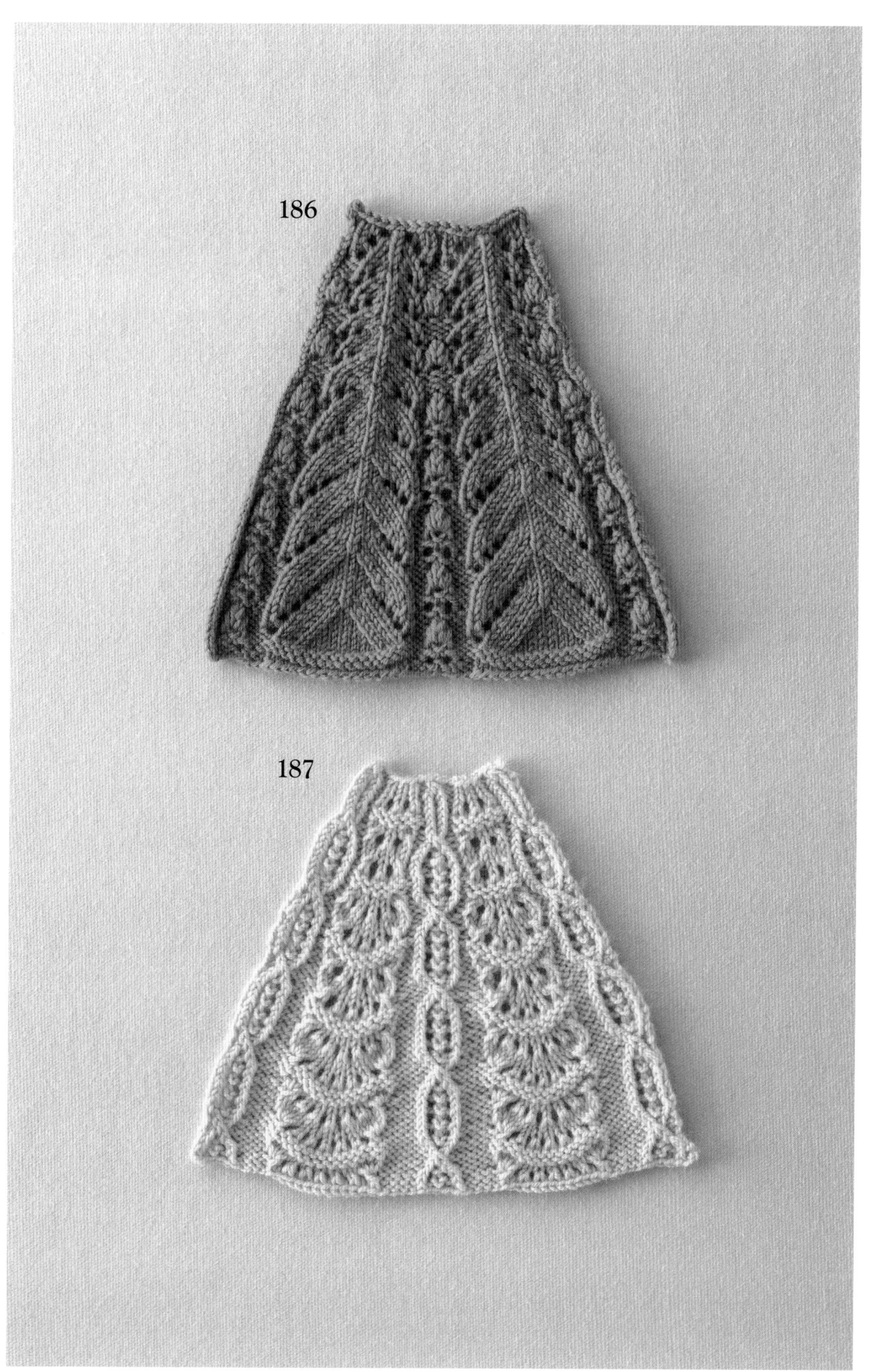

* 뜨개 도안(p.125)

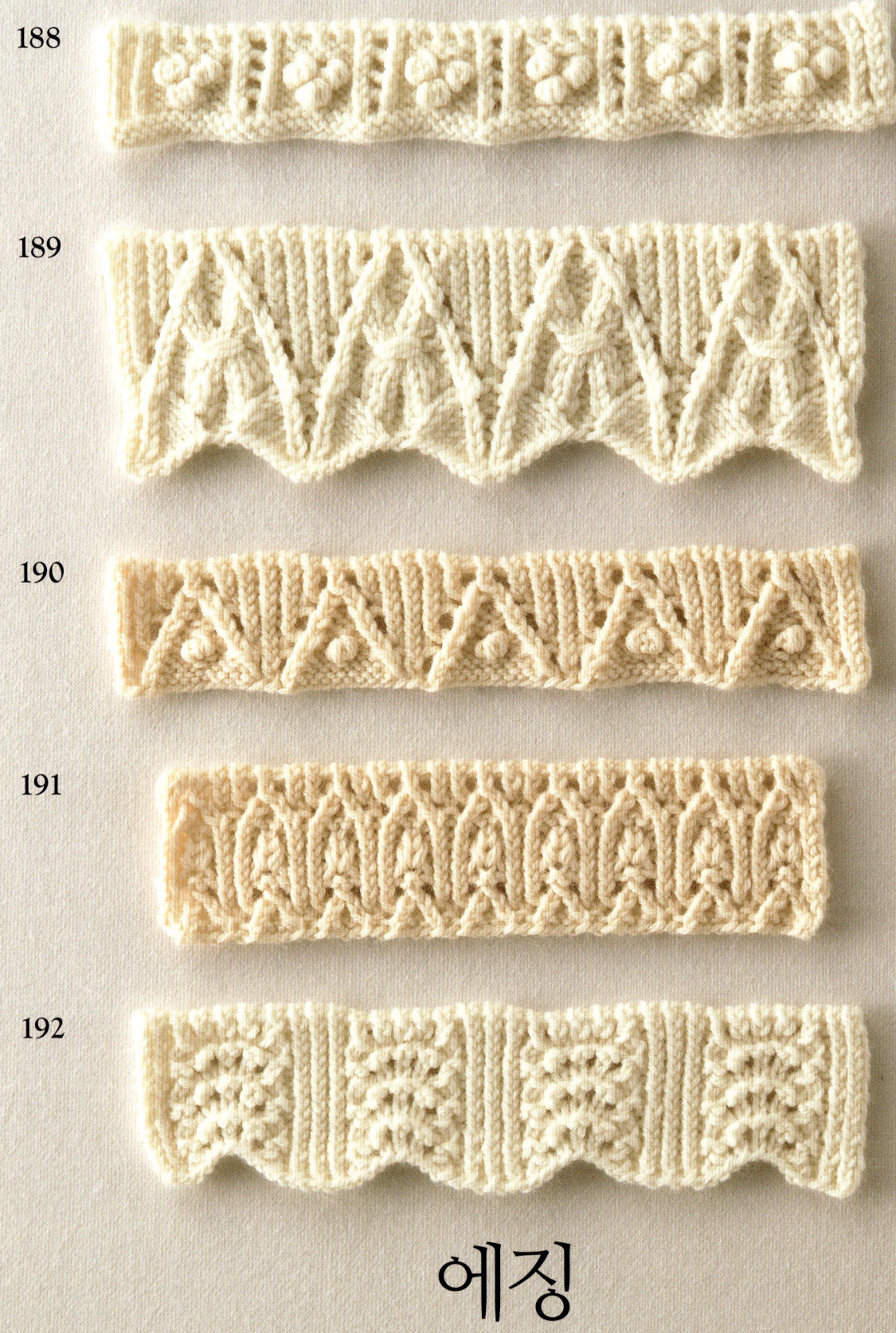

188
189
190
191
192

에징

1코 고무뜨기 코막음

에징

니트를 디자인할 때 꼭 필요한 에징은 조연이지만 작품을 돋보이게 해주는 중요한 아이템이랍니다.
무늬뜨기에 맞춰서 가장 잘 어울리는 에징을 골라보세요.

* 뜨개 도안 (p.112)

193

194

195

196

197

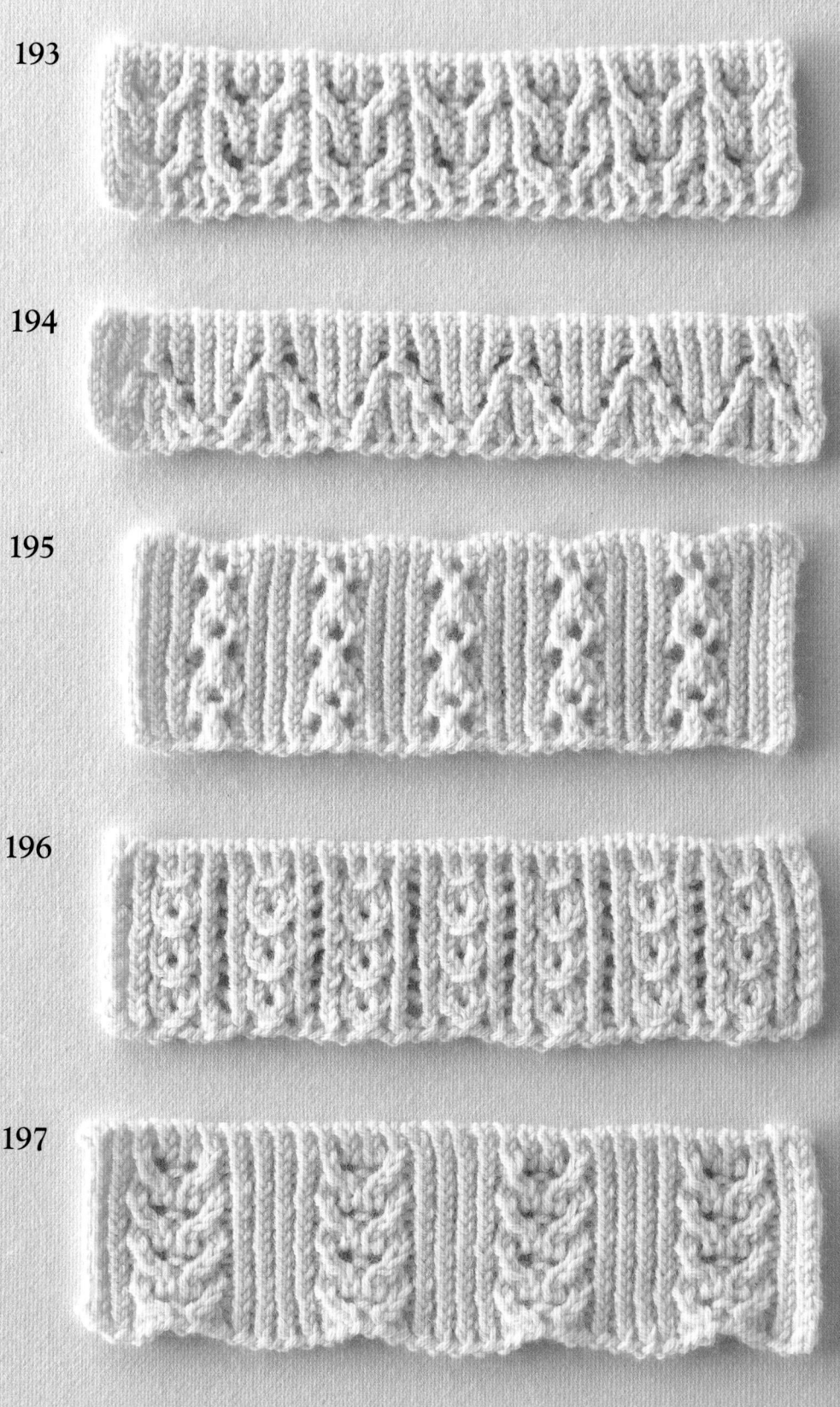

* 뜨개 도안(p.112)

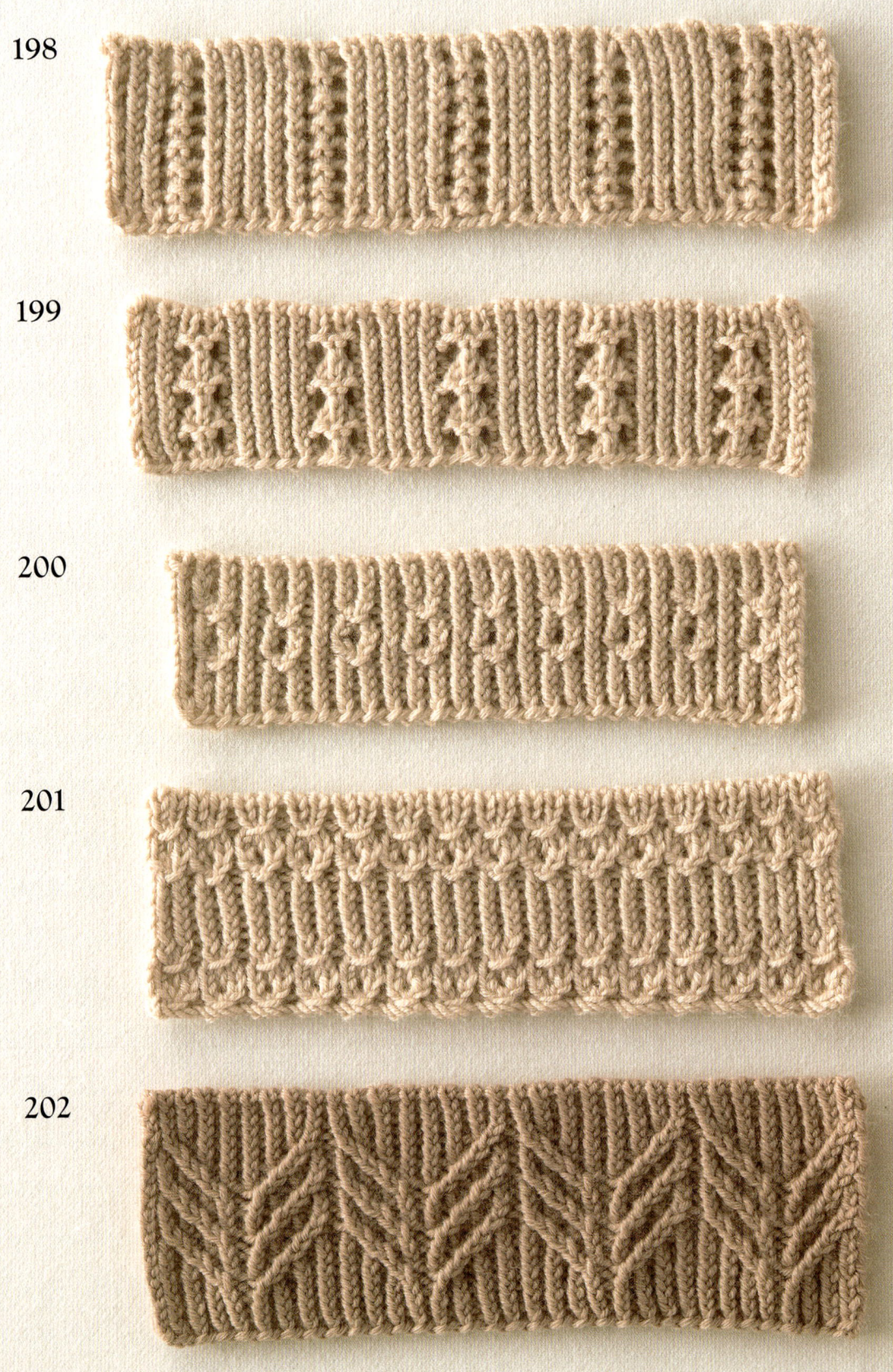

* 뜨개 도안(p.113)

* 뜨개 도안(p.113)

208

209

210

211

212

에징

1코 고무뜨기 코막음

* 뜨개 도안(p.114)

102

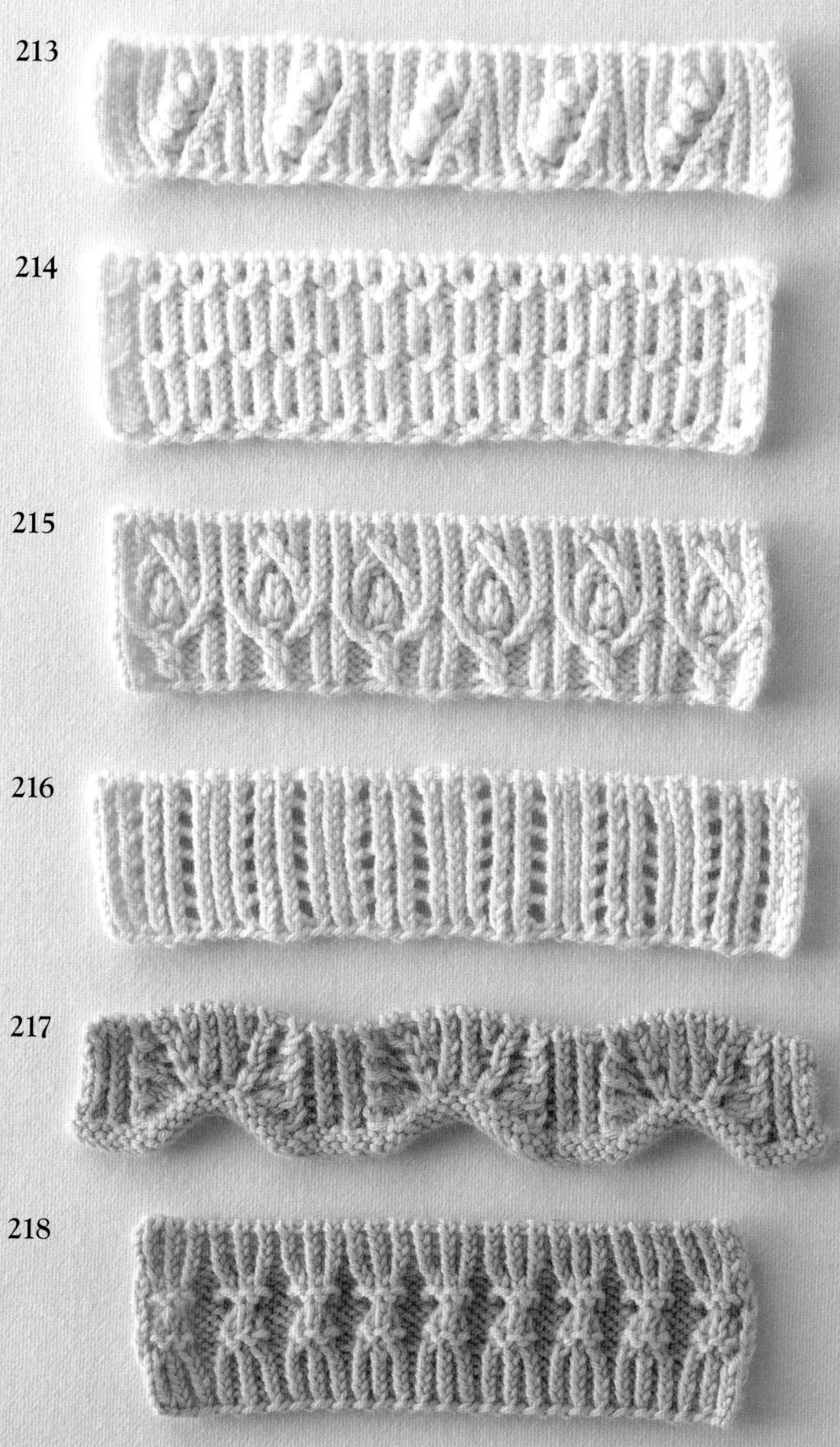

* 뜨개 도안(p.114)

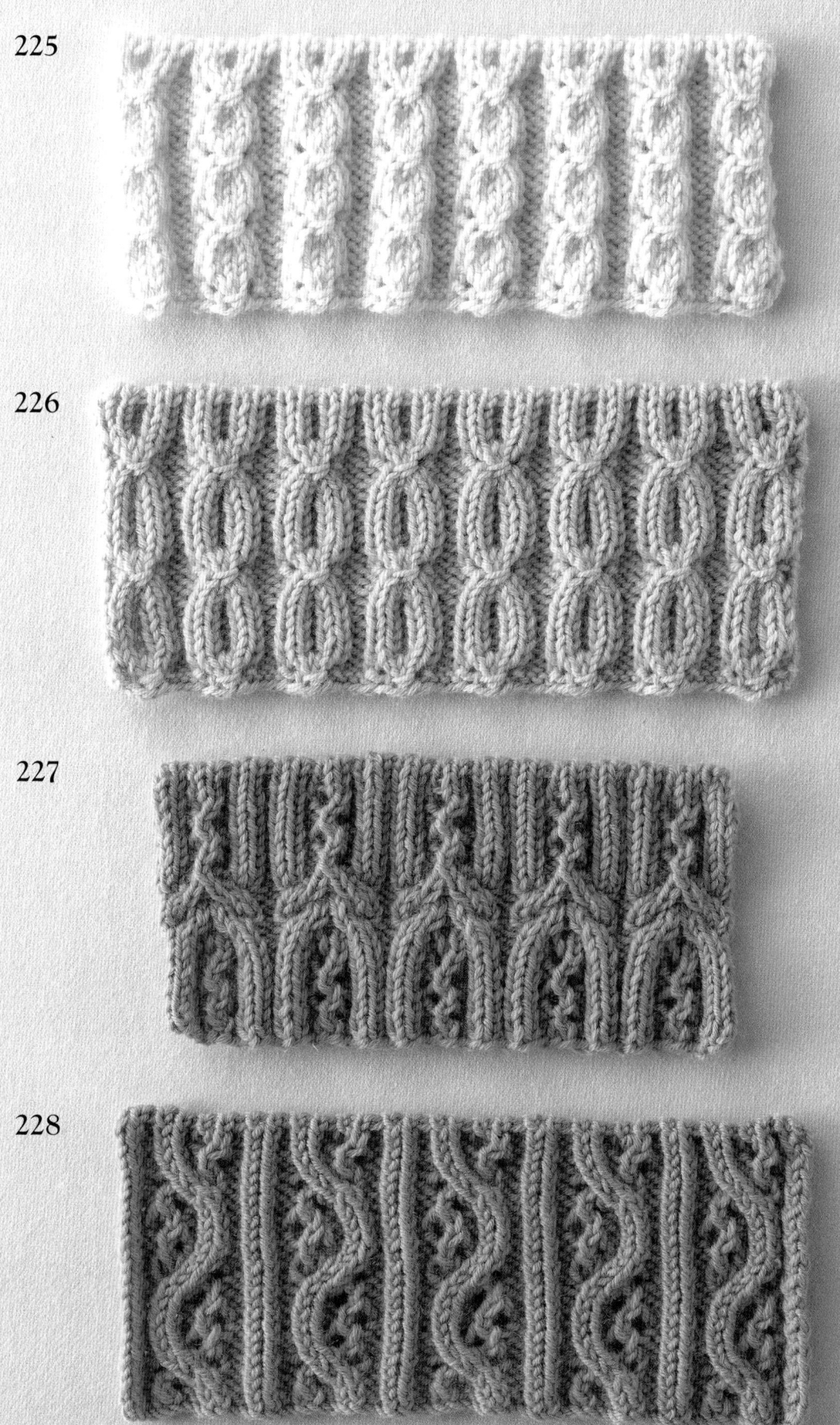

225
226
227
228

* 뜨개 도안(p.115)

* 뜨개 도안(p.116)

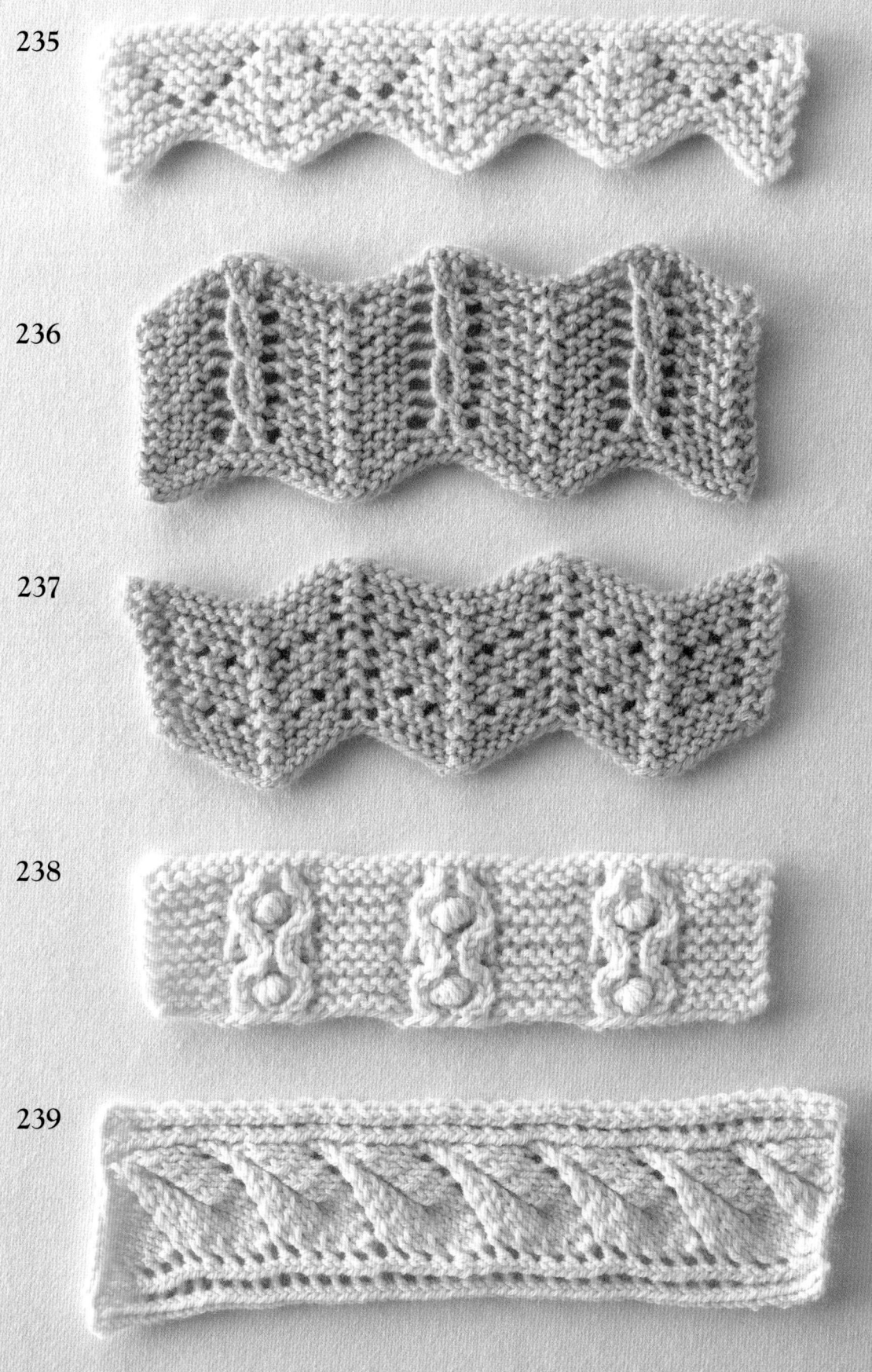

* 뜨개 도안(p.116)

* 뜨개 도안(p.117)

* 뜨개 도안(p.117)

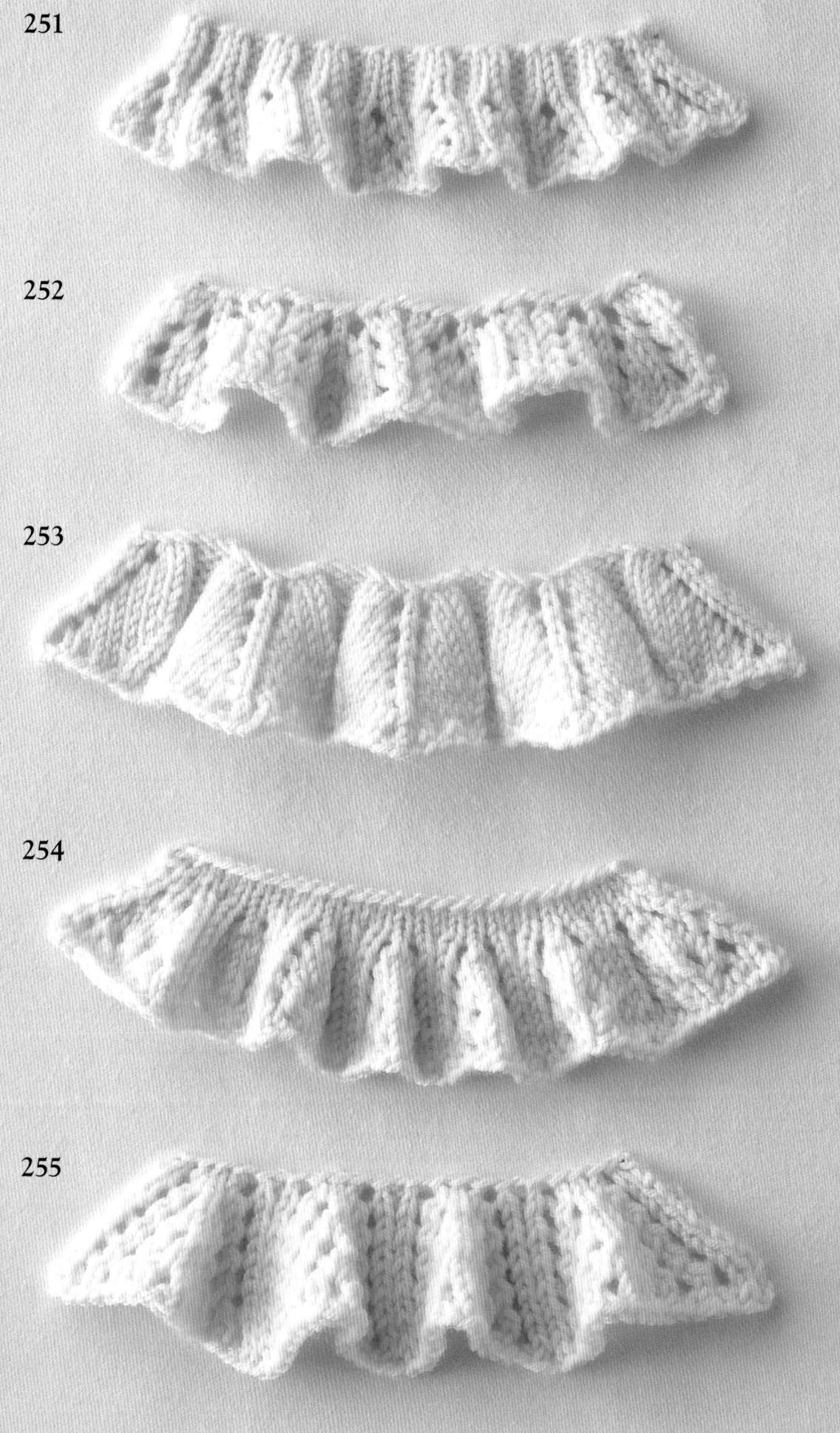

251

252

253

254

255

* 뜨개 도안(p.118)

256

257

258

259

260

* 뜨개 도안(p.118)

에징

프릴

* **188~192**/ (p.98), **193~197**/ (p.99)

188
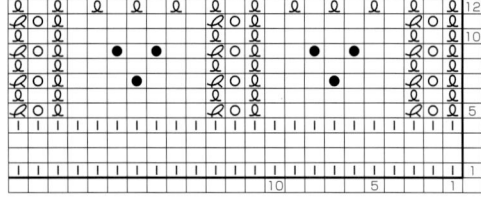

□ = — 안뜨기 ● = 🍃

190
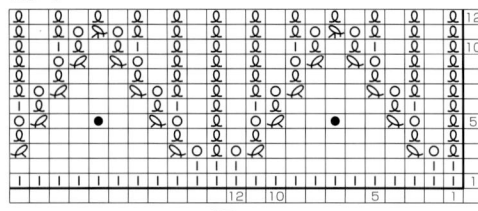
□ = — 안뜨기 ● = 🍃

192
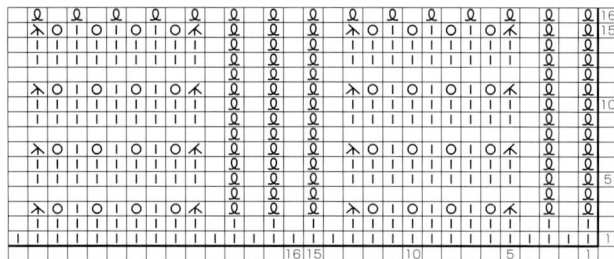
□ = — 안뜨기

194
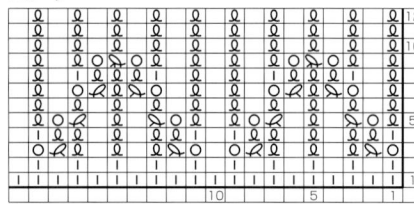
□ = — 안뜨기

196
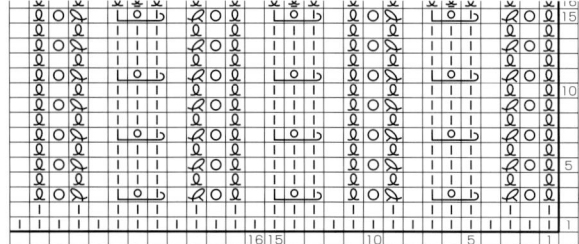
□ = — 안뜨기

189
겉뜨기는 돌려뜨기하면서
1코 고무뜨기 코막음
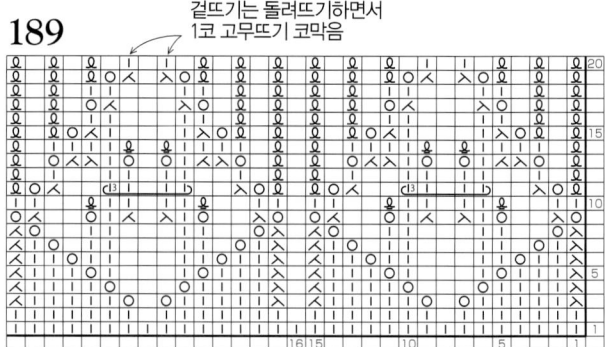
□ = — 안뜨기 ⌐³ l l ¹⌐ = 3회 감아 매듭뜨기

191
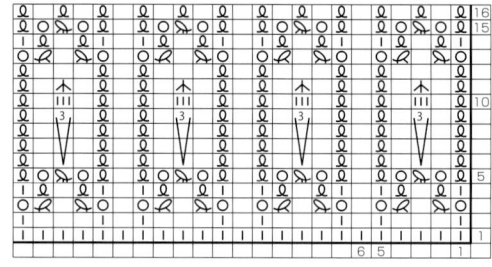
□ = — 안뜨기

193
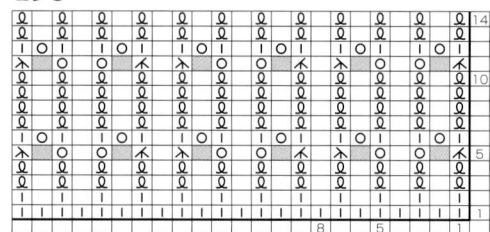
□ = — 안뜨기 ▨ = 코 없는 부분

195
겉뜨기는 돌려뜨기하면서
1코 고무뜨기 코막음
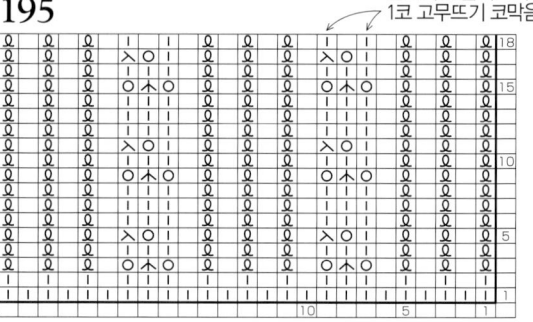
□ = — 안뜨기

197
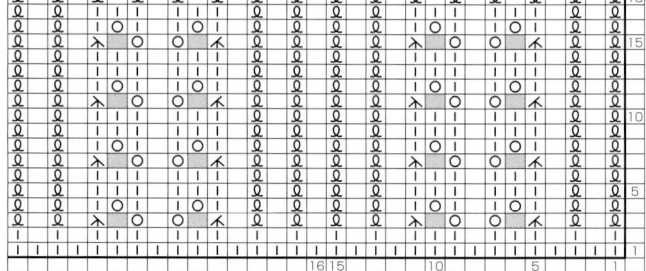
□ = — 안뜨기 ▨ = 코 없는 부분

* 198~202/ (p.100), 203~207/ (p.101)

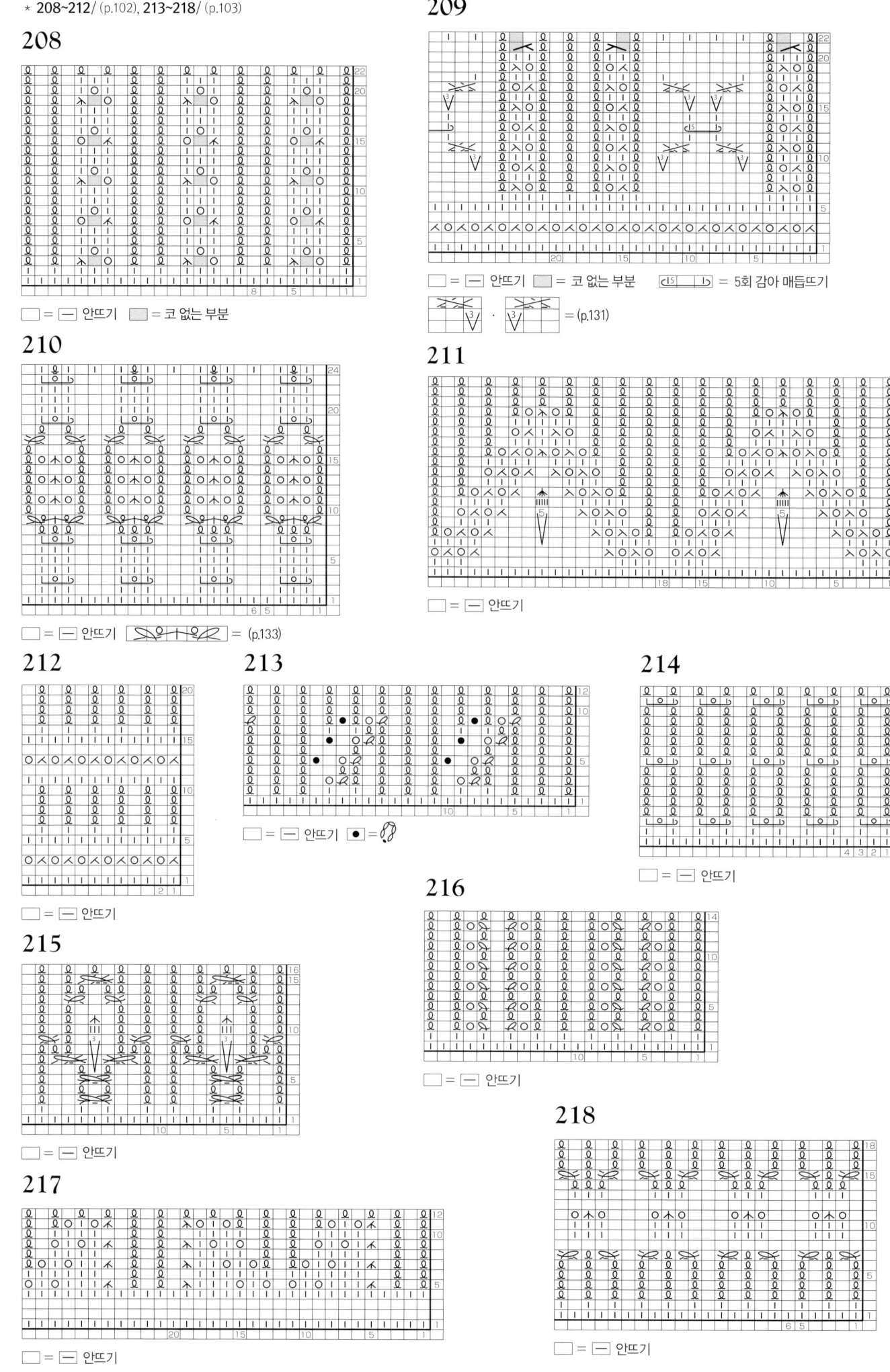

* 219~224/ (p.104), 225~228/ (p.105)

219
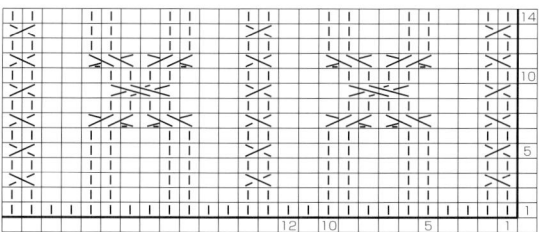

☐ = ⊟ 안뜨기

220
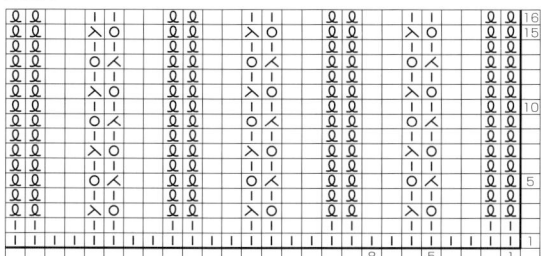

☐ = ⊟ 안뜨기

221
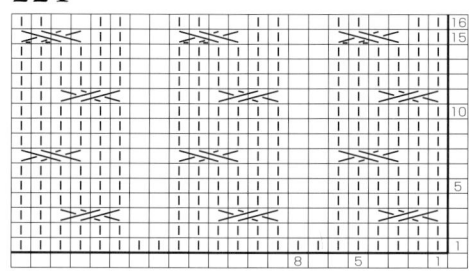

☐ = ⊟ 안뜨기

222
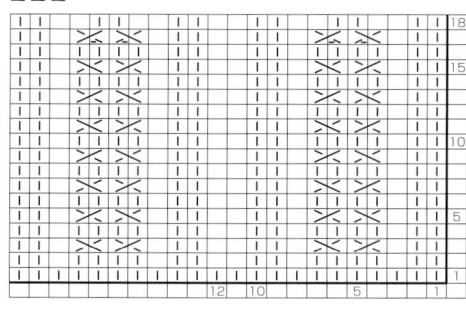

☐ = ⊟ 안뜨기

225
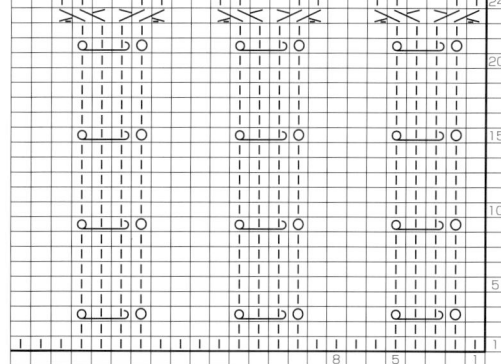

☐ = ⊟ 안뜨기   = (p.133)

226
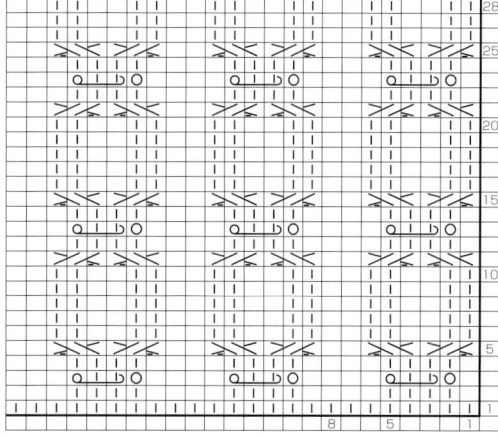

☐ = ⊟ 안뜨기   = (p.133)

227
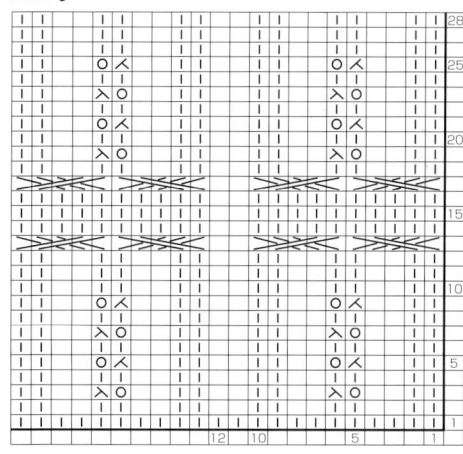

☐ = ⊟ 안뜨기

223
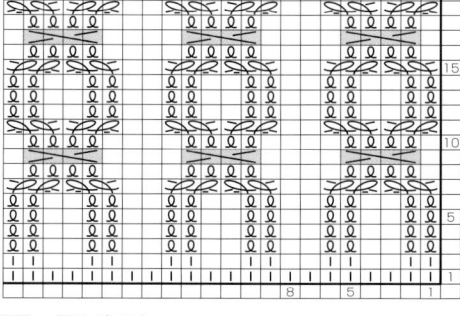

☐ = ⊟ 안뜨기

= 오른코 위 2코 돌려 교차뜨기

224
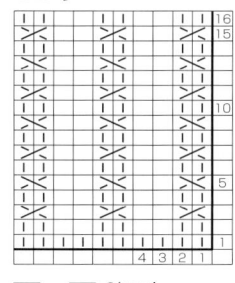

☐ = ⊟ 안뜨기

228
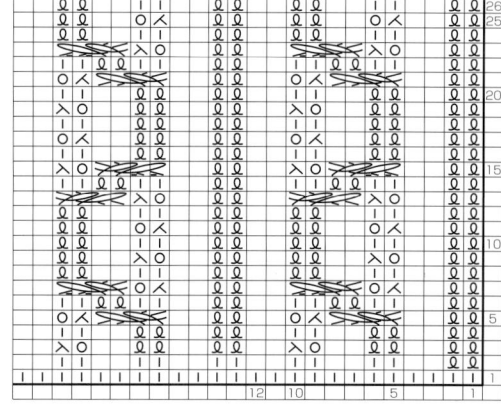

☐ = ⊟ 안뜨기

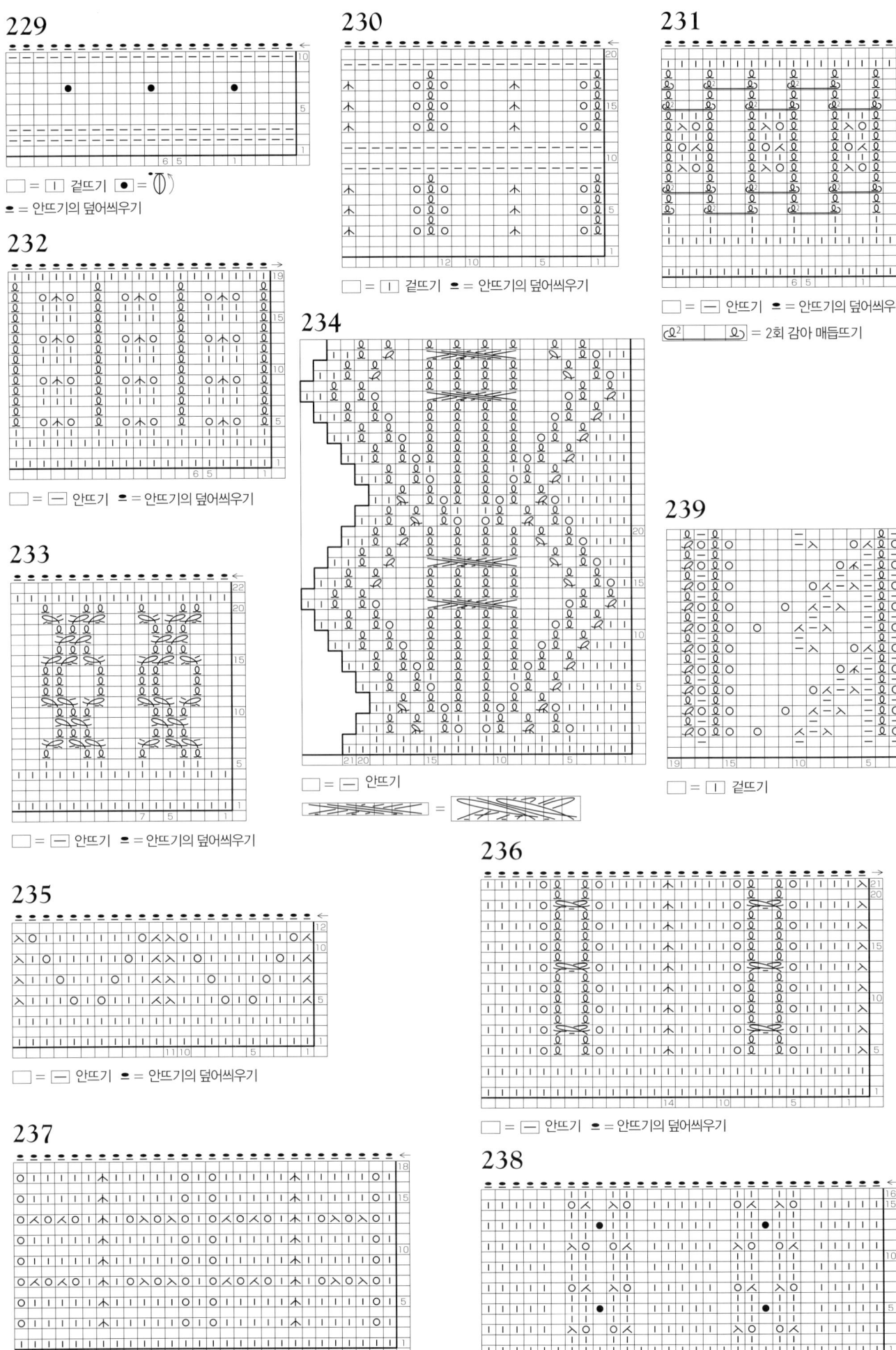

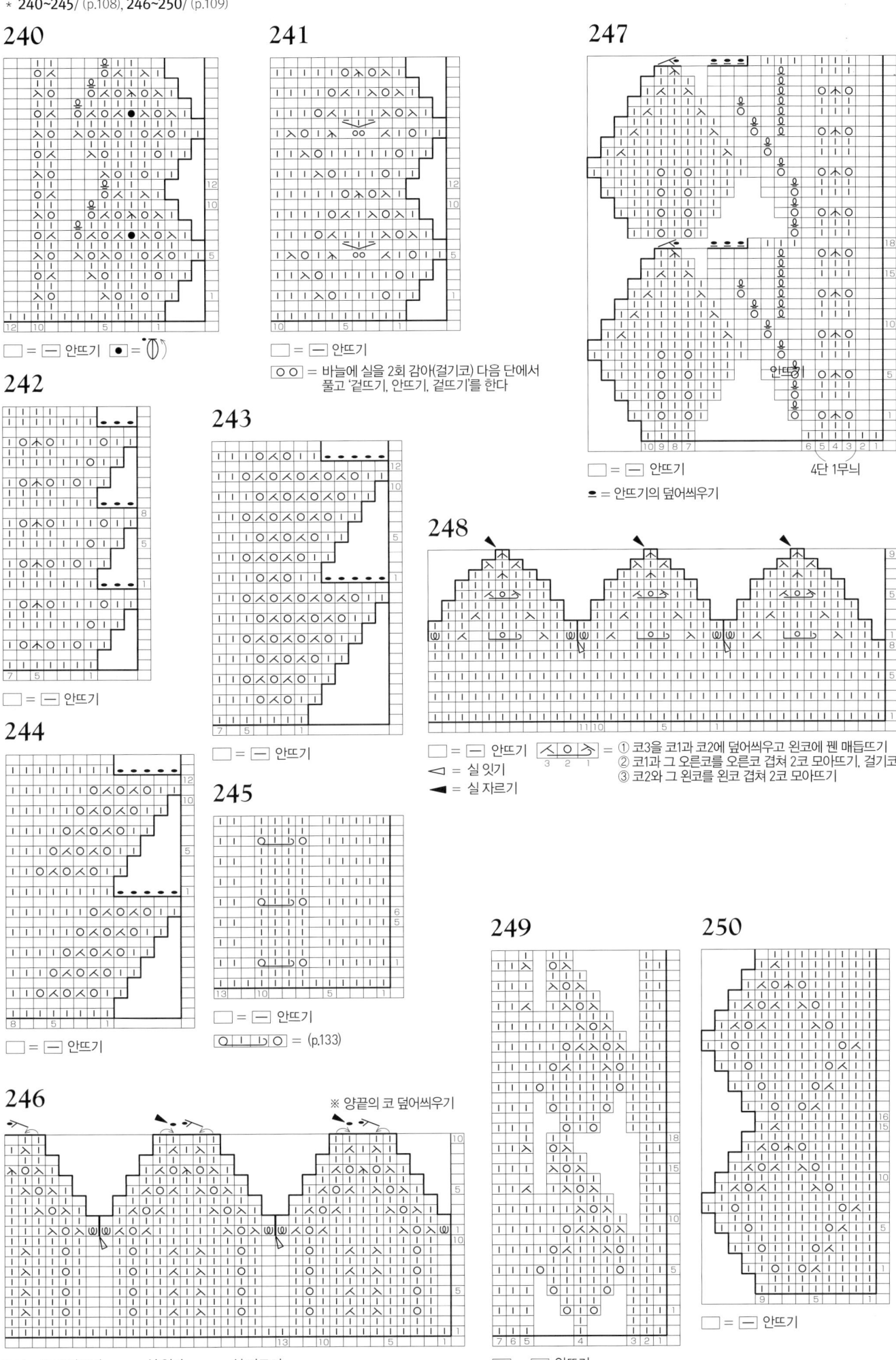

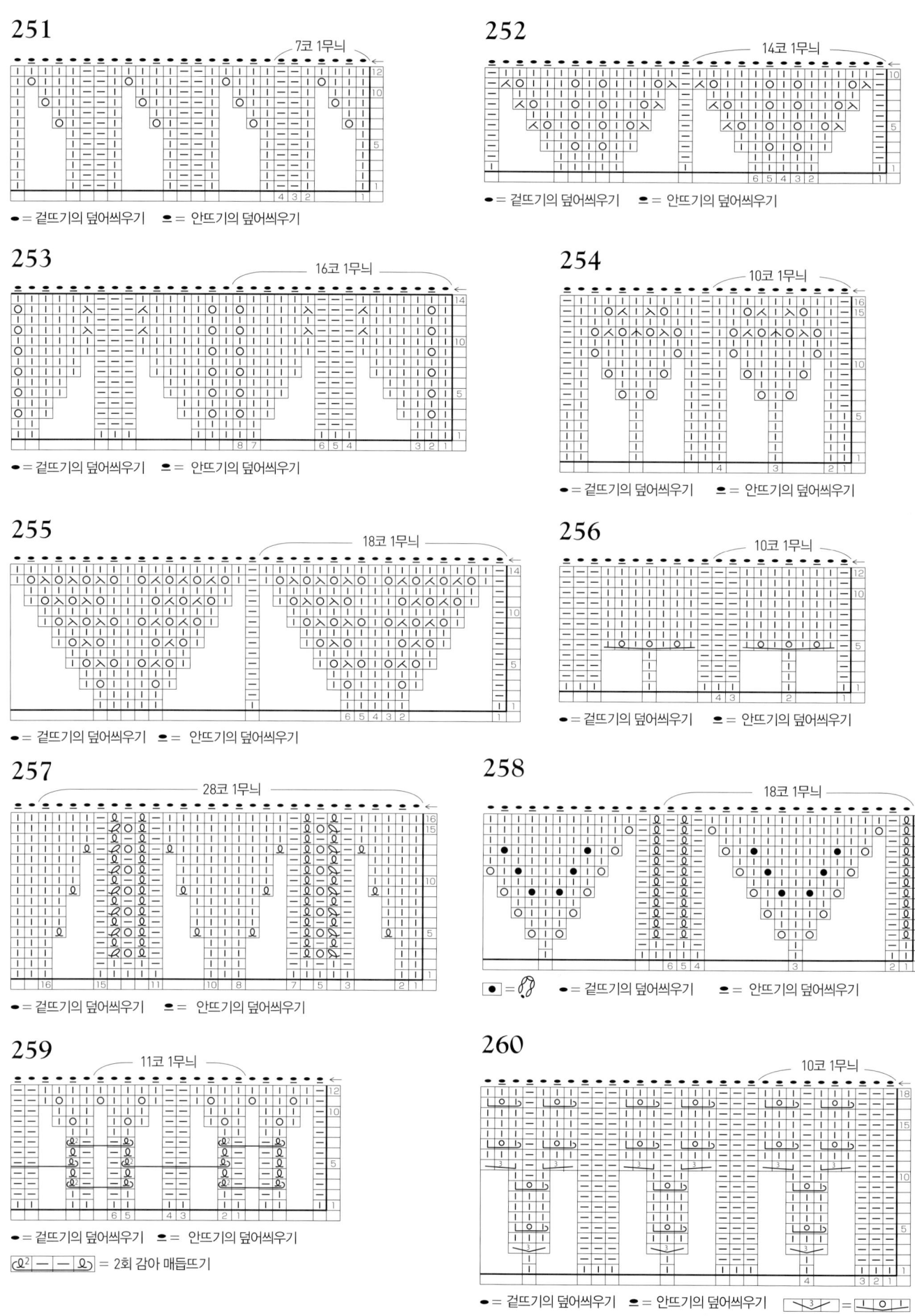

* 174·175 / (p.91)

174

☐ = ☐ 겉뜨기

175

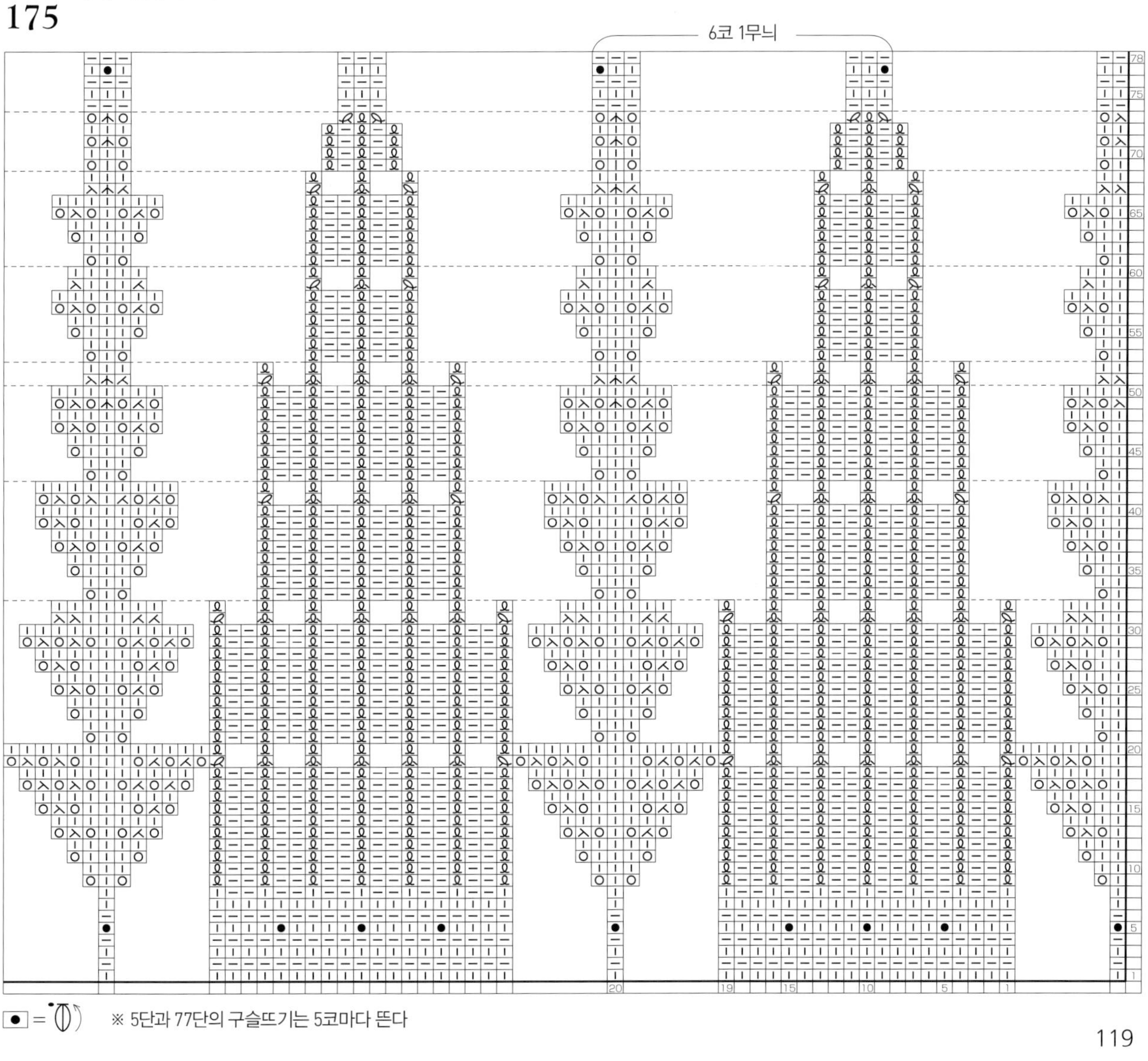

● = ˙(})   ※ 5단과 77단의 구슬뜨기는 5코마다 뜬다

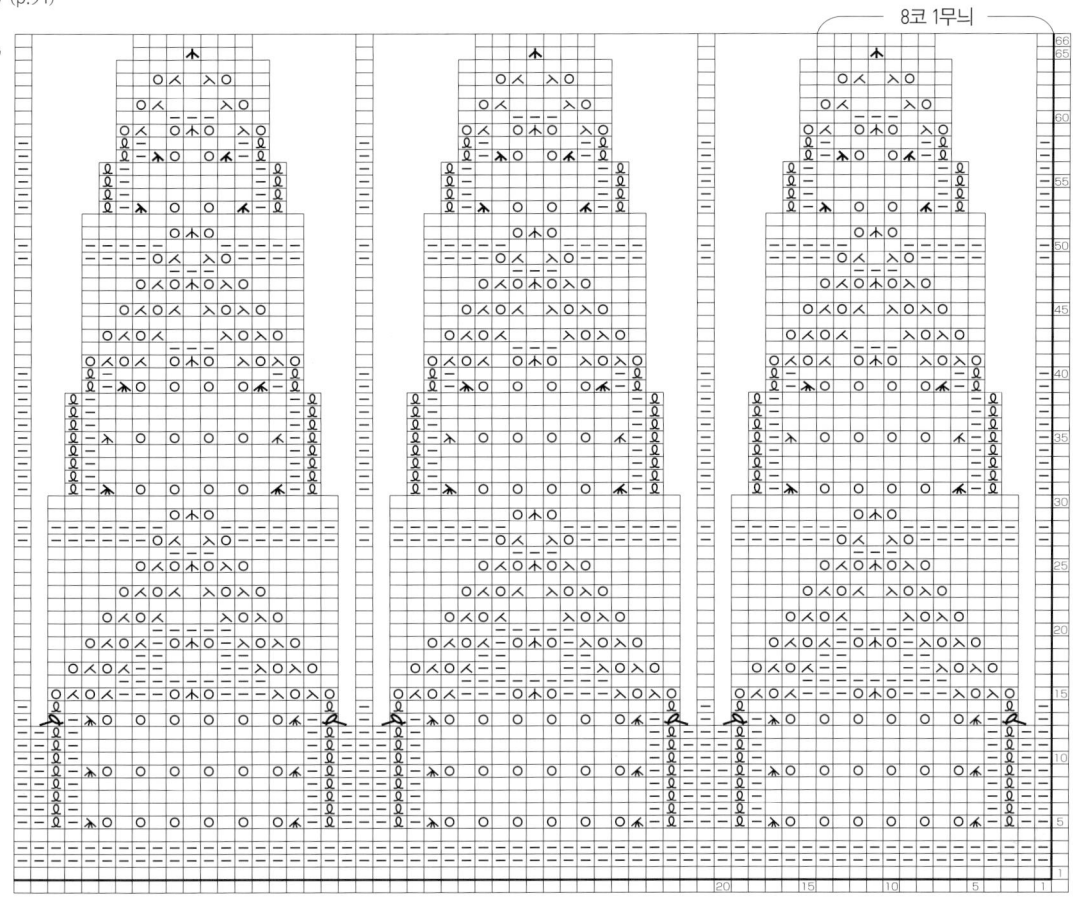

* 176·177/ (p.92)

176

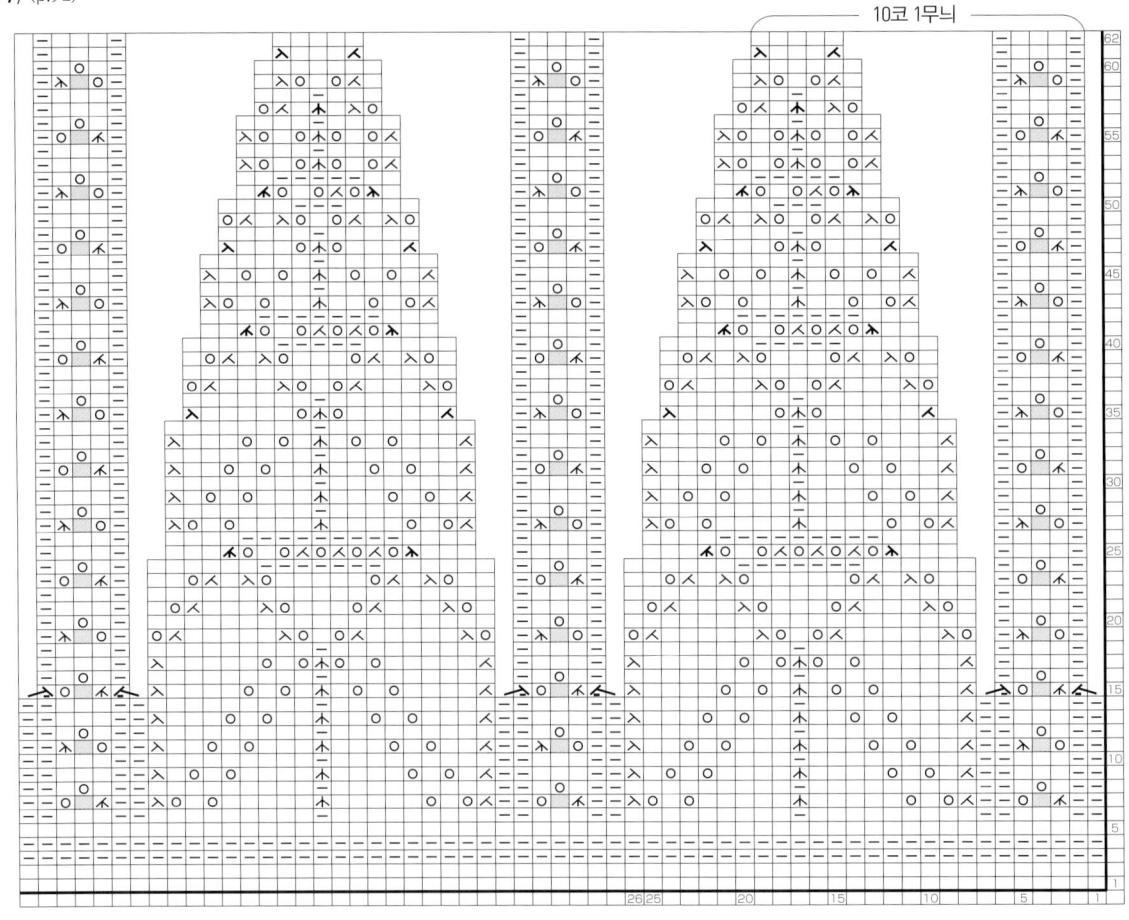

□ = ｜ 겉뜨기　▨ = 코 없는 부분

177

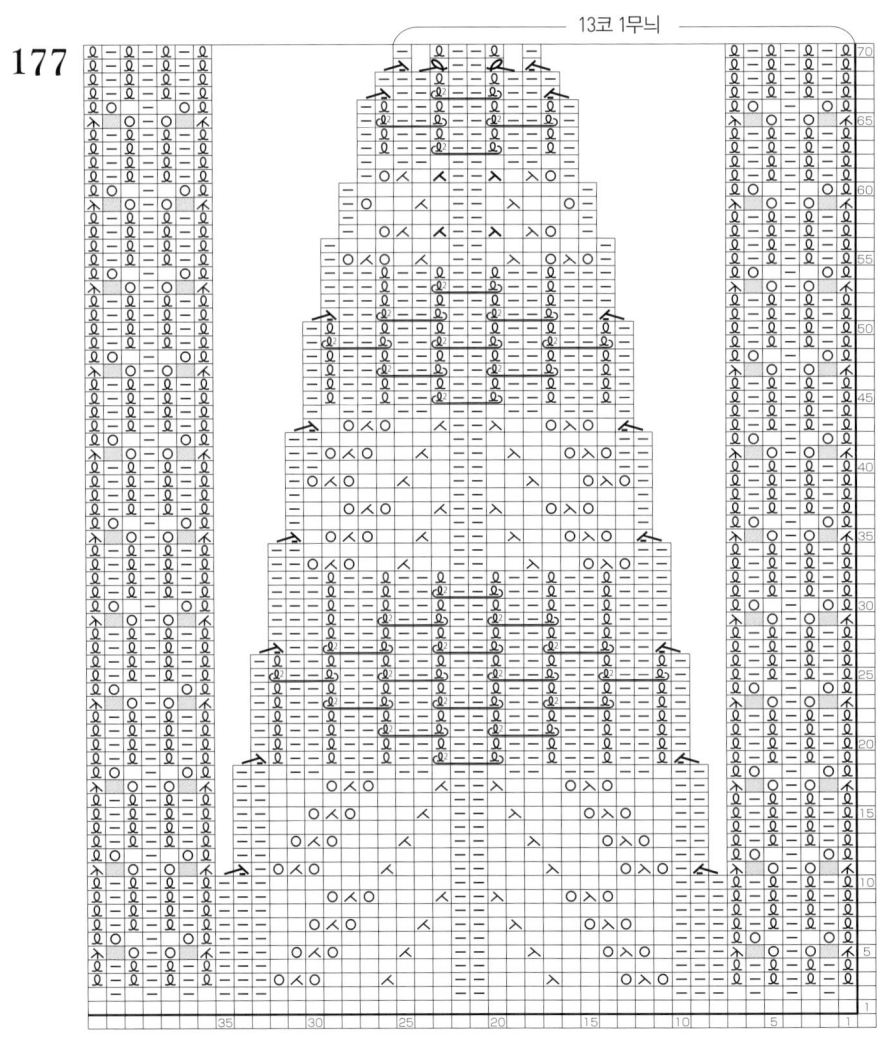

□ = ｜ 겉뜨기　▨ = 코 없는 부분　 = 2회 감아 매듭뜨기

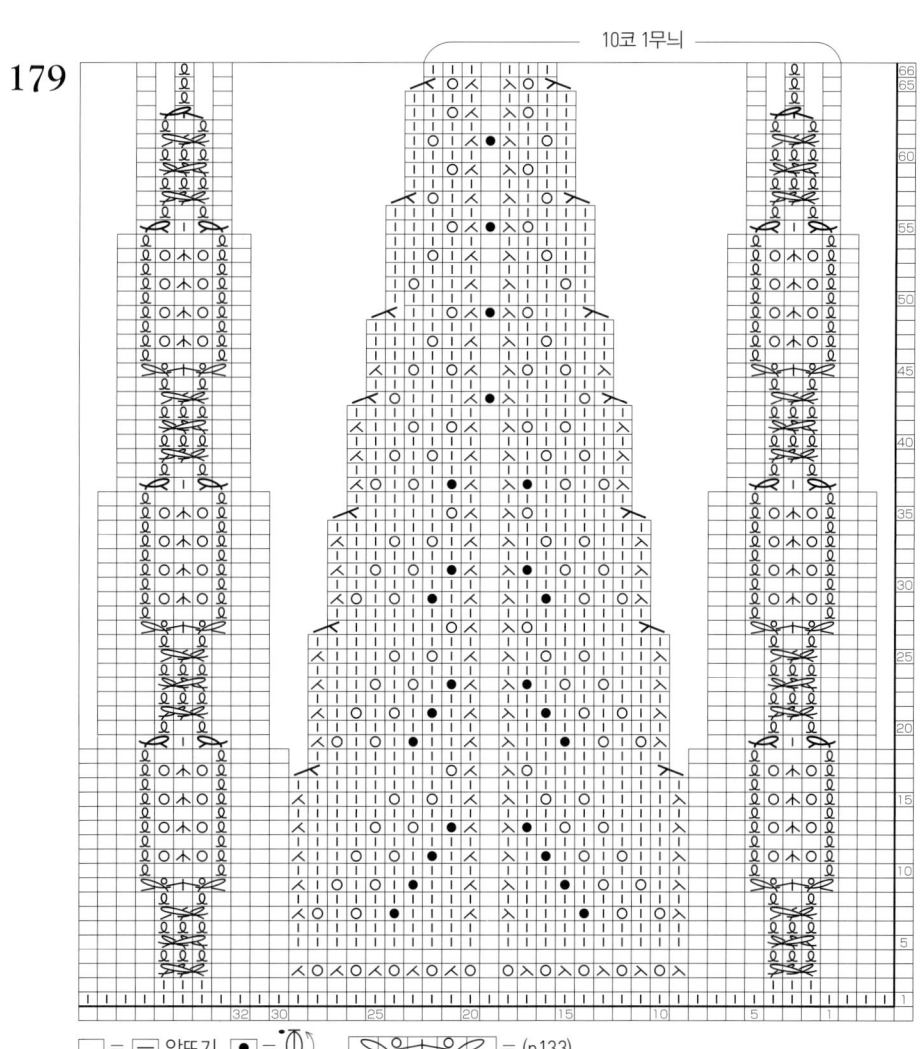

* 180·181/ (p.94)

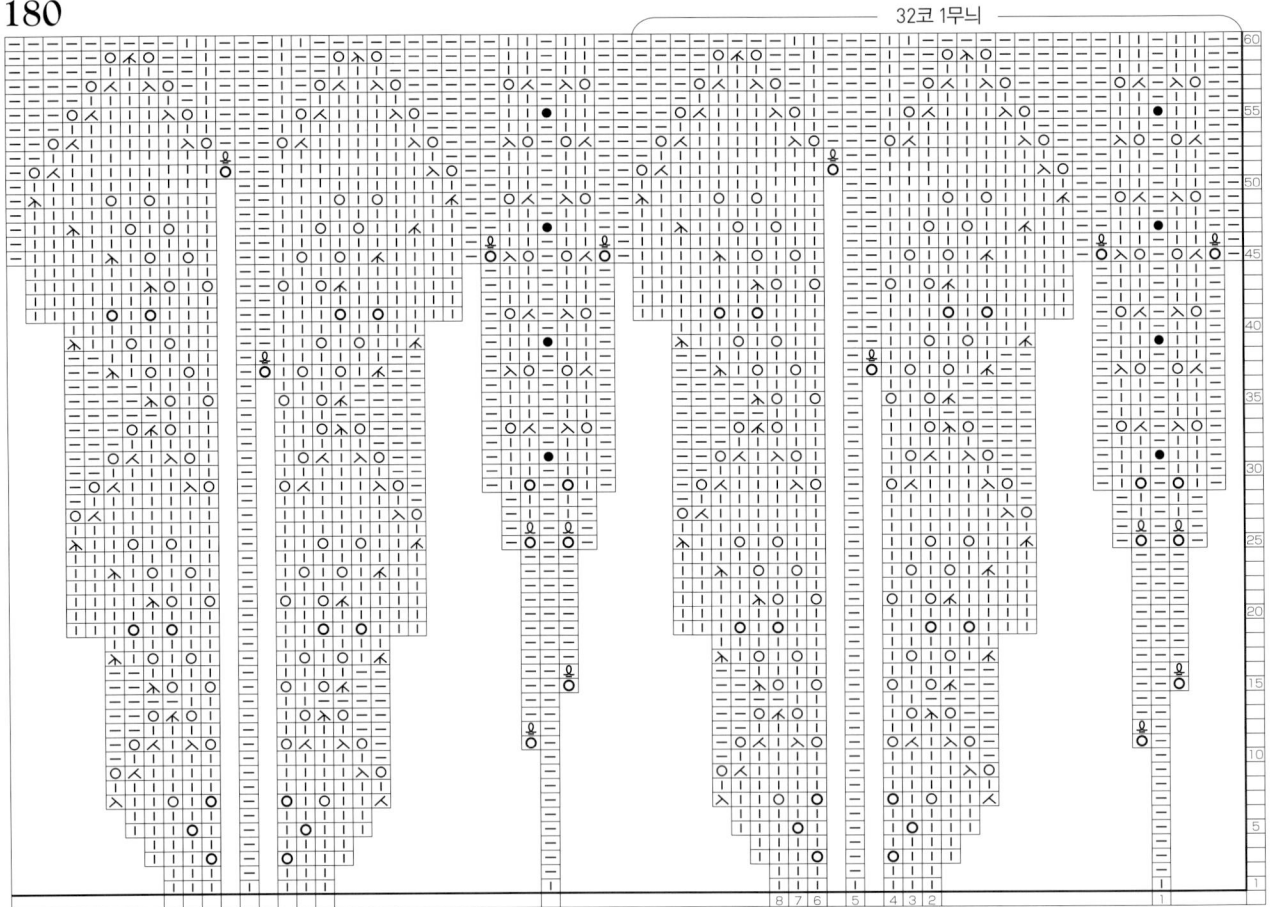

□ = ㅣ 겉뜨기 ● = 뜨기

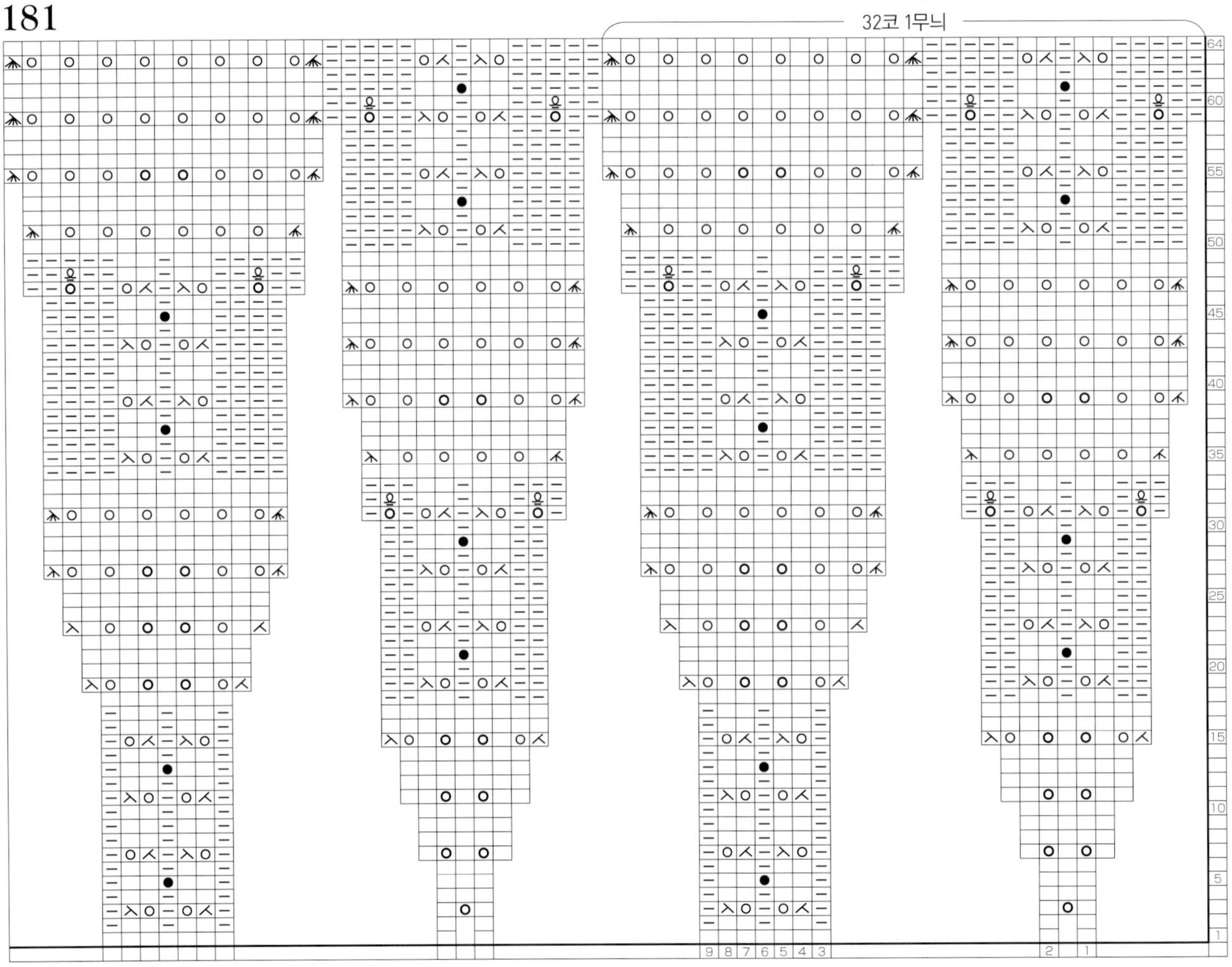

* **182·183**/ (p.95)

182

□ = ⊟ 안뜨기

183

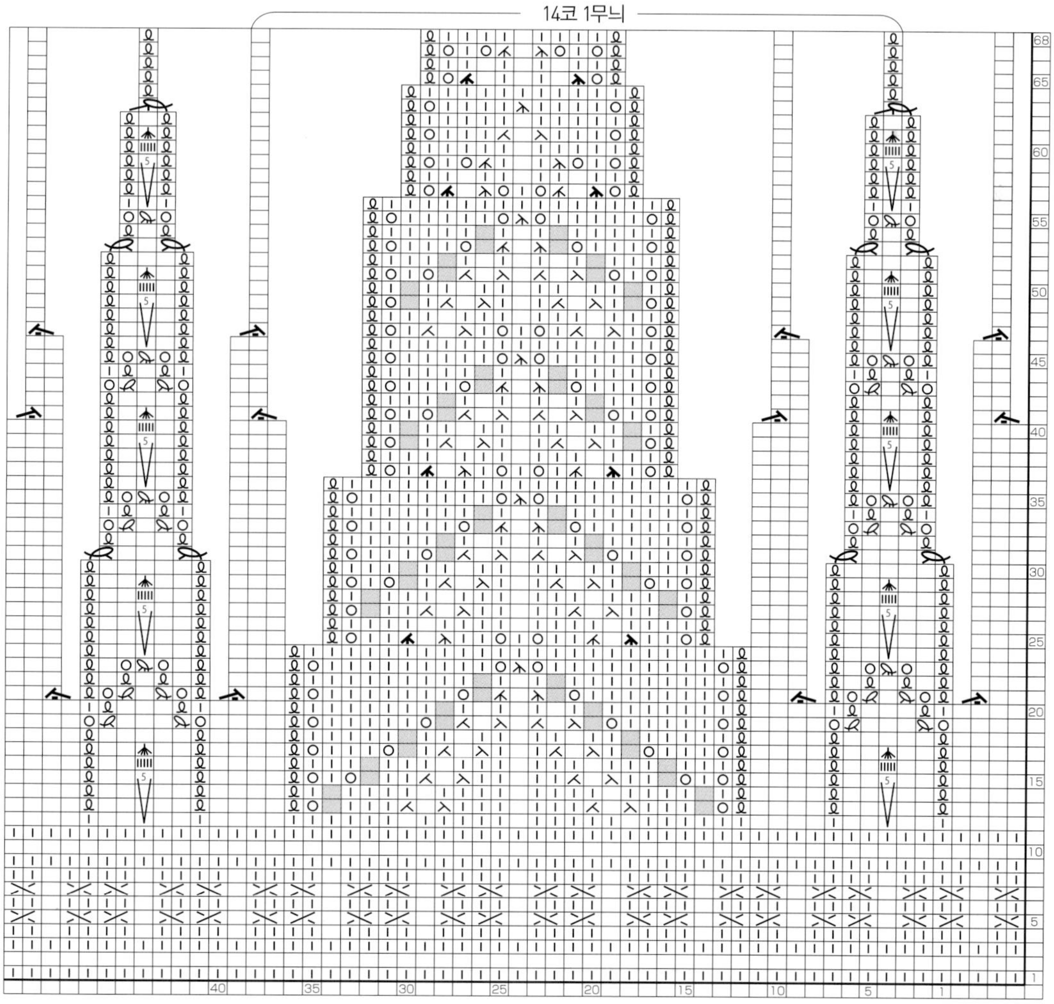

□ = ⊟ 안뜨기 ▒ = 코 없는 부분

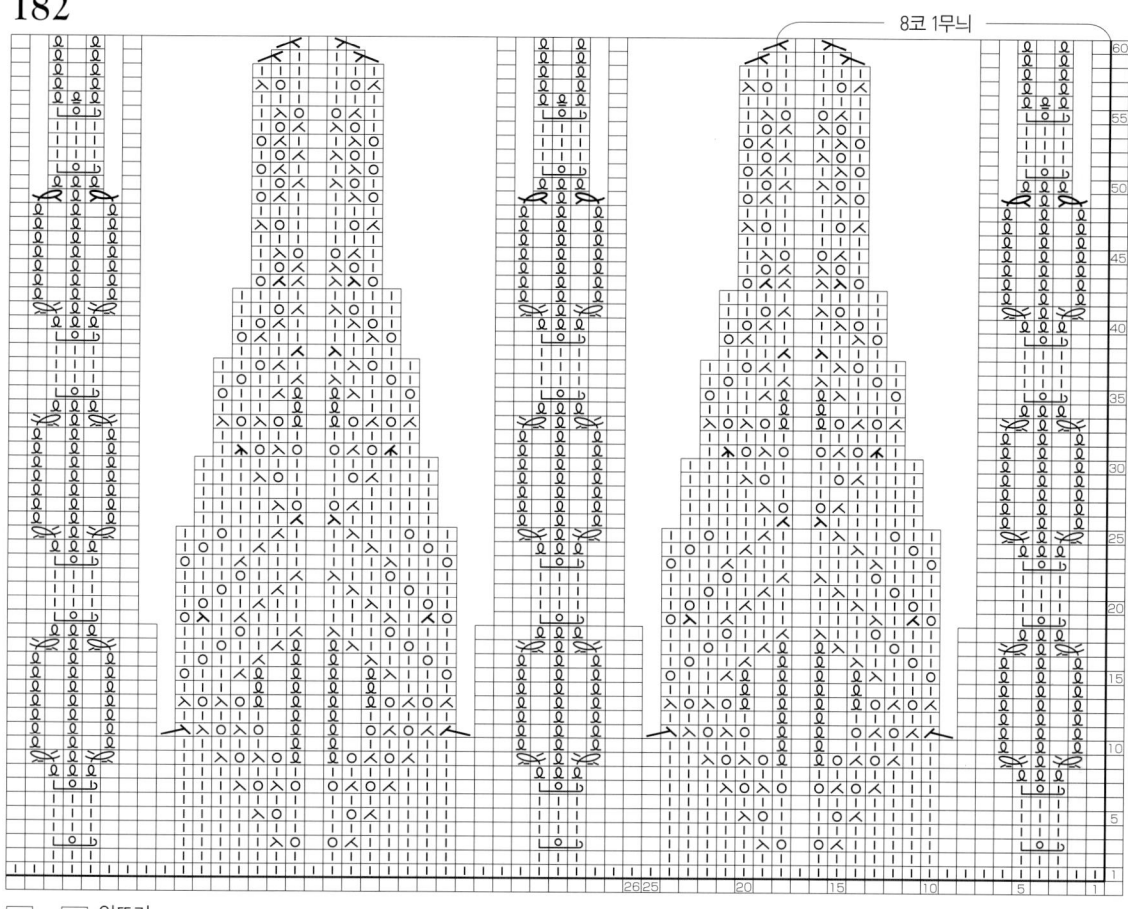

* 184 ·185/ (p.96)

184

7코 1무늬

□ = □ 안뜨기

185

7코 1무늬

□ = □ 겉뜨기

* **186·187**/ (p.97)

186

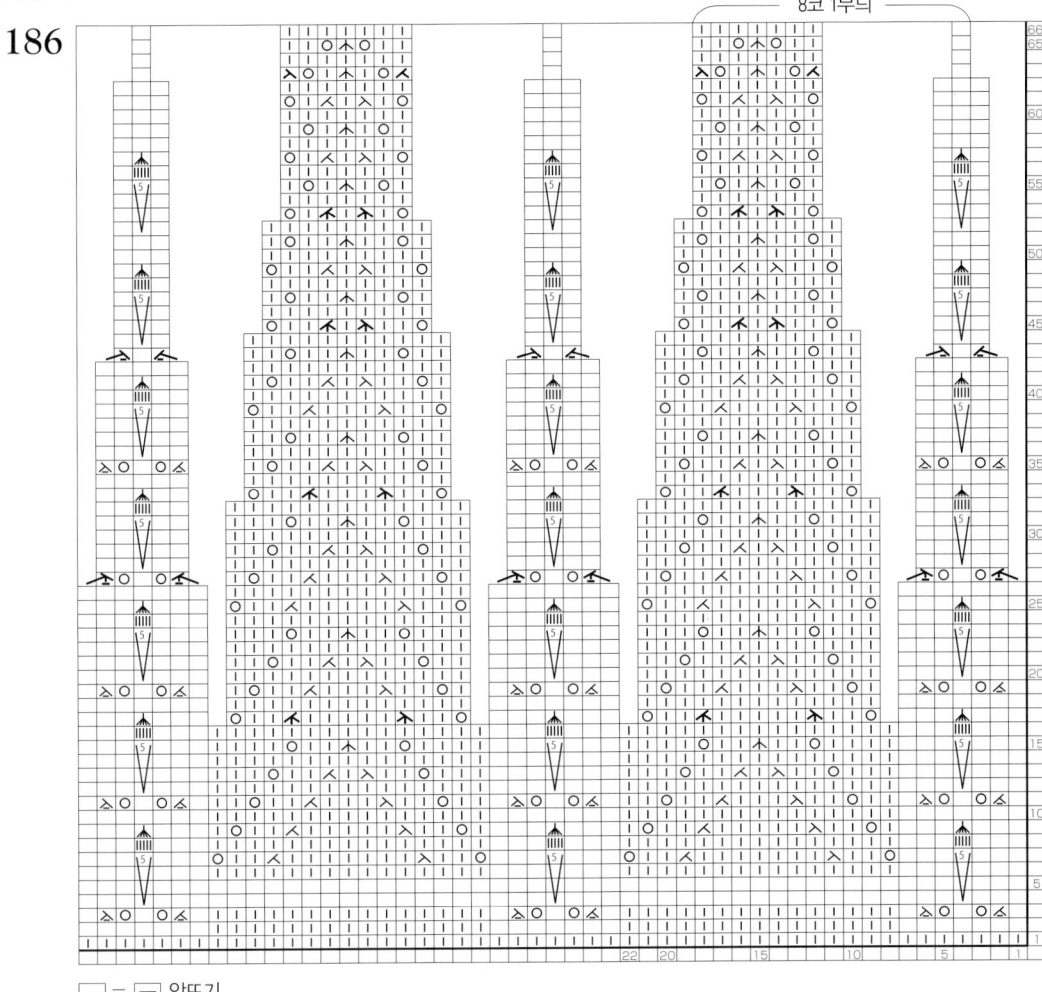

□ = — 안뜨기

187

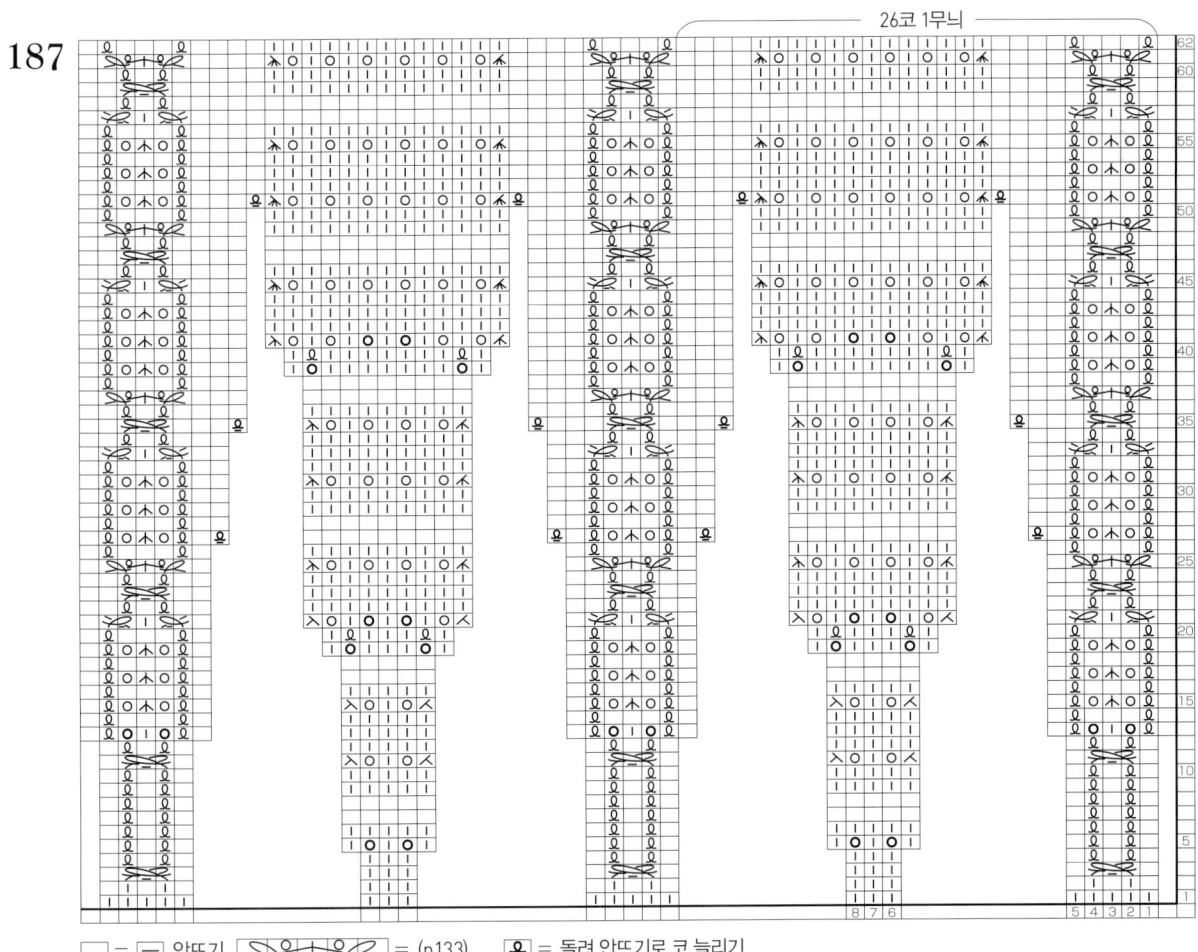

□ = — 안뜨기　= (p.133)　= 돌려 안뜨기로 코 늘리기

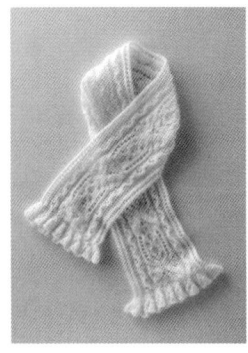

Lacy Patterns | (p.4)

프릴 미니 머플러

무늬뜨기는 No.24(p.14), 에징의 프릴은 No.255(p.110)를 응용한 디자인이다.

* **재료** 다이아 모헤어 되 '알파카'(병태 타입) 흰색(701) 55g=2볼
* **도구** 대바늘 6호
* **완성 치수** 너비 15.5㎝, 길이 103.5㎝
* **게이지** 10㎝ 평방 무늬뜨기 26.5코×27단

***뜨는 방법**

① 손가락에 걸어 만드는 기초코로 코를 잡아서 무늬뜨기로 직사각형 모양이 되도록 258단을 뜬 뒤에 덮어씌우기로 코막음한다.

② 뜨기 시작과 뜨기 끝에서 각각 코를 주워 도안을 참조하며 분산하여 코 늘리기로 가장자리장식을 뜬다.

③ 가장자리장식을 끝낼 때는 도안을 참조하여 겉뜨기의 덮어씌우기, 안뜨기의 덮어씌우기로 코막음한다.

무늬뜨기

가장자리장식

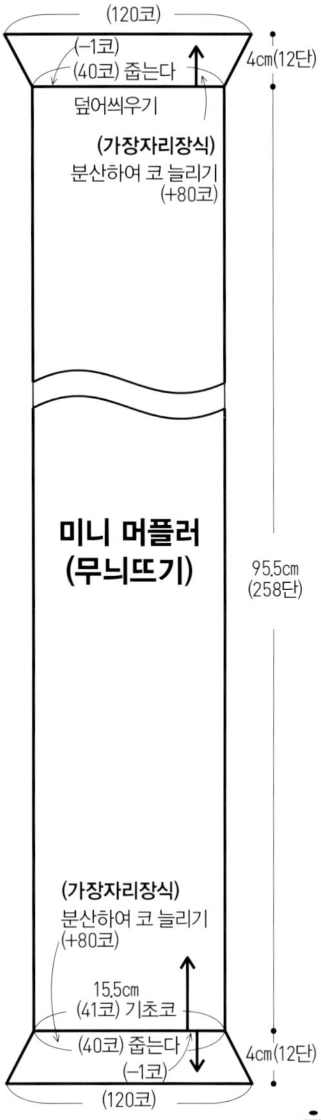

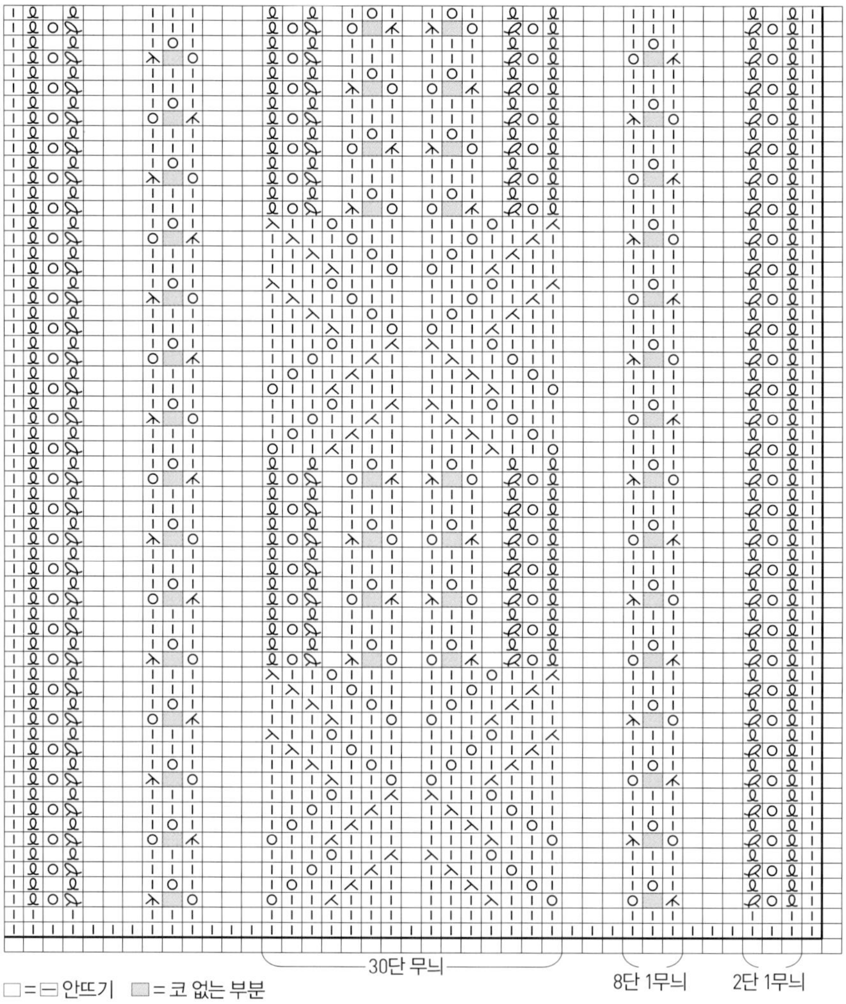

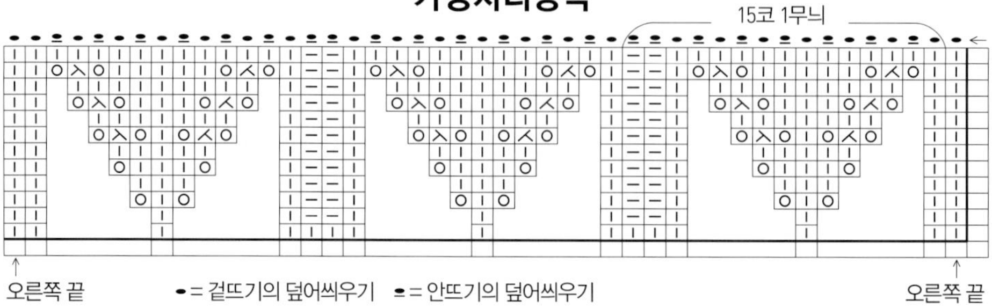

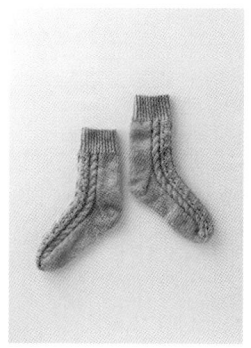

Various Patterns | (p.38)

니트 양말로 발을 따스하게

무늬뜨기 No.106(p.47)으로 뜨개질한 디자인이다.

*** 재료** 다이아 파사주(병태 타입) 회색(101) 55g=2볼

*** 도구** 대바늘 6호, 대바늘 4호

*** 완성 치수** 발목둘레 20㎝, 길이 19.5㎝, 발 크기 21㎝

*** 게이지** 10㎝ 평방 메리야스뜨기 25코×35단, 무늬뜨기 27코×35단

*** 뜨는 방법**

① 별도사슬 기초코로 26코를 잡아서 원형뜨기로 메리야스뜨기를 3단 하고, 다음 단에서 기초코의 코 사이에 걸친 실을 주워 안뜨기하여 1코 고무뜨기 기초코를 잡는다.

② 계속하여 돌려 1코 고무뜨기를 20단 뜨고, 발등 쪽은 무늬뜨기, 바닥 쪽은 메리야스뜨기를 한다.

③ 발꿈치와 발부리는 도안을 참조하여 뜬다. 발등과 바닥 쪽의 뜨기를 끝낸 코를 메리야스잇기로 이어준다.

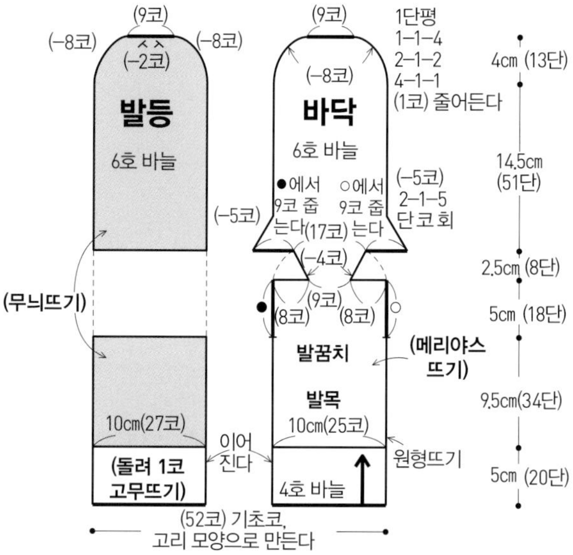

※ 별도사슬 1코 고무뜨기 기초코는 26코를 잡아서 3단을 뜨고 다음 단에서 52코로 늘린다

무늬뜨기

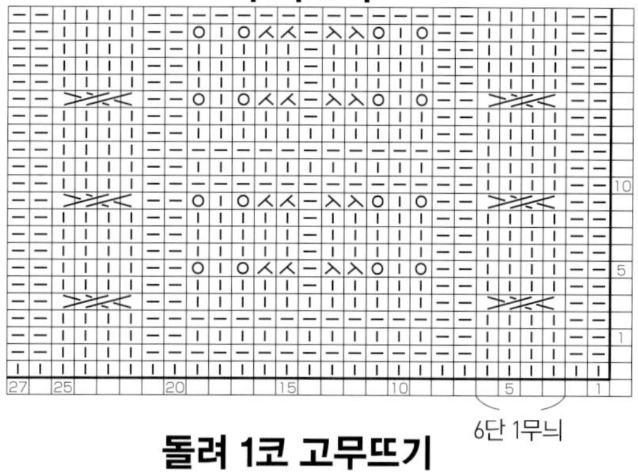

돌려 1코 고무뜨기

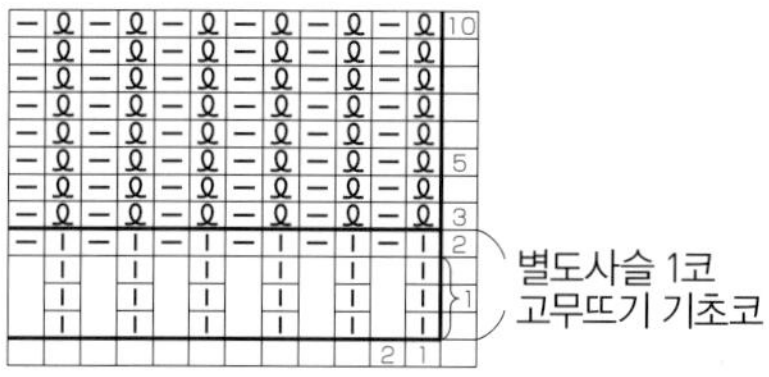

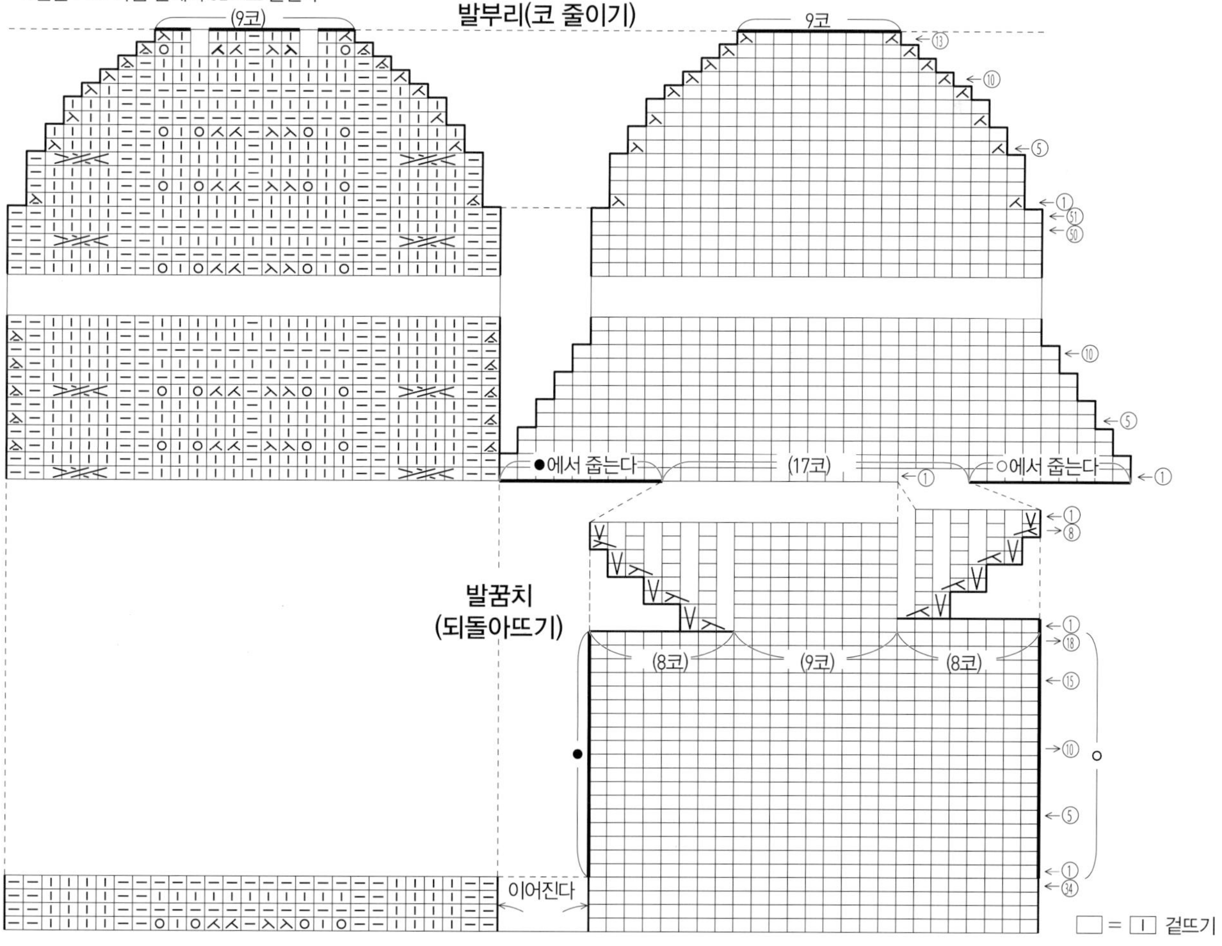

Large Patterns | (p.58)
교차무늬와 비침무늬 모자

무늬뜨기 No.131(p.61) 일부를 가져다 쓴 디자인이다.

* **재료** 다이아 태즈메이니안 메리노 '트위드'(병태 타입) 베이지색(911) 50g=2볼
* **도구** 대바늘 6호, 대바늘 4호
* **완성 치수** 머리둘레 50cm, 깊이 22cm
* **게이지** 10cm 평방 무늬뜨기 29코×34단
* **뜨는 방법**

① 별도사슬 기초코로 코를 잡아서 원형뜨기로 무늬뜨기를 한다. 무늬뜨기는 5무늬를 배치하여 28단까지 직사각형 모양으로 뜬다.
② 무늬뜨기 도안을 참조하며 분산하여 코를 줄이면서 모자 꼭대기까지 뜬다.
③ 뜨기를 끝낼 때는 남은 15코에 실을 2번 통과시켜서 단단히 조인다.
④ 별도사슬 기초코를 풀면서 코를 주워 원형뜨기로 돌려 2코 고무뜨기를 하고, 끝낼 때에는 원형뜨기로 돌려 2코 고무뜨기 코막음한다.

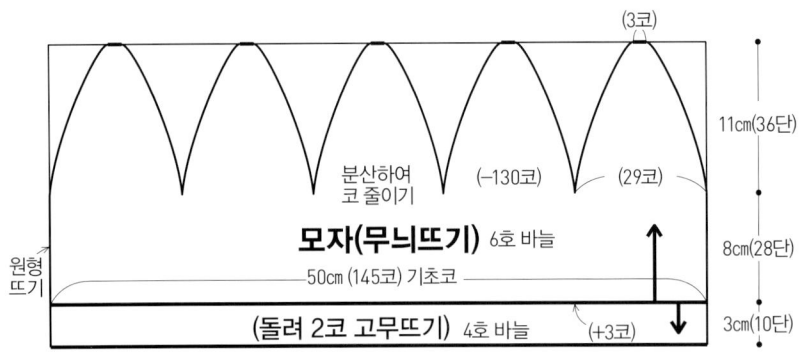

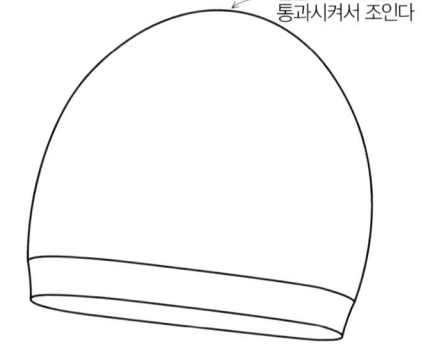

무늬뜨기

돌려 2코 고무뜨기

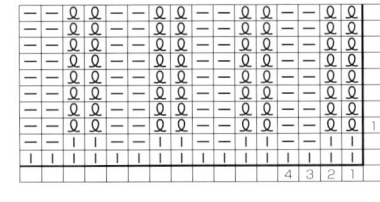

☐ = ― 안뜨기

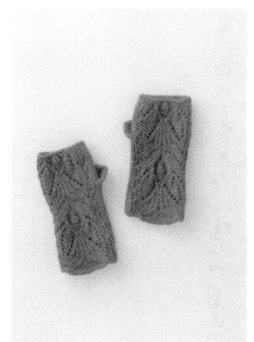

Pattern Arrangement | (p.74)

귀여운 핸드워머

무늬뜨기 No.167(p.86)로 뜬 디자인이다.

＊재료 다이아 알파카 비스(병태 타입) 빨강(409) 45g=2볼

＊도구 대바늘 6호, 대바늘 5호

＊완성 치수 둘레 18㎝, 길이 20.5㎝

＊게이지 10㎝ 평방 메리야스뜨기 23코×31단, 무늬뜨기 32코×31단

＊뜨는 방법

① 오른손과 왼손은 각각 별도사슬 기초코로 코를 잡아서 8단까지는 원형뜨기로 무늬뜨기를 하고 9단부터는무늬뜨기와 메리야스뜨기를 좌우대칭으로 배치한다. 손바닥 쪽은 엄지손가락 자리에 다른 실을 넣어서 뜬다.

② 계속하여 20단을 뜨고 1코 고무뜨기를 2단 뜬 뒤에 원형뜨기로 1코 고무뜨기 코막음을 한다.

③ 별도사슬 기초코를 풀면서 코를 주워 원형뜨기로 가터뜨기를 2단 하고 안뜨기의 덮어씌우기를 한다.

④ 엄지손가락은 아까 뜬 다른 실을 풀고 16코를 주워서 원형뜨기로 메리야스뜨기한다. 이때 마지막 1단은 1코 고무뜨기를 한 뒤 원형뜨기로 1코 고무뜨기 코막음한다.

※ 10단은 5호 바늘로 1코 고무뜨기를 한다

※ 왼손은 좌우대칭으로 배치한다

뜨기 시작(오른손)

6단 1무늬

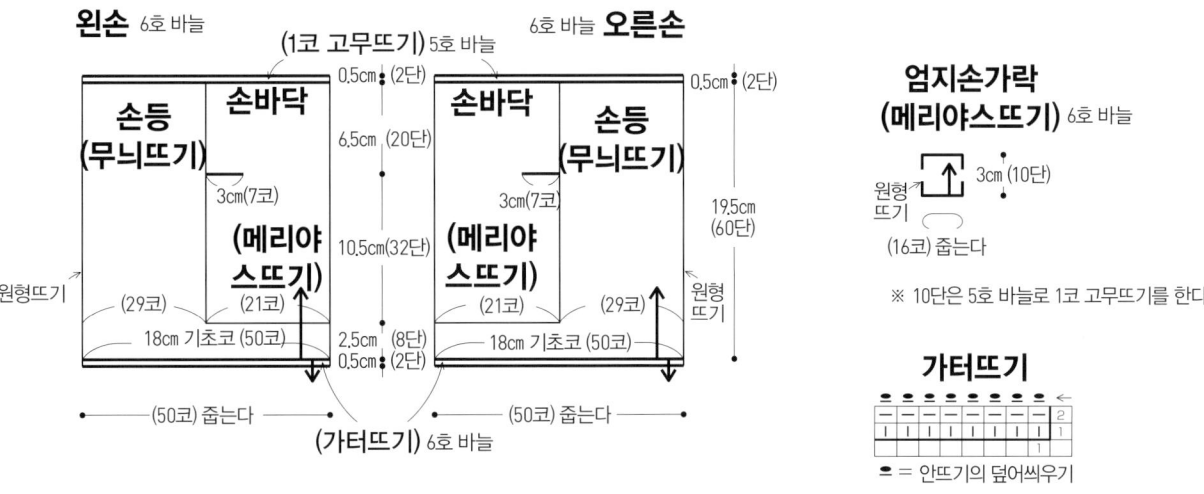

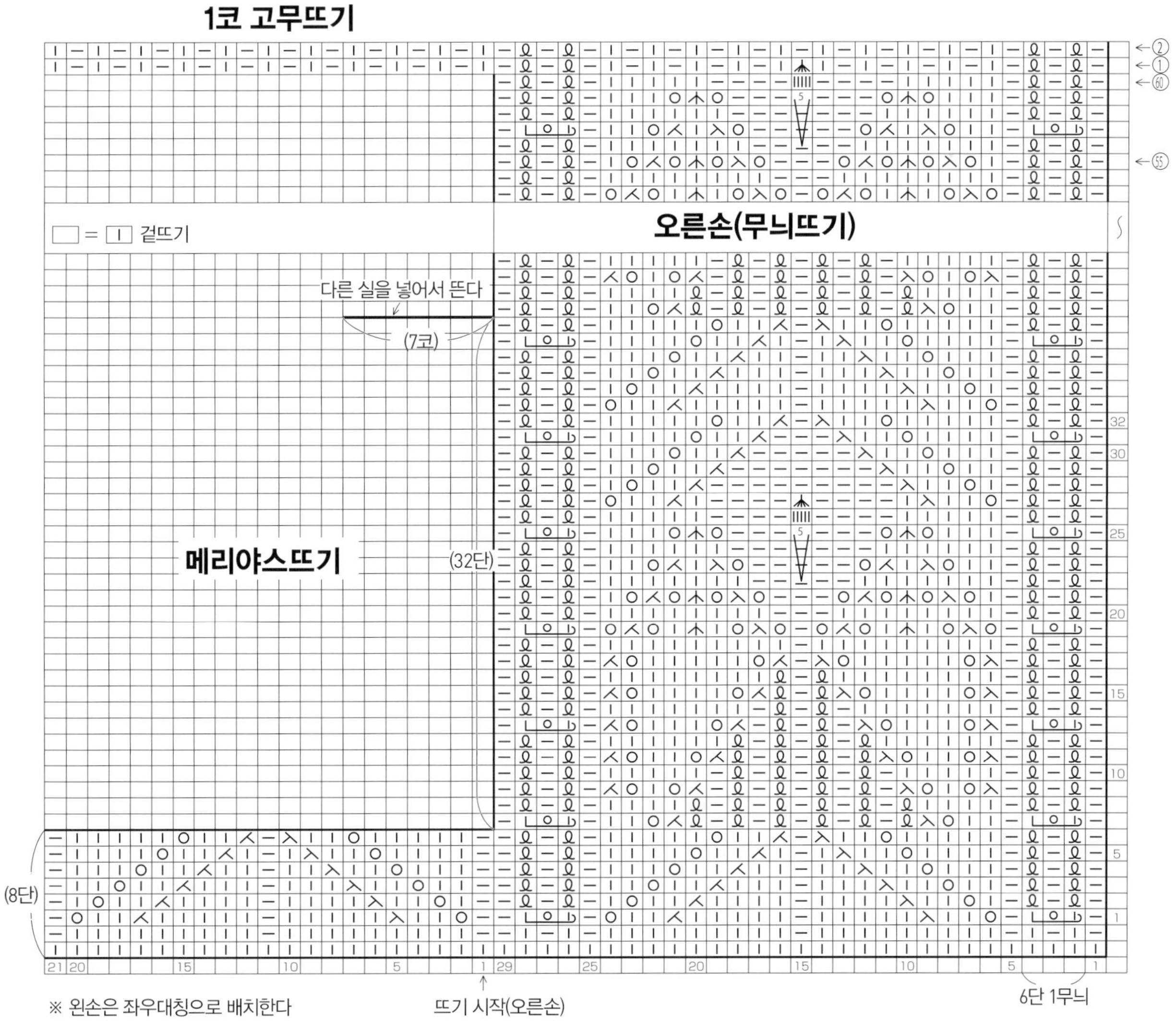

Round Yokes | (p.90)

우아한 장식 칼라

무늬뜨기 No.175(p.91)로 뜬 디자인이다.

* **재료** 다이아 태즈메이니안 메리노 '라메'(병태 타입) 아이보리색(601) 40g=1볼
* **도구** 대바늘 4·5·7호, 코바늘 2/0호
* **완성 치수** 목둘레 42.5cm, 길이 10.5cm
* **게이지** 10cm 평방 무늬뜨기(바깥둘레) 25코×37단
* **뜨는 방법**

① 7호 바늘로 손가락에 걸어 만드는 기초코를 잡는다. 2단부터는 5호 바늘로 무늬뜨기와 양쪽에 가터뜨기를 배치하여, 도안을 참조하며 코를 늘리고 줄이면서 35단까지 뜬다. 3단의 구슬뜨기는 코바늘로 크기를 고르게 맞추어 뜬다. 35단에서 단춧구멍을 만든다.

② 가터뜨기는 4단 하고 안뜨기의 덮어씌우기한다.

③ 단추는 사슬 4코를 떠서 고리 모양으로 만들고 짧은뜨기로 2단 뜨는데, 이때 둘째 단은 기초코에 바늘을 넣어서 첫째 단 짧은뜨기를 감싸듯이 뜬다. 단추는 안쪽이 겉으로 오도록 왼쪽 앞여밈단의 정해진 자리에 단다.

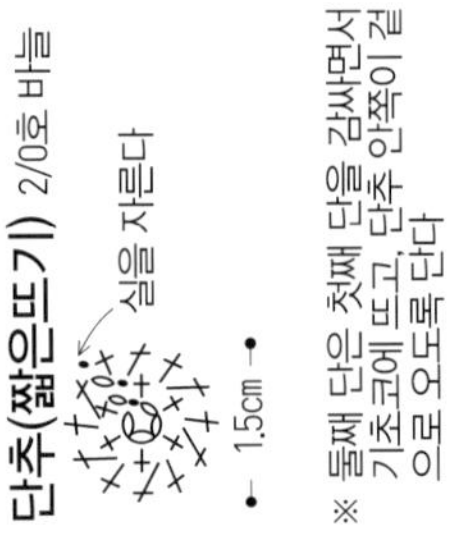

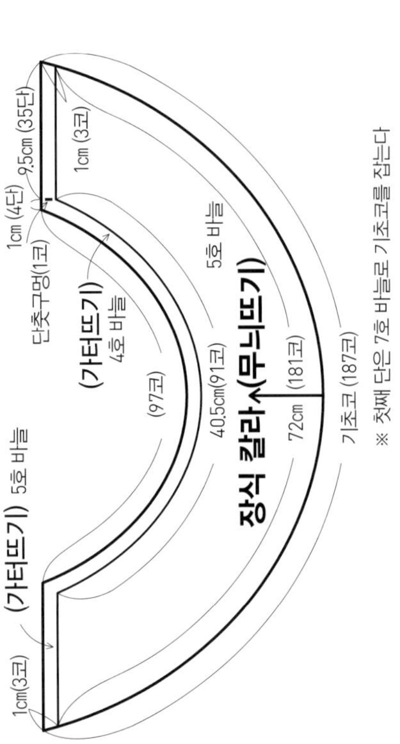

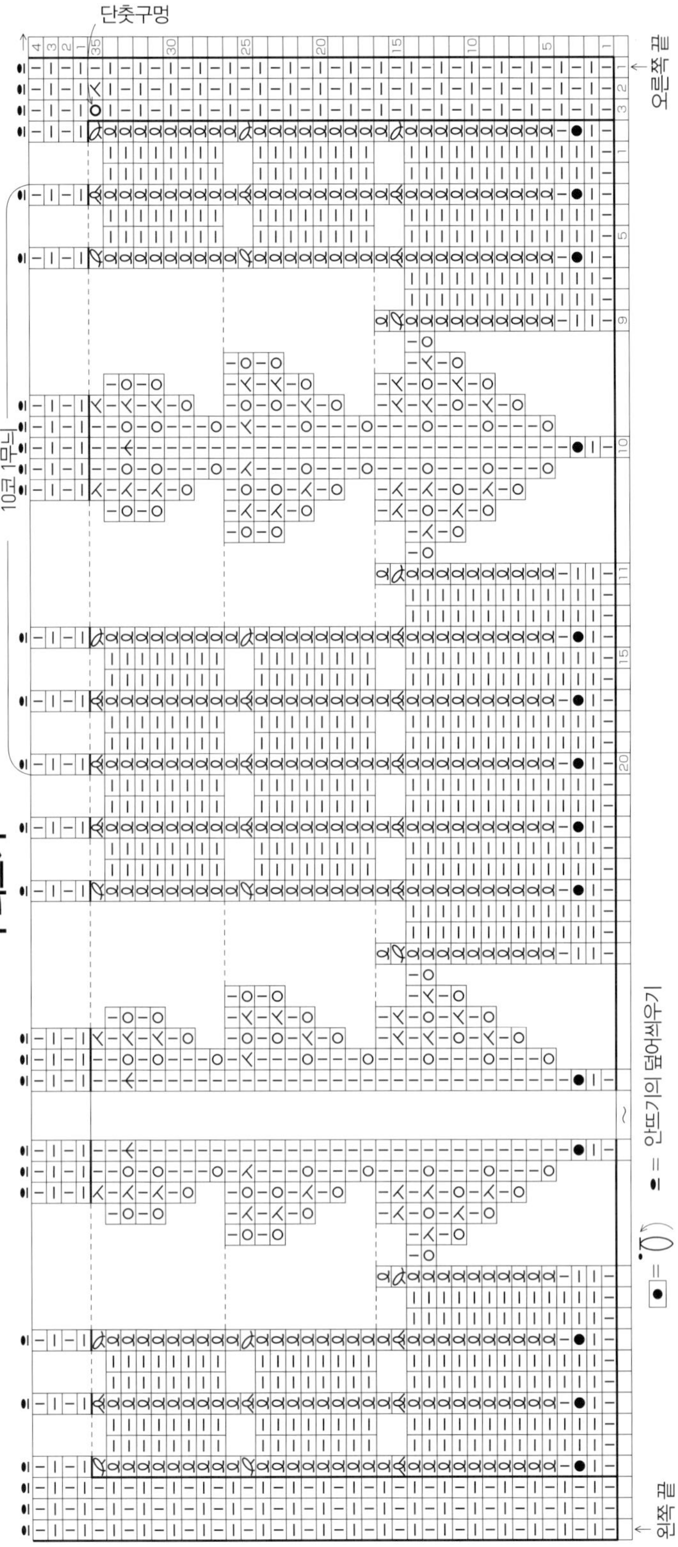

뜨개 기호와 뜨는 방법

드라이브뜨기 3코 만들기와 교차뜨기

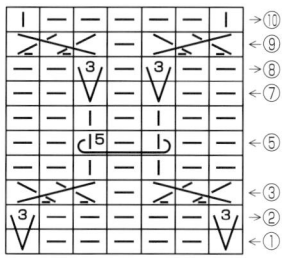

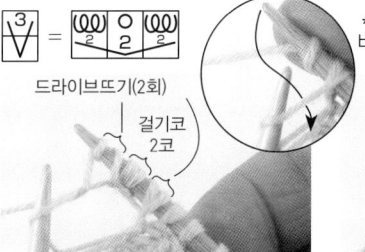

* 드라이브뜨기(2회)는 뜨개코에 오른쪽 바늘을 넣고 실을 2회 감아서 끌어낸다.

1 1단에서 드라이브뜨기(2회), 걸기코 2코, 드라이브뜨기(2회)를 한다.

2 2단에서 바늘에 감긴 코를 풀고 3코를 걸러뜨기한다.

3 3단에서 앞단의 걸러뜨기 3코를 꽈배기바늘에 옮겨 뜨개바탕 앞쪽에 둔다.

4 코2와 코3을 안뜨기하고, 꽈배기바늘에 옮긴 3코를 오른코 겹쳐 3코 모아뜨기한 모습이다.

5 안뜨기를 하고 코1과 코2를 꽈배기바늘에 옮겨서 뒤쪽에 둔다.

6 앞단의 걸러뜨기 3코를 왼코 겹쳐 3코 모아뜨기하고, 꽈배기바늘에 옮긴 2코를 안뜨기한다.

7 5단에서 5회 감아 매듭뜨기를 하고, 7~9단에서는 1~6과 같은 방식으로 뜬 뒤에 10단을 떠서 완성한다.

5코 2단마다 걸쳐 안뜨기의 중심 끌어올려뜨기 4회

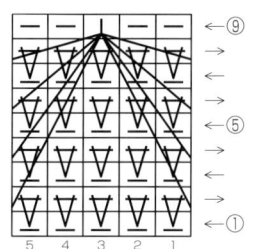

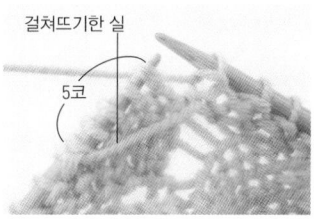

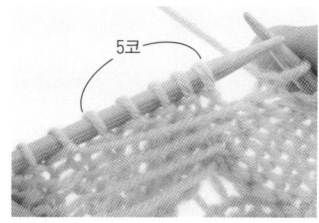

1 2단은 뜨개바탕 안을 보고 뜨는데, 실은 뒤쪽에 두고 5코를 뜨지 않고 오른쪽 바늘로 옮긴다. 이것을 3회 더 되풀이한다.

2 3단은 걸쳐뜨기한 실이 겉에 걸쳐 있다. 5코를 안뜨기한다.

3 9단은 겉을 보고 뜨는데, 걸쳐뜨기한 실이 4가닥 걸쳐 있다.

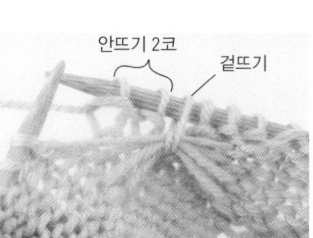

왼코에 꿴 매듭뜨기와 오른코 교차뜨기(아래쪽 1코 안뜨기)

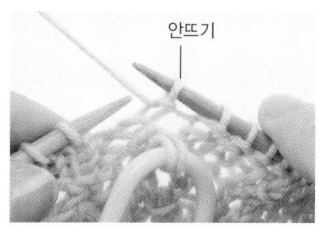

4 코1과 코2를 안뜨기하고, 걸쳐뜨기한 실 4가닥을 오른쪽 바늘로 주운 뒤 코3에 오른쪽 바늘을 넣고 겉뜨기한다.

5 코4와 코5를 안뜨기하면 걸쳐 안뜨기의 중심 끌어올려뜨기가 완성된다.

1 겉을 보는 단에서 코3을 코1과 코2에 덮어씌우고 꽈배기바늘에 옮겨서 앞쪽에 둔다. 코4에 화살표처럼 오른쪽 바늘을 넣는다.

2 코4를 안뜨기한다. 코4를 겉뜨기로 뜰 때도 있다.

왼코에 꿴 매듭뜨기와 왼코 교차뜨기(아래쪽 1코 안뜨기)

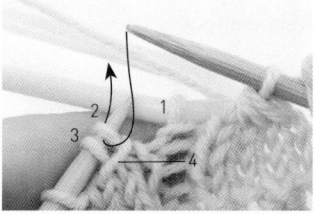

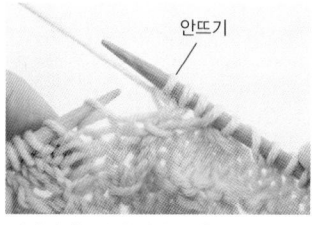

3 꽈배기바늘에 옮겼던 코를 겉뜨기, 걸기코, 겉뜨기한다.

1 겉을 보는 단에서 코1을 꽈배기바늘에 옮겨서 뒤쪽에 둔다. 코4를 코2·코3에 덮어씌우고 코2에 화살표처럼 오른쪽 바늘을 넣는다.

2 코2는 겉뜨기, 걸기코를 하고, 코3은 겉뜨기한다.

3 꽈배기바늘에 옮겼던 코1을 안뜨기한다. 코1을 겉뜨기로 뜰 때도 있다.

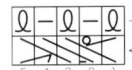 오른코 위 3코와 2코 교차뜨기 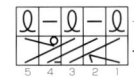 왼코 위 3코와 2코 교차뜨기

1 코1, 코2, 코3을 꽈배기바늘에 옮겨서 앞쪽에 둔다. 2 코4와 코5를 왼코 겹쳐 2코 모아뜨기한 뒤에 걸기코를 한다. 3 꽈배기바늘에 옮긴 코1은 돌려뜨기, 코2는 안뜨기, 코3은 돌려뜨기한다. 1 코1과 코2를 꽈배기바늘에 옮겨서 뒤쪽에 둔다.

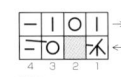 왼코 겹쳐 3코 모아뜨기와 안뜨기의 교차뜨기

  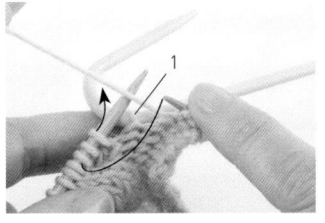 

2 코3은 돌려뜨기, 코4는 안뜨기, 코5는 돌려뜨기한다. 3 꽈배기바늘에 옮긴 코는 걸기코하고, 코1과 코2를 오른코 겹쳐 2코 모아뜨기한다. 1 겉을 보는 단에서 코1을 꽈배기바늘에 옮겨 뒤쪽에 두고 코2, 코3, 코4에 화살표처럼 오른쪽 바늘을 넣는다. 2 코2, 코3, 코4를 왼코 겹쳐 3코 모아뜨기한다.

안뜨기와 오른코 겹쳐 3코 모아뜨기의 교차뜨기

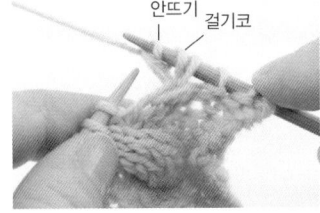   

3 걸기코를 하고, 꽈배기바늘에 옮긴 코1을 안뜨기한다. 1코가 줄어드니 다음 단에서 걸기코를 하여 코를 늘린다. 1 겉을 보는 단에서 코1, 코2, 코3을 꽈배기바늘에 옮겨 앞쪽에 두고 코4에 화살표처럼 오른쪽 바늘을 넣는다. 2 코4를 안뜨기하고 걸기코를 한다. 3 꽈배기바늘에 옮긴 코1, 코2, 코3을 오른코 겹쳐 3코 모아뜨기한다. 1코가 줄어드니 다음 단에서 걸기코하여 코를 늘린다.

오른코에 꿴 매듭뜨기 (5코일 때)

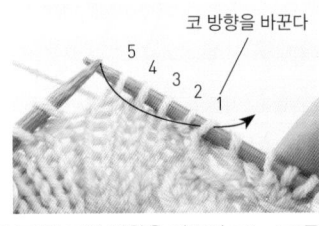 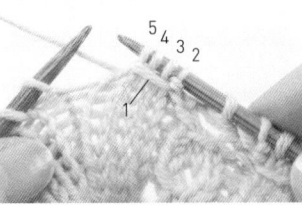  

1 코1은 코의 방향을 바꾸어 코1~코5를 오른쪽 바늘로 옮긴다. 2 코1에 1의 화살표처럼 왼쪽 바늘을 넣어 코2~코5에 덮어씌운다. 3 코2~코5를 왼쪽 바늘로 옮긴다. 4 코2~코5를 겉뜨기하고 걸기코를 한다.

왼코에 꿴 매듭뜨기 (5코일 때)

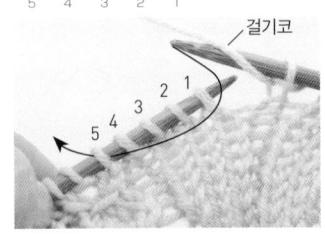 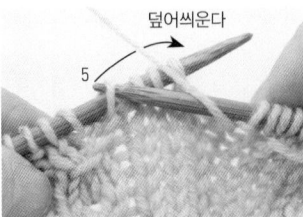 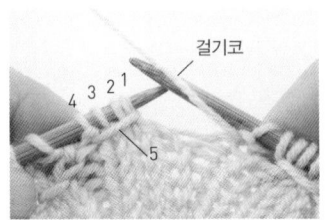 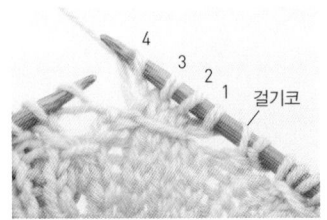

1 걸기코를 한다. 2 코5에 1의 화살표처럼 오른쪽 바늘을 넣는다. 3 코5를 코1~코4에 덮어씌운다. 4 코1~코4를 겉뜨기한다.

왼코에 꿴 매듭뜨기(4코일 때)

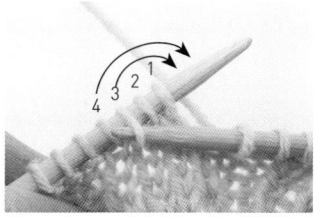 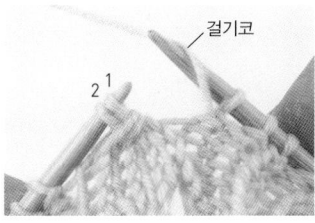  

1 코3과 코4에 각각 오른쪽 바늘을 넣어서 화살표처럼 코1과 코2에 덮어씌운다.
2 왼코에 꿴 매듭뜨기가 완성되어 2코가 된다. 다음은 걸기코를 한다.
3 겉뜨기 2코, 걸기코를 한다.
4 다음 코를 뜨면 무늬가 나타난다.

뜨는 법

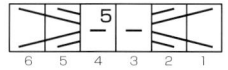

1 코1~코4를 꽈배기바늘에 옮겨서 앞쪽에 두고 코5와 코6을 겉뜨기한다.
2 코3과 코4를 다시 왼쪽 바늘로 옮기고, 꽈배기바늘에 걸린 코1과 코2는 뒤쪽에 둔다.
3 코3과 코4를 안뜨기로 5단 뜬다.
4 꽈배기바늘에 걸린 코1과 코2를 겉뜨기한다.

왼코에 꿴 매듭뜨기(5코일 때)

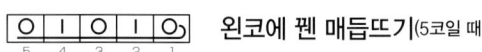

  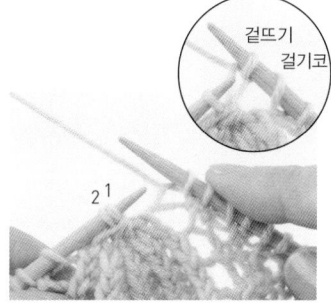 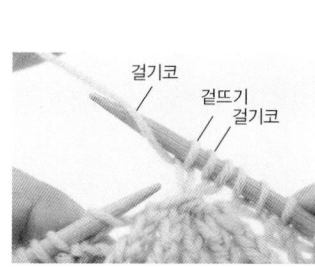

1 코3에 오른쪽 바늘을 넣고 화살표처럼 코를 끌어내어 오른쪽의 코1과 코2에 덮어씌운다.
2 이어서 코4와 코5를 오른쪽의 코1과 코2에 덮어씌운다.
3 코3, 코4, 코5를 오른쪽의 코1과 코2에 덮어씌운 다음 걸기코와 겉뜨기를 한다.
4 이어서 걸기코, 겉뜨기, 걸기코를 한다. 왼코에 꿴 매듭뜨기를 완성한 모습이다.

뜨는 법

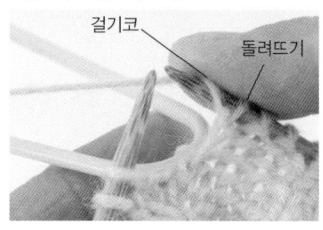  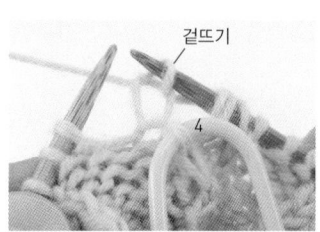 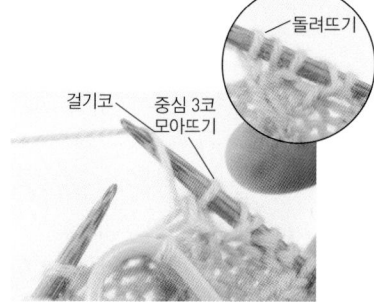

1 코1을 꽈배기바늘에 옮겨 뒤쪽에 두고 코2를 돌려뜨기한 다음 걸기코를 한다.
2 꽈배기바늘에 옮긴 코1을 왼쪽 바늘로 다시 옮기고 코3과 코1을 코3이 위로 가도록 오른쪽 바늘로 옮긴다.
3 코4를 꽈배기바늘에 옮겨 앞쪽에 두고 코5를 겉뜨기한다.
4 코5에 코3과 코1을 한 번에 덮어씌워 중심 3코 모아뜨기, 걸기코를 하고, 꽈배기바늘에 옮긴 코4를 돌려뜨기한다.

긴뜨기 3코 변형 구슬뜨기

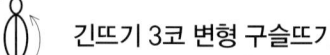

  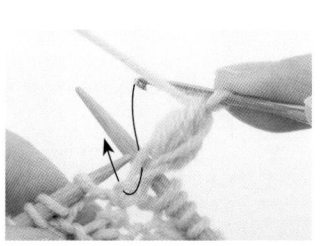 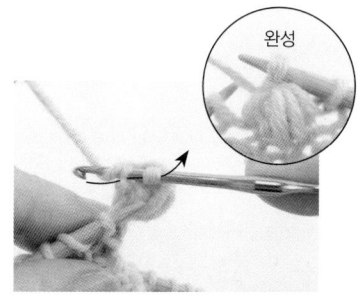

1 코바늘로 실을 끌어내어 같은 코에 미완성 긴뜨기를 3코 하고, 코바늘에 실을 걸어 바늘에 걸린 고리 6개에서 실을 끌어낸다.
2 실을 끌어낸 모습이다. 이어서 코바늘에 실을 걸고 코바늘에 걸린 고리 2개를 한 번에 빼 뜬다.
3 구슬뜨기를 한 코의 1단 아래 코에 코바늘을 화살표처럼 뒤쪽에서 넣어 코를 끌어낸다.
4 코바늘에 실을 걸고 고리 2개를 한 번에 빼 뜬다. 오른쪽 대바늘로 코를 옮긴다.

⟋ 돌려 오른코 겹쳐 2코 모아뜨기

1. 오른코에 화살표처럼 바늘을 넣어 뜨지 않고 오른쪽 바늘로 옮긴다.
2. 다음 코는 겉뜨기하고, 오른쪽 바늘로 옮긴 코에 왼쪽 바늘을 넣어 겉뜨기한 코에 덮어씌운다.

⟍ 돌려 왼코 겹쳐 2코 모아뜨기

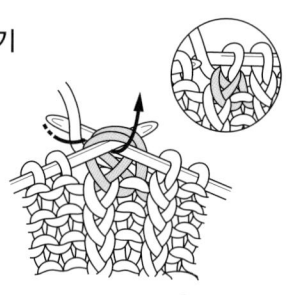

1. 2코를 뜨지 않고 오른쪽 바늘로 옮기고, 화살표처럼 바늘을 넣어 왼쪽 바늘로 옮긴다.
2. 오른쪽 바늘을 넣어서 실을 걸고 끌어내 2코를 한 번에 겉뜨기한다.

⟋ 돌려 오른코 겹쳐 3코 모아뜨기

1. 첫코는 화살표처럼 바늘을 넣어 뜨지 않고 오른쪽 바늘로 옮긴다.
2. 다음 2코는 한꺼번에 겉뜨기하고, 오른쪽 바늘로 옮긴 코에 왼쪽 바늘을 넣어 겉뜨기한 코에 덮어씌운다.

⟍ 돌려 왼코 겹쳐 3코 모아뜨기

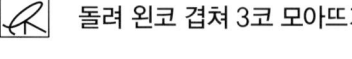
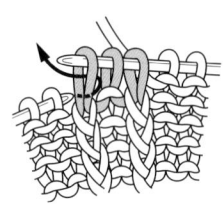
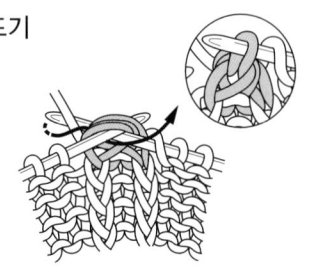

1. 3코를 뜨지 않은 채 오른쪽 바늘로 옮기고, 셋째 코에 화살표처럼 바늘을 넣어 돌린 다음 2코는 그대로 해서 3코를 왼쪽 바늘로 다시 옮긴다.
2. 실을 걸고 끌어내어 3코를 한 번에 겉뜨기한다.

돌려 중심 3코 모아뜨기

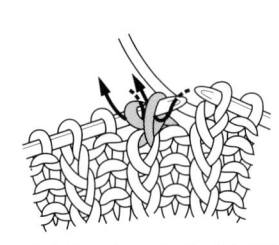
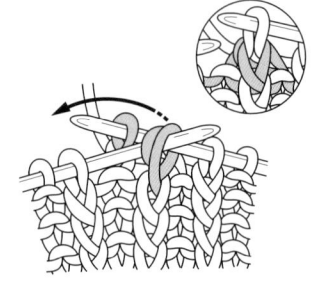

1. 2코의 순서를 바꿔 바늘에 다시 끼운 다음 화살표처럼 바늘을 넣어 뜨지 않고 오른쪽 바늘로 옮긴다.
2. 다음 코는 겉뜨기하고, 오른쪽 바늘로 옮긴 2코에 왼쪽 바늘을 넣어 겉뜨기한 코에 덮어씌운다.

오른코 위 돌려 교차뜨기 (중앙 안뜨기 1코 넣기)

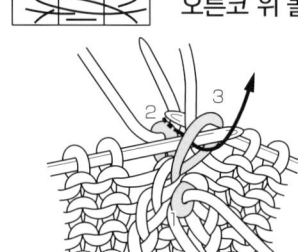

1. 코1과 코2를 1코씩 꽈배기바늘에 옮겨서 코1은 앞쪽, 코2는 뒤쪽에 두고 코3은 돌려뜨기한다.
2. 코2를 안뜨기, 코1을 돌려뜨기한다.

3단 끌어올려 3코 구슬뜨기

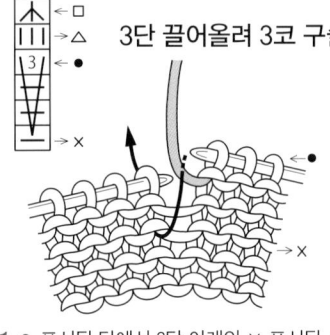
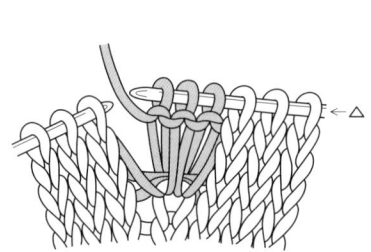
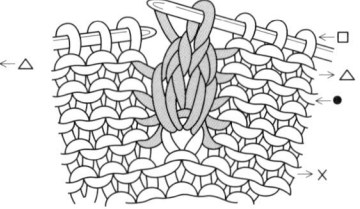

1. ● 표시된 단에서 3단 아래의 × 표시된 코에 화살표처럼 오른쪽 바늘을 넣는다.
2. 같은 코에 바늘을 넣어 겉뜨기, 걸기코, 겉뜨기를 느슨하게 뜨고 왼쪽 바늘의 코를 빼서 풀어준다.
3. 다음 단은 안을 보며 안뜨기한다.
4. □ 표시된 단에서 3코를 중심 3코 모아뜨기한다.

3단 끌어올려 5코 구슬뜨기

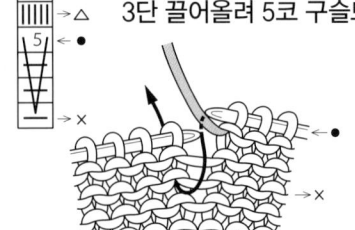
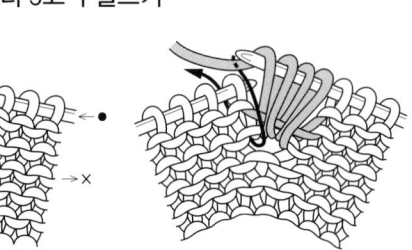
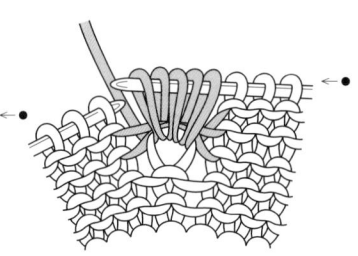
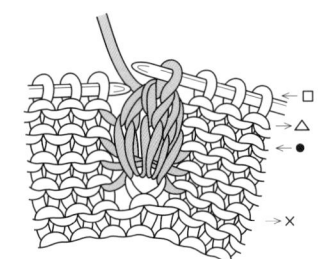

1. ● 표시된 단에서 3단 아래의 ×표시된 코에 화살표처럼 오른쪽 바늘을 넣는다.
2. 같은 코에 바늘을 넣어 겉뜨기, 걸기코, 겉뜨기 순으로 느슨하게 뜬다.
3. 5코를 뜨고 왼쪽 바늘의 코를 빼서 푼 뒤에 다음 단은 안을 보며 안뜨기한다.
4. □ 표시된 단에서 5코를 중심 5코 모아뜨기한다.

2회 감아 매듭뜨기

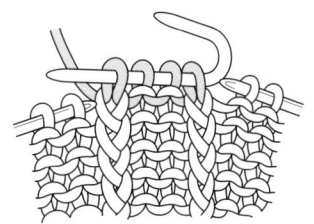
1 4코를 뜬 뒤에 꽈배기바늘에 옮긴다.

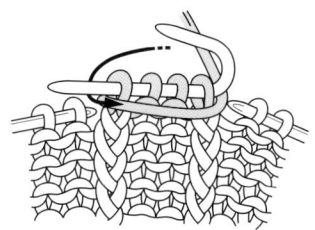
2 옮긴 4코에 실을 감는다.

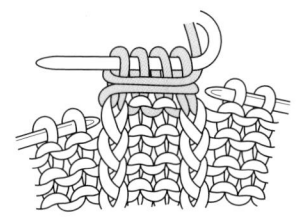
3 시계 반대 방향으로 2회 감는다.

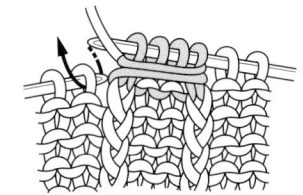
4 코를 꽈배기바늘에서 그대로 오른쪽 바늘로 옮긴다.

왼코에 꿴 매듭뜨기(3코일 때)

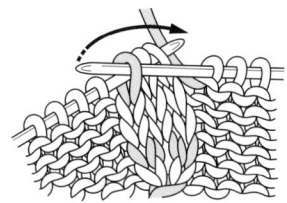
1 왼쪽 바늘의 세 번째 코에 오른쪽 바늘을 넣어 오른쪽 2코에 덮어씌운다.

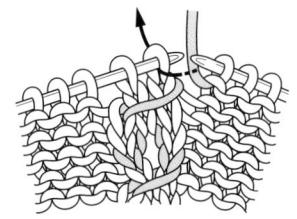
2 오른쪽에 오른쪽 바늘을 앞쪽에서 넣어 실을 걸고 겉뜨기한다.

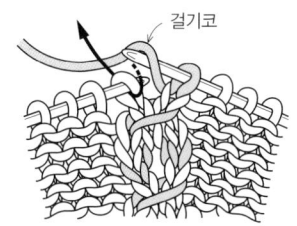
3 걸기코를 하고 왼코에 바늘을 넣어 겉뜨기한다.

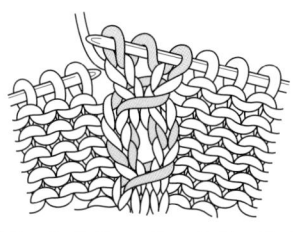
4 왼코에 꿴 매듭뜨기(3코일 때)를 완성한 모습이다.

왼코에 꿴 매듭뜨기와 오른코 겹쳐 2코 모아뜨기

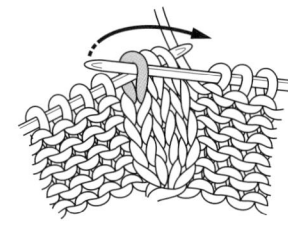
1 왼쪽 바늘의 세 번째 코에 오른쪽 바늘을 넣어 오른쪽 2코에 덮어씌우고 바늘에서 뺀다.

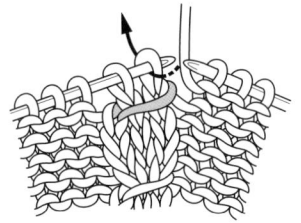
2 오른쪽에 화살표처럼 바늘을 넣어 겉뜨기한다.

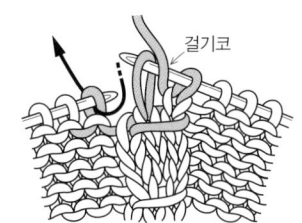
3 걸기코를 하고, 다음 코를 뜨지 않은 채 코 방향만 바꿔 오른쪽 바늘로 옮긴 뒤에 옆 코를 겉뜨기한다.

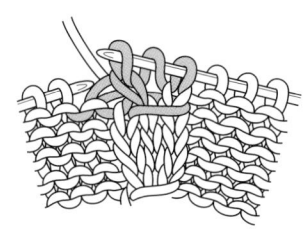
4 뜨지 않고 오른쪽 바늘로 옮긴 코를 겉뜨기한 코에 덮어씌운다.

왼코에 꿴 매듭뜨기와 왼코 겹쳐 2코 모아뜨기

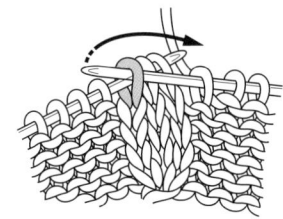
1 1코 앞의 코를 뜨지 않고 오른쪽 바늘로 옮기고, 왼쪽 바늘의 세 번째 코를 오른쪽 2코에 덮어씌워 바늘에서 뺀다.

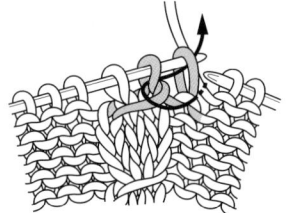
2 오른쪽 바늘에 옮긴 코를 왼쪽 바늘로 다시 옮기고 화살표처럼 바늘을 넣어 2코를 한 번에 겉뜨기한다.

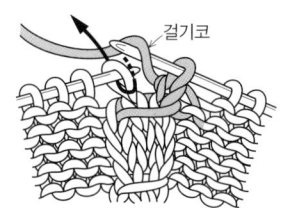
3 걸기코를 하고 다음 코에 화살표처럼 바늘을 넣어 겉뜨기한다.

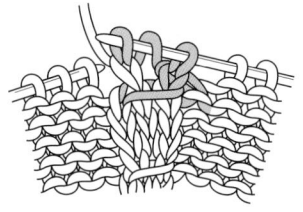
4 왼코 겹쳐 2코 모아뜨기와 왼코에 꿴 매듭뜨기를 완성한 모습이다.

긴뜨기 3코 구슬뜨기

1 코바늘로 1코를 느슨하게 끌어낸 뒤 실을 걸고 같은 코에 바늘을 넣는다.

2 '코바늘에 실을 걸어 끌어내기'를 3회 되풀이하고, 코바늘에 걸린 모든 고리를 한 번에 빼뜬다.

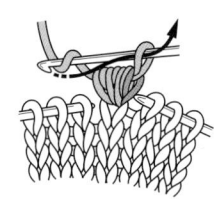
3 코바늘에 실을 걸고 한 번 더 빼 떠서 코를 조인다.

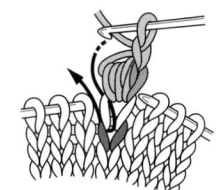
4 구슬뜨기를 한 코의 1단 아래 코에 코바늘을 화살표처럼 뒤쪽에서 넣어 코를 끌어낸다.

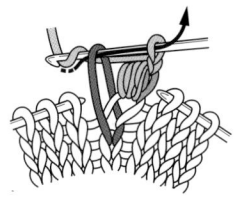
5 코바늘에 실을 걸고 고리 2개를 한 번에 빼 뜬 뒤에 그 코를 오른쪽 대바늘로 옮긴다.

시다 히토미

일본 아오모리 현에서 태어나 사이타마에서 자랐다.
1980년부터 손뜨개를 배우기 시작하여
1990년 하라주쿠 이카트에서 첫 개인전을 열었고,
그 후 출판사 및 제조업체의 일을 시작했다.
1996년 《어른의 쿠튀르 니트》 출판 시작
2001~2002년 보그 학원, 손뜨개 교실 강사
2005년 《쿠튀르 니트 패턴 250》 출판
2009년부터 《쿠튀르 니트 봄여름》 출판 시작
2012년 《쿠튀르 니트 17 아름다운 무늬 니트》 출판
중국에서 《쿠튀르 니트》 출판 개시, 미국과 영국의 니트지에 작품 게재
2013년 《쿠튀르 니트 봄여름 5》 출판
영국의 니트지에 작품 게재
《쿠튀르 니트 18 우아하고 아름다운 무늬 니트》 출판
2014년 《쿠튀르 니트 봄여름 6》 출판
중국 상하이에서 강좌 개최
《쿠튀르 니트 19 어른의 우아한 무늬 니트》 출판
2015년 《쿠튀르 니트 봄여름 7》 출판
《쿠튀르 니트 20 화려한 무늬 니트》 출판
《쿠튀르 니트 대바늘 뜨개 패턴 260》 출판

작품, 뜨개 디자인 : 시다 히토미
제작자명 : 이토 카즈코, 이마이 야스코, 카츠마타 토미코, 쿠사카와 스미코,
사쿠라이 유카, 시마무라 타카코, 타자와 이쿠코, 나시모토 아케미,
니시무라 토모코, 하타야마 요리에, 마키노 케이코

COUTURE KNIT BOBARI NO MOYO-AMI-SHU 260 by Hitomi Shida (NV70318)
Copyright © Hitomi Shida / NIHON VOGUE-SHA 2015
All rights reserved.
First pubished in Japan in 2015 by Nihon Vouge Co., Ltd.
Photographer: Noriaki Moriya
This Korean edition is published by arrangement with Nihon Vogue Co., Ltd, Tokyo
in care of Tuttle-Mori Agency, Inc., Tokyo through Botong Agency, Seoul.

이 책의 한국어판 저작권은 보통에이전시를 통한 저작권자와의 독점 계약으로 한스미디어가 소유합니다.
신 저작권법에 의하여 한국 내에서 보호를 받는 저작물이므로 무단전재와 무단복제를 금합니다.

쿠튀르 니트
대바늘 손뜨개 패턴집 260

1판 1쇄 발행 | 2016년 11월 22일
1판 6쇄 발행 | 2025년 12월 20일

지은이 시다 히토미
옮긴이 남궁가윤
펴낸이 김기옥

라이프스타일팀장 이나리
편집 장윤선, 김민주
마케터 이지수
지원 고광현, 김형식

한국판 디자인 푸른나무 디자인
인쇄·제본 민언프린텍

펴낸곳 한스미디어(한즈미디어(주))
주소 04037 서울시 마포구 양화로 11길 13(서교동, 강원빌딩 5층)
전화 02-707-0337 | 팩스 02-707-0198 | 홈페이지 www.hansmedia.com
출판신고번호 제 313-2003-227호 | 신고일자 2003년 6월 25일

ISBN 979-11-6007-868-8 13590

책값은 뒤표지에 있습니다.
잘못 만들어진 책은 구입하신 서점에서 교환해 드립니다.